AF354158

ALBERTUS MAGNUS

Über den Menschen

De homine

Nach dem kritisch erstellten Text
übersetzt und herausgegeben von

HENRYK ANZULEWICZ
und
JOACHIM R. SÖDER

Mit einem Geleitwort von
Ludger Honnefelder

Einleitung und Literaturverzeichnis von
Henryk Anzulewicz

Lateinisch–deutsch

FELIX MEINER VERLAG
HAMBURG

PHILOSOPHISCHE BIBLIOTHEK BAND 531

Bibliographische Information der Deutschen Nationalbibliothek
Die Deutsche Nationalbibliothek verzeichnet diese Publikation in der Deutschen Nationalbibliographie; detaillierte bibliographische Daten sind im Internet abrufbar über ‹https://portal.dnb.de›.
ISBN 978-3-7873-4710-0
ISBN eBook 978-3-7873-2002-8

www.meiner.de

INHALT

Geleitwort. Von Ludger Honnefelder VII

Einleitung. Von Henryk Anzulewicz IX

  1. Zum Autor der Schrift „Über den Menschen"   IX

  2. Zur Schrift „Über den Menschen" XIV
    a) Textüberlieferung, Textkritik und
       Authentizität XV
    b) Titel, literarische Form und Gliederung XXII
    c) Entstehungszeit und -ort XXVII
    d) Quellen XXXI
    e) Inhalt XXXV
    f) Rezeptions- und Wirkungsgeschichte XXXIX

  3. Zu dieser Textausgabe und Übersetzung XLIV

ALBERTUS MAGNUS
Über den Menschen

[Prolog] 3

  1. Weshalb ist die Substanz der Seele früher zu
    erörtern als ihre Teile oder der Körper oder
    die aus Verbindung von Seele und Körper
    hervorgehende Ganzheit? 5

  2. Was ist die Seele gemäß ihrer Substanz
    und Natur? 23
    a) Über die Definitionen der Seele, denen
       zufolge sie eine gewisse durch sich selbst
       existierende Substanz ist 25

Die Definitionen des Aristoteles 47

   1. Auf welche Weise ist die Seele Akt? 49

Über die Teile der Seele, die Einteilung und die
   eigentümlichen Affektionen und Tätigkeiten,
   die jenen zukommen 79

Über diese Differenzen der Seele: ‚Vegetatives‘,
   ‚Sinnenhaftes‘, ‚Vernunfthaftes‘, ob sie ein und
   dieselbe Substanz im Menschen sind oder nicht,
   und ob es in jedem beliebigen Lebewesen
   mehrere Seelen gibt 83

   1. Ob diese drei nur eine Substanz, oder
      verschiedene Substanzen im Menschen sind? ... 83

Der Körper des Menschen, sofern er für den
   Theologen relevant ist 125

   1. Die Zusammensetzung des Körpers Adams 125

Über die Verbindung der Seele mit dem Körper:
   Ob die Seele mit dem Körper mittels eines
   Mediums oder ohne ein Medium verbunden
   wird? 157

Literaturverzeichnis. Von Henryk Anzulewicz 171

Personenverzeichnis 197

Verzeichnis der Bibelstellen 198

Wort- und Sachindex 199

GELEITWORT

„Über den Menschen" (*De homine*) will – gemäß der einleitenden Frage – das Werk handeln, aus dem dieser Band eine Auswahl zentraler Texte in lateinischer und deutscher Sprache vorstellt. Zum ersten Mal wird mit diesem Werk in der uns bekannten Geschichte der Philosophie „der Mensch" zum Thema einer eigenen Schrift gemacht. Und nicht von ungefähr geschieht dies durch den Theologen und Philosophen *Albert den Großen* – einen Autor, von dem die Forschung immer deutlicher erkennt, welche zentrale Rolle er in der mittelalterlichen Vermittlung des antiken Erbes der Philosophie an das neuzeitlich-moderne Denken spielt. Als Direktor des *Albertus–Magnus–Instituts* in Bonn, dem die Verantwortung für die *Editio Coloniensis*, die kritische auf mehr als 40 Bände angelegte Gesamtausgabe der Werke Alberts, und seine Erforschung obliegt, freue ich mich deshalb, daß *Henryk Anzulewicz* und *Joachim R. Söder*, die beiden innerhalb der *Editio Coloniensis* für die kritische Ausgabe von *De homine* verantwortlichen Editoren, mit dem vorliegenden Band – noch vor dem in Kürze zu erwartenden Erscheinen des gesamten Textes in Band XXVII,2 der *Editio Coloniensis* – eine Auswahl wichtiger Passagen des Werkes innerhalb der *Philosophischen Bibliothek* einer breiteren Leserschaft zugänglich machen. Gern hat das *Albertus-Magnus-Institut* daher der Bitte des *Felix Meiner Verlags* um die Genehmigung des Vorabdrucks des lateinischen Textes entsprochen, welcher der Textauswahl des vorliegenden Bandes zugrunde liegt.

Es ist kein Zufall gewesen, daß Albert sich mit dieser frühen Schrift „dem Menschen" zugewandt hat und daß sein daraus

entstandenes Werk eine so intensive Verbreitung fand. Zwar hat die Frage nach dem Menschen und dem Gelingen seines Lebens – neben der Frage nach dem Kosmos und seinem Ursprung – die Philosophie von ihren ersten Anfängen an bewegt. Doch wurde die Antwort auf diese Frage lange Zeit nur indirekt, nämlich im Rahmen von Disziplinen gesucht, die sich umfassenderen Fragestellungen widmen: der *Metaphysik*, der *Naturphilosophie* und der *Ethik*. Auch bei Albert ist es eine übergreifende Frage, nämlich die der christlichen Theologie nach dem Plan der göttlichen Schöpfung, die ihn auf das Thema des Menschen stoßen läßt. Doch wenn es der Mensch weder als Geistwesen noch als Naturwesen sondern *als Mensch* ist, dem in diesem Plan eine zentrale Stellung zukommt, was bedeutet es dann ein *Mensch* zu sein und eine Einheit darzustellen, deren Bedeutung durch seine Charakterisierung als Natur- und als Geistwesen noch keineswegs erfaßt ist? Die Antwort kann für Albert nicht ohne Berücksichtigung all dessen gewonnen werden, was die vor- und außerchristliche Philosophie über den Menschen als Natur- und als Geistwesen zu sagen hat. Doch sieht er sich durch das Insistieren der Theologie auf dem „Menschen" gezwungen, über das Erreichte hinaus zu fragen und – wie nie zuvor – die besondere Einheit zum Thema zu machen, die den Menschen *als Menschen* charakterisiert. Wie kann diese Einheit gedacht werden, wenn an der Leiblichkeit, die den Menschen in die Naturwesen einreiht, ebenso wie an der Geistigkeit festgehalten werden soll, die ihn die Grenzen der Natur transzendieren läßt, und Einheit mehr heißen soll als eine kontingente Verbindung beider Seiten des Menschen?

Noch bevor Albert seine umfassende und im lateinischen Westen epochemachende Kommentierung der Schritt für Schritt wieder bekannt gewordenen Werke des Aristoteles beginnt, unternimmt er in *De homine* am Thema des Men-

schen den Versuch, der ihn zur Schlüsselgestalt in der Konfrontation zwischen der christlichen Glaubenslehre und der antiken Philosophie und ihren jüdischen und islamischen Weiterführungen werden läßt, nämlich den Anspruch des philosophischen Denkens unverkürzt aufzunehmen, ihn jedoch zugleich und vorbehaltlos den neuen Fragen im Horizont des christlichen Glaubens auszusetzen. Dieser Vorgang verändert beide Größen: Die Philosophie wird durch die ihr bislang fremden Fragen erweitert und transformiert, die Theologie zur Entwicklung der ihrem Anspruch gemäßen Gestalt als Wissenschaft genötigt.

Die von der Theologie provozierte und von Albert mit Hilfe der Philosophie beantwortete Frage nach dem Menschen als einer ursprünglichen Einheit von Natur- und Geistwesen hat *De homine* nicht nur zu seiner erstaunlichen Wirkung im Mittelalter geführt; sie läßt diese Schrift auch in der Gegenwart angesichts der nach wie vor unüberwundenen Kluft zwischen Natur- und Geisteswissenschaften und ihren Weisen, den Menschen zu betrachten, unvermindert aktuell sein. Der vorliegenden Textauswahl ist daher eine breite Leserschaft zu wünschen.

Ludger Honnefelder

EINLEITUNG

Die vorliegende Ausgabe präsentiert erstmalig eine anhand
der handschriftlichen Überlieferung kritisch erstellte lateinische Textauswahl mit der deutschen Parallelübersetzung
aus dem anthropologischen Werk „Über den Menschen"
(*De homine*) des Albertus Magnus. Das bisher in seiner literar-
und geistesgeschichtlichen Bedeutung durch die historische
und systematische Mittelalterforschung erst ansatzweise ge-
würdigte Werk wird demnächst in der *Editio Coloniensis*, der
kritischen Gesamtausgabe (*Alberti Magni Opera Omnia*, Band
XXVII/2) verfügbar sein.[1]

1. *Zum Autor der Schrift „Über den Menschen"*

Albertus Magnus wurde um 1200 in Lauingen an der Donau
geboren. Über seine Eltern und seine Kindheit ist, abgesehen
von einigen autobiographischen Reminiszenzen im Werk,
wenig Sicheres überliefert. Seit etwa 1222 weilte er in Nord-
italien, wo er sich möglicherweise dem in Padua florierenden
studium litterarum hingab und wo er seine ersten Kenntnisse
der naturphilosophischen Schriften des Aristoteles erwerben
konnte.[2] In Padua ist er 1223 Jordan von Sachsen, dem
Ordensmeister des 1217 durch Dominikus von Caleruega
(†1221) gegründeten Ordens der Predigerbrüder begegnet.

---

[1] Vgl. L. Honnefelder/M. Dreyer (Hg.), Albertus Magnus und die Editio
Coloniensis, Münster 1999 (Lectio Albertina, 1). B. Göhring, Zur Überlieferung der Werke Alberts des Großen, 186, 189.

[2] Vgl. H.Chr. Scheeben, Albert der Große. Zur Chronologie, 12–13.

Von Jordan wurde er für die dem Studium und der Verkündigung evangelischer Wahrheit in evangelischer Armut verpflichteten Ordensgemeinschaft des Dominikus gewonnen. Die Probezeit im Orden (mindestens 6 Monate) und das Theologiestudium (mindestens 4 Jahre) hat er wahrscheinlich in Köln absolviert. Anschließend nahm er Aufgaben des Lektors an den Konventsschulen der weitflächigen deutschen Dominikanerprovinz *Teutonia* in Hildesheim, Freiburg im Breisgau, in Regensburg und Straßburg wahr. Aus dieser Zeit stammt seine frühe moraltheologische Schrift „Über das Wesen des Guten" (*De natura boni*), die unvollendet blieb oder möglicherweise unvollständig überliefert wurde.[3]

Anfang der 40er Jahre des 13. Jh. wurde Albert als erster deutscher Dominikaner vom Ordensmeister Johannes von Wildeshausen (1241–1252) zum Promotionsstudium nach Paris gesandt. Nach der Promotion im Frühjahr 1245 übernahm er bis 1248 einen der zwei theologischen Lehrstühle, welche die Dominikaner an der Pariser Universität innehatten. Das in diesem Jahr in Paris tagende Generalkapitel der Dominikaner gab ihm den Auftrag, in Köln das ordenseigene *Studium generale et sollemne* einzurichten. Es scheint, daß Albert noch vor dem 15. August 1248 – dem Datum der Grundsteinlegung zum Kölner Dom – in Begleitung seines Schülers Thomas von Aquin in Köln eintraf und mit dem Aufbau der ersten philosophisch-theologischen Hochschule Deutschlands und der Vorläuferin der Kölner Universität begann. Nach sechs Jahren seines Wirkens als Regens des Kölner *Studium generale* der Domi-

---

[3] Vgl. P. Simon, Ad tractatum De natura boni Prolegomena, in: Alb., De natura boni (ed. E. Filthaut, Münster 1974, Alberti Magni Opera Omnia), Ed. Colon. t.25,1 p.VI v.20–33. H. Anzulewicz, De forma resultante in speculo des Albertus, Münster 1999, 12–13. Ders., Die theologische Relevanz des Bildbegriffs und des Spiegelbildmodells in den Frühwerken des Albertus Magnus, Münster 1999, 5–6, 11–15, 19–20.

nikaner[4] wurde er 1254 auf dem Provinzkapitel in Worms für drei Jahre zum Provinzial der Ordensprovinz *Teutonia* gewählt. In dieser Zeit fiel ihm die Aufsicht über 39 Männerkonvente und über mehr als zwanzig Frauenklöster auf einem Gebiet zu, das sich im Norden von Antwerpen über Stralsund bis Riga, im Süden von Ptuj (Slovenien) bis Zürich erstreckte. Die Visitationsreisen, welche laut der Ordensregel zu Fuß zu unternehmen waren, führten ihn möglicherweise bis nach Riga, wo es seit 1234 einen Predigerkonvent gab.

Noch in seiner Eigenschaft als Provinzial ging Albert 1256 im Auftrag des Ordensmeisters zur päpstlichen Kurie nach Anagni, um dort die Bettelorden vor den Angriffen seitens des Weltklerus zu verteidigen und sich vor der Öffentlichkeit mit den heterodoxen philosophischen Lehren über den menschlichen Intellekt und den astralen Determinismus (Fatum) auseinanderzusetzen.

In den Jahren 1257–1260 war Albert wieder am Kölner *Studium generale* der Dominikaner tätig. Anfang 1261 ernannte ihn Papst Alexander IV. zum Bischof von Regensburg. Ungeachtet eindringlicher Bitten des Ordensmeisters Humbert von Romans, der Erhebung zu dieser Würde zu widerstehen, fügte sich Albert dem Willen des Papstes.[5] Aber kaum ein Jahr nach seiner Erhebung zum Bischof, unmittelbar nach dem Tod von Alexander IV. (1261), legte er das Amt nieder und verweilte zunächst – bis Anfang 1263 – am Hof von Papst Urban IV., dem Nachfolger von Alexander IV., in Anagni und Orvieto. Dort war er als Lektor tätig, bis ihn

---

4 Vgl. W. Senner, Albertus Magnus als Gründungsregens des Kölner *Studium generale* der Dominikaner, in: J.A. Aertsen/A. Speer (Hg.), Geistesleben im 13. Jahrhundert, Berlin – New York 2000 (Miscellanea Mediaevalia, 27), 149–169.

5 Vgl. R. Schieffer, Albertus Magnus. Mendikantentum und Theologie im Widerstreit mit dem Bischofsamt, Münster 1999 (Lectio Albertina, 3), 1–19.

der Papst am 13. Februar 1263 zum Kreuzzugsprediger für Deutschland, Böhmen und den angrenzenden deutschsprachigen Raum ernannte. Unterstützt durch den Franziskanerprediger Berthold von Regensburg nahm er diese Aufgabe nur kurze Zeit bis zum Tod Urbans IV. (2. Oktober 1263) wahr.

Von 1264 bis 1269 lehrte Albert an den Hausstudien in den Konventen von Würzburg, wo sein leiblicher Bruder Heinrich lebte, und in Straßburg, wo die Studienleitung seinem Lieblingsschüler Ulrich von Straßburg oblag. Die von Albert seit langem geplante Rückkehr nach Köln verzögerte sich nicht zuletzt wegen einer politisch schier ausweglosen Situation in der Stadt infolge des schwelenden Konfliktes der Bürgerschaft mit dem Erzbischof Engelbert von Falkenburg (1261–1274) und der dadurch verursachten schweren Not, unter welcher die mit dem päpstlichen Interdikt belegte Stadt zu leiden hatte. Auf Bitten des Ordensmeisters Johannes von Vercelli begab sich Albert wahrscheinlich im Jahre 1270 nach Köln mit dem Ziel, zwischen dem Erzbischof und der Bürgerschaft zu schlichten. Durch seine Intervention, die dank seines hohen Ansehens, seiner Unbefangenheit und Umsicht von beiden Streitparteien erwünscht wurde, gelang es ihm, die Feindseligkeiten beizulegen und den Frieden in der Stadt wiederherzustellen.[6] Von seinen großen Verdiensten um den Frieden in der Stadt Köln und vielerorts in Deutschland zeugen zahlreiche historische Urkunden.[7]

---

[6] Hierzu vgl. H. Stehkämper, Albertus Magnus und politisch ausweglose Situationen in Köln, in: W. Senner u.a. (Hg.), Albertus Magnus. Zum Gedenken nach 800 Jahren: Neue Zugänge, Aspekte und Perspektiven, Berlin 2001 (Quellen und Forschungen zur Geschichte des Dominikanerordens, N.F., 10), 359–373.

[7] Vgl. H. Stehkämper, Pro bono pacis. Albertus Magnus als Friedensmittler und Schiedsrichter, in: Archiv für Diplomatik, Schriftgeschichte, Siegel- und Wappenkunde 23 (1977), 297–382.

Das letzte Dezennium seines Lebens verbrachte Albert in Köln, wo er an seinen Spätwerken – zu nennen sind vor allem *De XV problematibus*, *Problemata determinata*, *Summa theologiae sive de mirabili scientia dei* (zumindest Buch II), die Meßerklärung *Super missam* und der Traktat über die Eucharistie *De corpore domini* sowie der Kommentar *Super Iob* – arbeitete und auf vielfältige Weise in Kirche und Gesellschaft aktiv mitwirkte. Seine Teilnahme am II. Allgemeinen Konzil in Lyon 1274 sowie seine Reise nach Paris im Jahre 1277 zur Verteidigung der Lehre seines Schülers Thomas von Aquin vor der Verurteilung, die von einer Theologenkommission unter dem Vorsitz des Bischofs Stephan Tempier betrieben wurde, sind historisch nicht gesichert und müssen angezweifelt werden.

Am 15. November 1280 starb Albert im Kölner Konvent und wurde in der Klosterkirche Hl. Kreuz begraben.

Im Jahre 1931 wurde Albert von Papst Pius XI. heiliggesprochen und zum Kirchenlehrer erhoben. Zehn Jahre danach erklärte ihn Pius XII. zum Schutzpatron der Naturwissenschaftler. Sein großes Lebenswerk erregte bereits bei den Schülern und Zeitgenossen Staunen und Bewunderung. Es trug ihm den auszeichnenden und dem in der Geistesgeschichte nur selten zu begegnenden Beinamen „der Große" sowie den Ehrentitel „Doctor universalis" ein.

Zu Alberts bedeutendsten Schülern gehört Thomas von Aquin, der sein Studium unter Albert 1245 in Paris begann und 1248 mit ihm nach Köln übersiedelte, um sich dort weiterzubilden. Als besonders begabter und fleißiger, von Albert sehr geschätzter Student, wurde Thomas wissenschaftlicher Mitarbeiter seines Lehrers, den er beim Aufbau des *Studium generale* und in der Lehre unterstütze. Von den übrigen namhaften Schülern des Albertus Magnus am Kölner *Studium generale* der Predigerbrüder sind in erster Linie Ambrosius Sansedoni von Siena, Nicolaus Brunazzi aus Perugia, Ulrich

Engelberti von Straßburg und Thomas von Cantimpré zu nennen.[8]

2. Zur Schrift „Über den Menschen"

Das Frühwerk *De homine* des Albertus Magnus stellt einen im doppelten Sinne – von der Auffassung des Gegenstandes und von seiner Betrachtungsweise her – ganzheitlichen Anthropologieentwurf dar,[9] welcher zum Bestand einer zweiteiligen „Summe über die Schöpfung und Geschöpfe" (*Summa de creaturis*) gehört. Der erste Teil dieser Summe – *De IV coaequaevis* – hat die vier aus dem Schöpfungswerk Gottes gleichzeitig hervorgegangenen Urwirklichkeiten, nämlich erste Materie als den Urstoff der Schöpfung (*prima materia*), Himmel (*caelum*), Zeit (*tempus*) sowie Engel (*angelus*) zum Gegenstand. Nach der Erörterung der Schöpfungsfrage werden diese vier Urwirklichkeiten in einer ebenfalls ganzheitlichen, philosophisch-theologischen Perspektive abgehandelt.

Der zweite Teil der Summe gehört sachlich und formal in diesen schöpfungstheologischen Rahmen und ist speziell dem Menschen in seiner seelisch-körperlichen Verfaßtheit, in seinem Urzustand und seinem natürlichen Lebensraum gewidmet. Bevor auf den Inhalt dieses umfassenden Anthropologieentwurfs eingegangen wird und bevor erste allgemeine Hinweise zu seiner Rezeptions- und Wirkungsgeschichte erfolgen, seien einige Auskünfte zu folgenden Fragen zu Entstehungs- und Überlieferungsgeschichte kurz festgehalten: zu Textüberlieferung, Textkritik und Authentizität; zu Titel,

---

[8] Vgl. H.Chr. Scheeben, De Alberti Magni discipulis, in: Alberto Magno. Atti della Settimana Albertina celebrata in Roma nei giorni 9–14 Nov. 1931, Roma [o.J.], 179–212.

[9] Vgl. H. Anzulewicz, Der Anthropologieentwurf des Albertus Magnus, 756–766.

literarischer Form und formaler Gliederung; zu Abfassungszeit und -ort; zu den Quellen.

a) Textüberlieferung, Textkritik und Authentizität

Die Schrift „Über den Menschen" des Albertus Magnus erlangte im Mittelalter einen hohen Bekanntheitsgrad und hat
sowohl direkt als auch indirekt einen starken Einfluß auf die
anthropologischen Reflexionen seiner Zeitgenossen und der
Nachwelt ausgeübt. Sie wurde durch zahlreiche Abschriften
über einen breiten geographischen und bildungspolitischen
Raum, innerhalb und noch stärker außerhalb des Predigerordens, verbreitet. Davon zeugen einerseits die mittelalterlichen
Bibliothekskataloge, andererseits die gegenwärtig bekannte
Zahl von 37 erhaltenen Handschriften.[10] Darüber hinaus sind
mehrere Exzerpte[11] und Kompilationen aus *De homine* bekannt,

---

[10] W. Fauser, Die Werke des Albertus Magnus, 261–266, 478 (n.61), verzeichnet 36 Handschriften des Werkes. Für die Liste der Handschriften mit
knappen Angaben zu den Kodizes und Lit.-Hinweisen vgl. auch H. Anzulewicz, De forma resultante in speculo des Albertus Magnus, 71–82. Zuletzt
wurde bekannt, daß eine weitere Handschrift von *De homine* in der Biblioteca Apostolica Vaticana – *Ross. 808* – existiert; vgl. H. Anzulewicz, Zur
kritischen Ausgabe der Werke des Albertus Magnus, 421.

[11] Vgl. W. Fauser, Die Werke des Albertus Magnus, 266–267 n.61/36
und 37; ders., Albertus-Magnus-Handschriften. 1. Fortsetzung, in: Bulletin
de Philosophie Médiévale 24 (1982), 125–127 n.61/38; ders., Albertus-Magnus-Handschriften. 2. Fortsetzung, in: Bulletin de Philosophie Médiévale
25 (1983), 117–118 n.61; Ergänzungen und Korrekturen hierzu: ders.,
Albertus-Magnus-Handschriften. 4. Fortsetzung, in: Bulletin de Philosophie
Médiévale 27 (1982), 140–141 n.61 und 61A. Allerdings die bei Fauser (Die
Werke des Albertus Magnus) unter n.61/38 verzeichnete Handschrift *Wien,
ÖNB 2283* enthält kein Exzerpt aus *De homine*, sondern die Schrift *De intellectu et intellecto* des Alexander von Aphrodisias in einer längeren Fassung als
der von G. Théry (Autour du décret de 1210: II. – Alexandre d'Aphrodise,
Le Saulchoir – Kain 1226 [Bibliothèque Thomiste, VII], 74–82) edierten.

von denen besonders die beiden in der Forschung bisher wenig
beachteten Abhandlungen *De sensu communi* und *De quinque
potentiis animae* hervorzuheben sind. Sie sind in nahezu
20 mittelalterlichen Abschriften überliefert und werden in den
meisten Fällen Thomas von Aquin zugeschrieben.[12] Genannt
sei auch die in über 30 Handschriften erhaltene und mehrfach
im Buchdruck unter dem Names des Albertus Magnus erschie-
nene, in Wirklichkeit aber von einem Dominikaner, wohl Albert
von Orlamünde (13. Jh.), aus dem Albertinischen Werk und,
wie ich mit Caterina Rigo feststellen konnte, der *Summa de
anima* des Johannes de Rupella (†1245) kompilierte *Summa
naturalium*.[13] Auch in das erwähnte, handschriftlich weitver-
breitete *Speculum naturale* des Vinzenz von Beauvais sind viele
Texte aus *De homine*, oft wortgetreu, mit und ohne Nennung
ihres Autors aufgenommen.[14]

Eine Abhandlung über das Spiegelbild (*De forma resultante
in speculo*), die Albert in Form einer Digression zu seiner
Theorie des Sehens im Rahmen des anthropologischen Ent-
wurfs verfaßte, wurde bereits im 13. Jh. als ein Beitrag zur
geometrischen Perspektive und zur Optik gesondert tradiert.
Sie ist gegenwärtig in 15 Handschriften sowie in zwei weiteren Textzeugen erhalten, welche die Albertinische Abhandlung in einer Kompilation des Vinzenz von Beauvais aus dem
Speculum naturale bieten.[15] Dieser und andere Texte aus *De*

[12] Insgesamt 15 Handschriften – einige weiteren sind inzwischen uns
bekannt – wurden von I. Brady (Two Sources of the *Summa de homine*, 223–
226; 235–271) verzeichnet und die beiden Texte von ihm ediert.

[13] Vgl. Th. Kaeppeli, Scriptores Ordinis Praedicatorum Medii Aevi, I,
Romae 1970, 31–32.

[14] Vgl. L. Lieser, Vinzenz von Beauvais als Kompilator und Philosoph.
Th. Kaeppeli (†1984) – E. Panella, Scriptores Ordinis Praedicatorum Medii
Aevi, IV, Roma 1993, 435–438. H. Anzulewicz, De forma resultante in
speculo des Albertus Magnus, 245.

[15] Vgl. W. Fauser, ebd., 269–271, und die entsprechende Korrektur mit

homine werden auch im naturphilosophischen Kompendium des Nikolaus von Straßburg kompiliert, welches bisher in nur einer Handschrift – *Vat. lat. 3091* – aufgefunden und nur teilweise kritisch ediert wurde.[16]

Anhand mittelalterlicher Handschriftenkataloge wurden weitere sieben Handschriften von *De homine* ermittelt, die unter den existierenden Textzeugen nicht identifiziert werden konnten.[17] Die hier umrissene direkte und assimilierte Form handschriftlicher Verbreitung des Albertinischen Werkes gibt nur annähernd Aufschluß über seinen tatsächlichen und potentiellen Einfluß auf die philosophisch-theologische Reflexion des Mittelalters und im besonderen auf die Entwicklung der Psychologie und Anthropologie. Daß der Einfluß Alberts auf seine Schüler, auf die Mitwelt und spätere Nachwelt prägend war, steht allgemein fest.[18]

Seit dem Ende des 15. bis zum 19. Jh. wurde die Schrift viermal gedruckt. Der erste nachweisbare und erhaltene Inkunabeldruck von 1498/99 und die nachfolgende Druckausgabe von 1519 wurden in Venedig erstellt. Die Werkausgabe von Lyon aus dem Jahre 1651, welche im Auftrag des Predigerordens unter der Herausgeberschaft von P. Jammy erarbeitet wurde, und ihre durchgesehene und erweiterte Neuauflage in Paris aus dem Jahre 1896, welche S.C.A. Borgnet betreut hat, sind im Rahmen der Gesamtausgabe entstanden.[19]

---

dem Textabdruck der Kompilation bei H. Anzulewicz, De forma resultante in speculo, bes. Kap. III, 85–100, 132–134, 245–246, 269–281.

16 Vgl. H. Anzulewicz, ebd., 282–289; die kritische Textedition: Nikolaus von Straßburg, Summa, Liber 2, Tractatus 8–14. Hg. von T. Suarez-Nani, Hamburg 1990 (Corpus Philosophorum Teutonicorum Medii Aevi, V,2[3]).

17 H. Anzulewicz, ebd., 83–84.

18 Vgl. H. Anzulewicz, Die Denkstruktur des Albertus Magnus, 386f.

19 Näheres mit Literaturangaben hierzu vgl. H. Anzulewicz, De forma resultante in speculo des Albertus Magnus, 117–119.

Die handschriftliche Überlieferung des Werkes besteht aus zwei großen Traditionssträngen. Den einen Strang bildet die Tradition, welche innerhalb des Predigerordens entstand und weitergegeben wurde. Sie kommt dem Urtext am nächsten und gilt im Unterschied zu der anderen Überlieferung als die unabhängige Tradition (α). Den anderen Strang bilden die sogenannte Universitätsüberlieferung und ihre Derivate (β), welche auf ein nicht mehr erhaltenes Exemplar der Pariser Universität zurückgehen, wie die expliziten, jedoch unvollständig eingetragenen Pecienvermerke in den Handschriften *Berlin, SBPK Lat. qu. 586* und *Paris, Bibliothèque Mazarine 875 (367; 949)* belegen.

Eine Sonderart der Textüberlieferung bildet die Gruppe kontaminierter Handschriften, welche keiner der beiden Texttraditionen eindeutig zugeordnet werden können. Sie bieten einen Text, der sowohl von dem einen wie auch von dem anderen Traditionsstrang abhängig ist, da er von Kopisten aus zumindest zwei Vorlagen, welche auf den beiden verschiedenen Überlieferungen beruhen, erstellt wurde. Da die kontaminierte Überlieferung nicht auf einen homogenen Ausgangstext zurückgeführt werden kann, ist sie für die Rekonstruktion des Originals von *De homine* kaum hilfreich.

Der Übergang von der unabhängigen Tradition zur universitären Überlieferung ist an der Handschrift *Paris, BnF lat. 18127 (Jacob S. Jacq. 39)* erkennbar. Diese Handschrift wurde wahrscheinlich im Dominikanerkonvent St. Jacques noch zu der Zeit, als Albert an der Pariser Universität tätig war und in diesem Konvent wohnte, anhand von zwei verschiedenen Vorlagen – einem Zeugen der unabhängigen Tradition und einer Pecienhandschrift, welche die Universitätsüberlieferung verkörperte, angefertigt. Der Codex gibt zwar in seinem Grundbestand die unabhängige Überlieferung wieder, er ist aber bereits bei seiner Fertigstellung mit der Universitätsüberlieferung kontaminiert und zum späteren Zeitpunkt von

einer nicht identifizierten Hand durchkorrigiert bzw. überarbeitet. Weitere Korrekturen, die sich in diesem Codex finden, sind von geringerer Bedeutung. Obwohl die Handschrift ein wichtiges Glied in der Überlieferungskette darstellt und einiges Licht auf die Abspaltung der universitären Überlieferung wirft, hat sie dennoch an der Textrekonstruktion keinen maßgeblichen Anteil. Sie wird allein auf Grund ihrer geschichtswichtigen Stellung im Überlieferungszusammenhang im textkritischen Apparat der beim Aschendorff Verlag erscheinenden kritischen Edition mitberücksichtigt.

Für die Konstituierung des lateinischen Textes, der mit diesem Band zum ersten Mal in kritischer Edition in einer Auswahl erscheint, wurden nach der Auswertung des Kollationsmaterials neun Handschriften herangezogen. Die Vorrangstellung kommt den Textzeugen der unabhängigen Tradition zu, welche untereinander zwei Gruppen bilden: (1) *Ann Arbor, University Library of Michigan, A. Taubman Medical Libr. 201*; *Chicago, Univ. of Chicago, J. Regenstein Libr. 2*; *München, Bayerische Staatsbibliothek, Clm 15764*; *Nürnberg, Stadtbibliothek, Cent. III.66*; (2) *Oxford, Merton College Libr. 0.1.7*; *Città del Vaticano, Biblioteca Apostolica Vaticana, Vat. lat. 711*. Die Universitätsüberlieferung und ihre Derivate wurden bei der Rekonstruktion des Textes durch die beiden Pecienhandschriften – *Berlin, SBPK Lat. qu. 586* und *Paris, Bibliothèque Mazarine 875 (367; 949)* – und einen weiteren Textzeugen aus dem 15. Jh. – *Berlin, SBPK Hamilton 10* – vertreten, mit dem die Drucktradition von *De homine* weitestgehend übereinstimmt. In diesem Zusammenhang muß unterstrichen werden, daß die Drucke sich auf eine Überlieferung stützen, die nicht nur chronologisch, sondern auch hinsichtlich der Textgestalt vom authentischen Text am weitesten entfernt ist. Sie bieten keine verläßliche Grundlage für Studium und Forschung.

Der lateinische Text, der in diesem Band geboten wird, wurde nach den Regeln der Textkritik erstellt, die der kriti-

schen Gesamtausgabe (*Alberti Magni Opera Omnia*) zugrundeliegen. Er wird vom kritischen Text der *Editio Coloniensis* des
Werkes, der seine letzte Phase der Konstitution durchläuft,
grundsätzlich nicht abweichen. Auf die Beigabe des textkritischen Apparats wird deshalb in der vorliegenden zweisprachigen Ausgabe ohne Minderung ihrer Qualität verzichtet.[20]

Obwohl die Schrift ‚Über den Menschen' nicht im Autograph[21] erhalten und nichts näheres über ihre Entstehungsge-
schichte bekannt ist, gilt für sie dennoch die Albertinische
Autorschaft als über jeden Zweifel erhaben. Es gibt auch im
Licht eingehender textkritischer und textgeschichtlicher Untersuchungen, die im Vorfeld und Zusammenhang der Arbeit
an der kritischen Edition aufgerollt wurden, keinen erkennbaren Grund, sie in Frage zu stellen. Denn sowohl innere als
auch äußere Kriterien weisen eindeutig und übereinstim-
mend auf Albert als den Autor hin.

Aus den Verweisen in *De IV coaequaevis* auf *De homine* als
den nächsten Teil der ‚Summe über die Geschöpfe' und aus
den zahlreichen Rückverweisen auf *De IV coaequaevis* als den
ersten bereits abgeschlossenen Teil des Projektes geht hervor,
daß der Autor beider Werke ein und dieselbe Person ist. In
den Schriften, die umittelbar auf *De homine* folgen und mit

---

[20] Einen detaillierten Einblick in die Textkritik für einen Teil der Schrift,
nämlich für die Abhandlung über das Spiegelbild, bietet die in der vorigen
Anm. zitierte Untersuchung De forma resultante in speculo, 120–178.

[21] Aus der frühen Schaffenszeit ist bisher nur ein kleines Fragment des
Sentenzenkommentars im Autograph aufgefunden; vgl. H. Ostlender, Die
Autographe Alberts des Großen, in: ders. (Hg.), Studia Albertina, Münster
1952 (Beiträge zur Geschichte der Philosophie und Theologie des Mittelalters, Suppl. IV), 3–21, hier 12. F. Stegmüller, Das Uppsalenser Albertus-
autograph, in H. Ostlender (Hg.), Studia Albertina, 22–29; ders., Albertus
Magnus. Autographum Upsaliense (II Sent. dist.3 a.6 – dist.4 art.1), in: ders.
(Hg.), Analecta Upsaliensia Theologiam Medii Aevi Illustrantia, I: Opera
systematica, Uppsala – Wiesbaden 1953, 147–238.

der letzteren inhaltlich sowie formal eng zusammenhängen –
De bono und der Sentenzenkommentar, besonders Buch II,
das teilweise im Autograph erhalten ist, sowie in der Abhandlung ‚Über die Sinnesvermögen und -wahrnehmung des
verklärten Körpers‘ (*De sensibus corporis gloriosi*) – nimmt Albert wiederholt Bezug auf den Anthropologieentwurf.[22]

Von den äußeren Echtheitskriterien sind an erster Stelle
das Zeugnis der Handschriften und der ältesten Werkkataloge
bedeutender Autoren aus dem Predigerorden sowie die
Testimonien von Albertus Magnus zeitgenössischen Quellen
zu nennen. Bis auf einige vereinzelte Ausnahmen einer anonymen Überlieferung schreibt die handschriftliche Tradition das Werk *De homine* einhellig dem Doctor universalis zu.
Wirkliche Zuschreibungen dieser Schrift an einen anderen
Autor sind mir nicht bekannt.[23] In den ältesten Katalogen der
Werke Alberts wird *De homine* verzeichnet.[24] Seine Zeitgenossen und spätere Autoren, wie beispielsweise Vinzenz von

[22] Wegen der Häufigkeit dieser Verweise in den beiden Teilen der
‚Summe über die Geschöpfe‘ und im Sentenzenkommentar wird verzichtet,
die einzelnen Stellen hier aufzulisten. Teilweise sind sie – mit Blick auf die
Authentizität der Abhandlung ‚Über das Spiegelbid‘ – bereits erfaßt:
H. Anzulewicz, De forma resultante in speculo, 100–107. Für die kritisch
edierten Schriften *De bono* und *Quaestio de sensibus corporis gloriosi* sei auf die
Prolegomena und den Quellenindex der jeweiligen Ausgabe verwiesen.

[23] Die Annahme der Zuschreibung einer vermeintlichen, partiellen
Überlieferung von *De homine* im Codex *Wien, ÖNB 2283*, an einen ‚Alexander‘ (vgl. W. Fauser, Die Werke des Albertus Magnus, 267 n.61/38, 261) ist,
wie oben festgehalten, unzutreffend. Bei der Handschrift *Leuven, Universi-
teitsbibliotheek D 320* (vgl. Fauser, ebd., 267 n.61/39, 261) handelt sich nicht
um Albertschrift, sondern um ein kompilatorisches, streckenweise auf *De
homine* beruhendes Werk des Albertisten Johannes Hulshot von Mechelen.

[24] Vgl. u.a. H.Chr. Scheeben, Les écrits d'Albert le Grand d'après les
Catalogues, in: Revue Thomiste 36 (1931), 260–292. B. Geyer, Der alte
Katalog der Werke des hl. Albertus Magnus, in: Miscellanea Giovanni
Mercati, Città del Vaticano 1946 (Studi e testi, 122), 398–413.

Beauvais, Martin von Brandenburg, Petrus von Dacien,[25] Ps.-
Robert Grosseteste (*Summa philosophiae*), Johannes von Paris[26]
und Nikolaus von Straßburg auf der einen Seite, Wilhelm
von Vorillon, Dionysius Cartusianus, Johannes Hulshot von
Mechelen, Valentinus de Camerino[27] und eine Reihe italieni-
scher Humanisten und Renaissance-Denker[28] auf der anderen Seite kennen diese Schrift und rekurrieren auf sie unter
namentlicher Nennung ihres Autors.

b) Titel, literarische Form und Gliederung

Das anthropologische Werk ‚Über den Menschen‘ bildet den
zweiten Teil einer schöpfungstheologischen Synthese, welche
wohl erst in der späteren handschriftlichen Überlieferung, in
einer zweiten Überlieferungsstufe als die ‚Summe über die
Geschöpfe‘ (*Summa de creaturis*) bezeichnet wird. Beide Teile
sind zwar an sich selbständige Werke, aber das Explicit von
De homine – ‚Et haec de creaturis dicta sufficiant‘ – bezeugt,
daß damit nicht nur die Schrift über den Menschen, sondern
auch die über andere ‚Geschöpfe‘ – gemeint sein können nur
die vier ‚coaequaeva‘ und das Sechstagewerk, das unmittelbar zuvor in *De IV coaequaevis* abgehandelt wurde – zum Abschluß kommen.

[25] Petrus de Dacia, *De gratia naturam ditante sive de virtutibus Christianae
Stumbelensis*. Édition critique avec une introduction par M. Asztalos, Stock-
holm 1982 (Acta Universitatis Stockholmiensis. Studia Latina Stockholmi-
ensia , 28), 41, 56, 59f., 67–69, 72–74, 89ff., 152ff.

[26] Vgl. H. Anzulewicz, De forma resultante des Albertus Magnus, 246f.
mit Anm. 118.

[27] M. Tavuzzi, Valentino da Camerino, 287–316, bes. 302f., 309, 315f.

[28] Vgl. E. P. Mahoney, Albert the Great and the *Studio Patavino*, bes. 549,
551f., 554, 560.

Die Schrift *De homine* wurde vom Autor selbst wohl nicht mit einem Titel im heutigen Sinne, d.h. in Form einer Überschrift, versehen. Den Titel bildete, oder vielmehr seine Funktion erfüllte das Incipit, d.h. der Anfangssatz der Schrift. Dies gilt aus meiner Sicht auch für einige andere Albertinische Werke, insbesondere die Frühwerke einschließlich des Sentenzenkommentars und der Bibelkommentare.[29] Darauf deutet vor allem die in diesem Punkt auffallende Uneinheitlichkeit der handschriftlichen Überlieferung hin. Es ist anzunehmen, daß entweder Kopisten oder spätere Benutzer der Handschriften dieses Werkes eine Überschrift aus dem Anfangssatz – ‚Consequenter transeundum est ad quaerendum de homine‘ bzw. ‚Circa secundam partem summae de creaturis restat quaerere de homine‘ gemäß einer anderen redaktionellen Schicht der β-Tradition, dem Derivat der universitären Überlieferung – eruiert und als Kopftitel oder zum Schluß im Kolophon hinzugefügt haben. Denn diese Überschriften bzw. titelähnliche Werkbezeichnungen, insofern vorhanden – in zwei Handschriften fehlen sie –, sind nicht nur sehr unterschiedlich,[30] sondern sie stammen in den meisten Fällen von einer späteren, nicht mit der des Kopisten identischen Hand. Aus den Verweisen auf *De homine* in *De IV coaequaevis*, *De bono*, in der *Quaestio de sensibus corporis gloriosi* und im Sentenzenkommentar sowie in den übrigen Werken, welche eine Vielfalt an Formulierungen darbieten, kann kein feststehender, vom Autor intendierter Titel hergeleitet werden.[31]

---

[29] Diese Interpretation wird durch den entsprechenden Befund im Kommentar zum Matthaeusevangelium, der im Albertautograph erhalten ist, bestätigt. Vgl. B. Schmidt, Proleg. § 2, in: Alb., Super Matth. (ed. B. Schmidt, Münster 1987, Alberti Magni Opera Omnia) Ed. Colon. t.21 p.VIII v.71–p.IX v.71.

[30] Vgl. W. Fauser, Die Werke des Albertus Magnus, 261f.

[31] Vgl. B. Geyer, Ad Summam Alberti Magni De bono Prolegomena § 1, p. IX–X.

Aus diesem Sachverhalt ergibt sich zunächst eine negative Antwort auf die Frage nach dem ursprünglich-einheitlichen, eigentlichen Werktitel. Es muß dennoch eine Lösung gefunden werden, die sowohl dem tatsächlichen Textbefund als auch den Erfordernissen einer kritischen Werkausgabe und auch der vorliegenden zweisprachigen Textauswahl Rechnung trägt. Wird die oben skizzierte Sachlage genauer betrachtet, dann leuchtet ein, daß die adäquate Lösung der Frage nach dem Titel des Anthropologieentwurfs nur jener Kurztitel sein kann, welcher bereits im Incipit ‚Consequenter transeundum est ad quaerendum de homine‘ enthalten ist; er lautet: ‚De homine.‘ Diese Lösung steht im Einklang mit den Titelangaben vieler Handschriften des Werkes und der ältesten Werkverzeichnisse des Doctor universalis. Sie ist darüber hinaus konform mit der Entscheidung in derselben Frage, die vom Begründer der *Editio Coloniensis*, B. Geyer, für die chronologisch unmittelbar nach *De homine* verfaßte Schrift – *De bono* – getroffen wurde.[32]

Wie der erste Teil der ‚Summe über die Geschöpfe‘ – *De IV coaequaevis* – und die chronologisch früheren drei theologiesystematischen Werke – *De sacramentis, De incarnatione* und *De resurrectione* –, ist der Anthropologieentwurf und die auf ihn unmittelbar folgende Schrift *De bono* in der literarischen Gestalt einer Summe verfaßt. Es handelt sich hierbei jeweils um eine umfassende, nach systematischen, formalen und auch didaktischen Prinzipien durchdachte und geordnete Sammlung von Einzeluntersuchungen (quaestiones) zu den jeweils im Incipit genannten Problembereichen, im Fall von *De homine* zur Anthropologie.[33] Die literarische Grundform der

---

[32] Ebd.

[33] Zur literarischen Gattung der Summe vgl. M. Seckler, Das Heil in der Geschichte, München 1964, 33f. M.-D. Chenu, Das Werk des heligen Tho-

Summe bildet die ‚quaestio‘, welche gewöhnlich mit einer direkten oder indirekten Frage beginnt – es sind oft sog. *utrum*-Fragen – und eine eigentümliche, feststehende Struktur aufweist: eine These (gewöhnlich in Form der Eingangsfrage), die es zu beweisen oder zu widerlegen gilt, Argumente für und gegen diese These bzw. für eine bejahende und eine verneinende Antwort auf die Eingangsfrage (*pro*- und *contra*-Argumente), die Antwort des Autors (*solutio*) und die Antworten zu den *pro*- und *contra*-Argumenten. Die ‚quaestio‘ galt nicht nur als literarische Form wissenschaftlicher Erörterung sondern auch als eine der geläufigsten Formen des akademischen Unterrichts. Im letztgenannten Fall sind zu unterscheiden einerseits die ‚disputationes in scholis‘, die der Dozent mit seinen Studenten täglich durchführte, und andererseits die öffentlichen Disputationen, die von den Magistri der Pariser Universität in bestimmten Zeitabständen – einmal pro Woche oder alle zwei Wochen – veranstaltet wurden.[34] Mit hoher Wahrscheinlichkeit kann angenommen werden, daß *De homine* einen Niederschlag der von Albert mit seinen Studenten durchgeführten täglichen Disputationen (‚disputationes in scholis‘) darstellt. Es kann sich aber nicht um öffentliche ‚quaestiones disputatae‘ des Magisters handeln, da Albert zu diesem Zeitpunkt noch nicht promoviert war.[35] In der bis-

mas von Aquin, Graz – Wien – Köln [2]1982 (Die deutsche Thomas-Ausgabe, Erg.-Bd. 2), 336ff. J. Söder, [Art.] Summenliteratur, 686–688.

[34] Zur ‚quaestio‘ als Textgattung und Lehrform vgl. B. Bazàn/J. Wippel/G. Fransen/D. Jacquart, Les questions disputées et les questions quodlibétiques dans les Facultés de Théologie, de Droit et de Médecine, Turnhout 1985 (Typologie des sources du Moyen Âge Occidental, 44–45). B. Lawn, The Rise and Decline of the Scholastic ‚Quaestio disputata‘. K. Jacobi, Der disputative Charakter scholastischen Philosophierens, in: Philosophie und geistiges Erbe des Mittelalters (Kölner Universitätsreden, 75), Köln 1994, 31–42, hier bes. 33–38 (Abschn. II–III).

[35] Damit wird der Mutmaßung von B. Geyer (Ad Summam Alberti Magni De bono Prolegomena, IX) widersprochen, *De homine* und die übri-

herigen Forschung ging man fast einhellig davon aus, daß es sich hierbei um Disputationen handelte, die Albert in der Pariser Universität, oder gar im Hausstudium der Dominikaner an St. Jacques, das der Universität inkorporiet war, abgehalten hatte. Neuerdings kam C. Rigo in einer bahnbrechenden, demnächst erscheinenden Studie zum redaktionsgeschichtlichen Komplex des Albertinischen Frühwerkes zum Ergebnis, daß „es sich nahe *legt,* daß Albert die Frühwerke bereits während seiner ersten Lektortätigkeit in Deutschland abgefaßt und in Paris und Köln (nach der Gründung des *studium generale* im Jahre 1248) nur überarbeitet hat".[36]

Der Gesamtstoff des Werkes wird nach einem Plan strukturiert, dem systematische, formale und didaktische Kriterien zugrundeliegen. Die systematische Konzeption, die inhaltliche Makrostruktur und die Abfolge der Umsetzung ihrer Hauptstücke umreißt Albert zu Beginn seines Werkes. Wir werden auf sie im folgenden bei der inhaltlichen Präsentation der Schrift kurz eingehen. An dieser Stelle geht es in erster Linie um den formalen Aspekt der Stoffgliederung.

Bei den Erläuterungen zur literarischen Form des Werkes wurde bereits festgehalten, daß es sich gattungsmäßig um eine Summe handelt, die aus einer geordneten Sammlung von Quästionen besteht. Diese bilden die formale Grundstruktur des Werkes. Da sie um bestimmte Themenbereiche gruppiert sind, fügen sie sich unter dieser Hinsicht zu größeren in sich geschlossenen Komplexen zusammen. Der Text wird also ausgehend von inhaltlichen und systematischen

___

gen Pariser Frühwerke – *De sacramentis, De incarnatione, De resurrectione, De IV coaequaevis* und *De bono* – seien aus den Disputationen hervorgegangen, die Albert als Magister in der Pariser Universität abgehalten habe.

[36] C. Rigo, Zur Redaktionsfrage der Frühschriften des Albertus Magnus, in: L. Honnefelder u.a. (Hg.), Albertus Magnus, Richard Rufus, and Their Contemporaries, Münster (erscheint 2004).

Kriterien in thematische Bereiche strukturiert, die jeweils nach einem im voraus festgelegten Plan, der in der Textdisposition zu Beginn eines jeden Themenbereiches dargelegt wird, in vielen Einzelabhandlungen erörtert werden.

Bei der Umsetzung dieser Struktur bedient sich Albert keiner Gliederungsbegriffe wie ‚tractatus‘, ‚quaestio‘, ‚articulus‘, ‚particula‘ o.ä. Sie erscheinen erst in der Lyoner Druckausgabe der Schrift als Zusätze des Herausgebers (P. Jammy); in der Ausgabe von Paris (S.C.A. Borgnet) werden sie beibehalten. Die kritische Ausgabe und die vorliegende zweisprachige Textauswahl folgen dem ursprünglichen Text und der Intention des Autors. Folglich wird der Text gemäß der vom Autor vorgenommenen Disposition unter dem inhaltlich-systematischen Gesichtpunkt strukturiert. Die Einzelabhandlungen werden entsprechend ihrer Anordnung vom Autor numeriert. Durch Verzicht auf die anachronistische, von P. Jammy eingeführte formale Gliederung des Textes unter Verwendung der Termini ‚tractatus‘, ‚quaestio‘, ‚articulus‘ und ‚particula‘, erhält die Schrift ihre ursprüngliche, systematisch stimmige und auch in formaler Hinsicht durchaus hinreichende Strukturierung wieder zurück.[37]

c) Entstehungszeit und -ort

Schon in der biographischen Skizze und in den Ausführungen zur literarischen Art der Schrift wurde deutlich, daß sie wohl aus den Lehrveranstaltungen des ‚jungen‘ Albert, den sog. ‚disputationes in scholis,‘ die er mit seinen Studenten, sei es in Deutschland, sei es in Paris, sicher aber noch vor dem Abschluß der theologischen Promotion abhielt, hervorging.

---

[37] Vgl. H. Anzulewicz, Die theologische Relevanz des Bildbegriffs, 6–9.

Für diese chronologisch-topographische Situierung sprechen
mehrere Indizien.[38]

Aufgrund der Analyse der im Frühwerk zahlreich vorhan-
denen Verweise auf schon verfaßte und erst geplante zusam-
mengehörige Texte läßt sich ihre relative Chronologie mit
hinreichender Gewißheit rekonstruieren. Hierbei muß allerdings genau darauf geachtet werden, ob diese Verweise die
chronologische Werkabfolge oder aber in Wirklichkeit bloß
logisch-systematische Verhältnisse der Texte zueinander wi-
derspiegeln. Für *De homine* steht fest, daß dieses Werk als Ganzes sich chronologisch unmittelbar an *De IV coaequaevis* anschließt und vor *De bono* verfaßt wurde.

Es ist vor allem durch Forschungen von O. Lottin[39] erwiesen, daß Albert an manchen Teilen aus dem Frühwerk[40] par-
allel arbeitete. Aus der Untersuchung von D. Salman zu *De
unitate intellectus*[41] und den Studien zur Redaktionsgeschichte
der Schriften aus dem Komplex der Tierkunde, die H. Stadler und B. Geyer im Vorfeld und Zusammenhang mit den
kritischen Editionen dieser Texte vorgelegt haben,[42] sowie aus

[38] Ders., De forma resultante in speculo des Albertus Magnus, 110f.

[39] Bibliographische Angaben sind dem Literaturverzeichnis zu entnehmen.

[40] Zum Frühwerk wird neben der Erstlingsschrift *De natura boni* ein sechs
Werke umfassender, vor der Promotion in Paris entstandener Schriftenkom-
plex gerechnet: *De sacramentis, De incarnatione, De resurrectione, De IV coaequaevis, De homine, De bono* sowie der Sentenzenkommentar; vgl. H. Anzulewicz,
Die theologische Relevanz des Bildbegriffs, 4–5.

[41] D. Salman, Albert le Grand et l'Averroïsme latin, in: Revue des Sciences philosophiques et théologiques 24 (1935), 48 Anm. 1, 59–64.

[42] Vgl. u.a. H. Stadler, Albertus Magnus von Cöln als Naturforscher
und das Cölner Autogramm seiner Tiergeschichte, in: Verhandlungen der
Gesellschaft Deutscher Naturforscher und Ärzte für die 80. Verhandlung zu
Köln, Leipzig 1908, bes. 10f. (Sonderdruck); ders., Vorbemerkungen zur
neuen Ausgabe der Tiergeschichte des Albertus Magnus, München 1912
(Sitzungsberichte der Königlich Bayer. Akademie der Wissenschaften. Phi-

den neuesten Erkenntnissen bezüglich des Frühwerkes, die
C. Rigo erzielt hat, ergibt sich, daß Albert nachträglich einige
Ergänzungen an seinen Texten und redaktionelle Änderungen vornahm, die teilweise auch lehrinhaltliche Korrekturen
darstellen.[43] Im Fall von *De homine* gibt es eine nachträgliche
Ergänzung um eine Untersuchung zur Psychophysiologie der
optischen Wahrnehmung.[44] Dieser als ‚Appendix zu Quästio
21' in der Lyoner bzw. ‚Appendix zu Quästio 22' in der Pariser Druckausgabe gekennzeichnete Text ist in den Abschriften der Urfassung des Werkes nicht enthalten. Es scheint, daß
er bald nach der Abfassung der Schrift hinzugefügt wurde, da
bereits die oben erwähnte Handschrift *Paris, BnF lat. 18127*,
die aus dem Dominikanerkonvent St. Jacques stammt und
wahrscheinlich dort um die Mitte des 13. Jh. entstanden ist,
diesen Textteil enthält.

Bei der Rekonstruktion einer relativen und einer absoluten
Werkchronologie muß mit chronologischen ‚Überlappungen'
der Werke bzw. Werkteile gerechnet werden, mit späteren
Textergänzungen und Überarbeitungen. Denn solche späteren redaktionellen Eingriffe des Autors, insofern sie nachgewiesen werden, sind, wie C. Rigo gezeigt hat, nicht nur textgeschichtlich, sondern auch lehrgeschichtlich höchst relevant.
Die Klärung dieses Komplexes für *De homine* läßt das Fehlen
des sog. ‚Appendix' zur Psychophysiologie des Sehprozesses
in einigen qualitätsvollen Textzeugen und punktuell auftretende doktrinelle Divergenzen zu den früher und später ent-

---

los.-philolog. Klasse, Jg. 1912, 1. Abh.), bes. 45–58. B. Geyer, Die ursprüngliche Form der Schrift Alberts des Großen «De animalibus» nach dem
Kölner Autograph, in: A. Lang/J. Lechner/M. Schmaus (Hg.), Aus der
Geisteswelt des Mittelalters, Münster 1935 (Beiträge zur Geschichte der
Philosophie und Theologie des Mittelalters, Supp. III/1), 578–590.

[43] Vgl. C. Rigo, Zur Rezeption des Moses Maimonides, 31–34; dies.,
Zur Redaktionsfrage der Frühschriften des Albertus Magnus (wie Anm. 36).

[44] Diese Frage wird von mir gesondert behandelt.

standenen Werken – *De IV coaequaevis* und Sentenzenkommentar, Buch II – widerspruchsfrei erklären.

Versucht man das Frühwerk Alberts einschließlich des Kommentars zum Buch II der *Sententiae*, Schriften, deren relative Chronologie im allgemeinen bekannt ist, zeitlich vor 1246 einzuordnen, nimmt man an, daß *De homine* um das Jahr 1242 abgefaßt wurde.[45] Diese absolute Chronologie der Schrift geht jedoch nicht über eine Approximation hinaus und kann, wie auch die neuesten Forschungen von C. Rigo zeigen, nicht mit einer exakten Zeitangabe fixiert werden. Die Eckpunkte für sie bildet auf der einen Seite das Jahr 1246, welches Albert bei der Abfassung seines Kommentars zum Buch II der *Sententiae* des Petrus Lombardus als bereits abgelaufen nennt (*terminus ad quem*);[46] es muß allerdings ein Zeitraum vor diesem Datum für die Abfassung von *De bono* berücksichtigt werden. Auf der anderen Seite liegt ein nicht genau bestimmter Zeitpunkt, der den Beginn von Alberts Tätigkeit als Lektor an den deutschen Konventsstudien markiert, zu dem die Zeit für die Abfassung von *De natura boni*, *De sacramentis*, *De incarnatione* und *De resurrectione* sowie *De IV coaequaevis* hinzugerechnet werden muß (*terminus a quo*). Als Fazit bleibt festzuhalten, daß bei der Ermittlung einer absoluten Chronologie von einen Zeitraum ausgegangen werden muß, dessen Eingrenzung auf die Anfänge der 40er Jahre auf Indizien und nicht auf gesicherten Erkenntnissen beruht.[47]

---

[45] Vgl. H. Anzulewicz, De forma resultante in speculo des Albertus Magnus, 13–14, 113.

[46] Alb., II Sent. d.6 a.9 (Ed. Paris. t.27 p.139a): ‚iam enim elapsi sunt mille ducenti quadraginta sex anni.'

[47] Vgl. oben Anm.38. H.Chr. Scheeben, Albert der Große. Zur Chronologie, 16–23, bes. 18, und neuerdings C. Rigo, Zur Redaktionsfrage der Frühschriften des Albertus Magnus.

d) Quellen

Alberts Schrift *De homine*, die als ein im doppelten Sinne ganzheitlicher Anthropologieentwurf charakterisiert wird,[48] reflektiert ihren Gegenstand – den Menschen – unter einem umfassenden Ansatz. Sie nimmt den Menschen einerseits in seiner seelisch-körperlichen Verfaßtheit als eine Ganzheit in den Blick. Sie verbindet andererseits philosophische und naturwissenschaftliche Erkenntnisse mit der theologischen Auffassung vom Menschen zu einem umfassenden, in sich differenzierten und dennoch kohärenten Theorieganzen. Der Mensch wird folglich unter einer Perspektive begriffen, welche den Horizont von Zeit, Raum und Materie (Kontingenz) übersteigt und auf Gott als seinen transzendenten Ursprung und sein transzendentes Ziel verweist. Dieser ganzheitliche Ansatz spiegelt sich auch in der Auswahl von Quellen wider, die Albert zur Ausgestaltung seiner Lehre heranzieht und kritisch verarbeitet. Die Anthropologie der Schrift *De homine* speist sich sowohl aus theologischen als auch aus philosophischen und naturwissenschaftlichen Quellen. Sie entsteht gleichsam im Dialog zwischen den Auffassungen vom Menschen, die von den ‚sancti‘ und den ‚philosophi‘ vertreten werden. Mit dem Begriff ‚sancti‘ meint Albert in diesem Kontext nicht die ‚Heiligen‘ der Kirche im strengen Sinne, sondern theologische Autoritäten im allgemeinen. Darunter fallen Personen aus der Bibel, beispielsweise Moses, der als Verfasser des Pentateuchs bezeichnet wird, und christliche Schriftsteller aus der Antike und dem Mittelalter. Nicht alle von ihnen galten in der lateinischen Tradition als Kirchenlehrer. Einige Pseudepigrapha und manche Schriften, die in ihrem Lehrgehalt nicht in allen Punkten mit dem durch das kirchliche Lehramt approbierten Verständnis des Menschen übereinstimmten, finden sich ebenfalls unter dieser Kategorie, wie

---

[48] Vgl. oben Abschn. 2 mit Anm. 9.

beispielsweise *De spiritu et anima* des Ps.-Augustinus, die *Epistula ad Cartusienses* des Ps.-Bernhard von Clairvaux (Guillelmus de Saint Thierry) auf der einen Seite und *De natura hominis* des Nemesius von Emesa auf der anderen Seite.[49]

Zu den theologischen Quellen der Anthropologie Alberts gehören neben den bereits genannten Personen und der Bibel, insbesondere der *Genesis*, neben der *Glossa ordinaria Bibliae*, vor allem Augustinus und Johannes von Damaskus. Darüber hinaus werden viele andere theologische Autoritäten herangezogen, so u.a. Ps.-Clemens (*Recognitiones*), Hilarius von Poitiers, Basilius, Johannes Chrysostomus, Hieronymus, Ps.-Dionysius Areopagita, Gregor der Große, Anselm von Canterbury, Beda Venerabilis und Bernhard von Clairvaux. Den scholastischen Theologen jedoch, wie z.B. Petrus Lombardus, Richard von St. Viktor, Petrus Comestor, Johannes de Rupella, Alexander von Hales, Philipp der Kanzler und Wilhem von Auvergne, auf die in *De homine* Bezug genommen wird, billigt Albert nicht die Autorität zu, die er den ‚sancti‘ zuerkennt.

Unter den zitierten Philosophen sind an erster Stelle zwei Leitfiguren – Platon und Aristoteles – zu nennen,[50] zu denen sich eine große Zahl antiker und mittelalterlicher Autoren und Kommentatoren unterschiedlicher philosophischer Richtungen und aus verschiedenen Kulturkreisen gesellen. Als Maßgabe gilt im wesentlichen die Philosophie des Aristoteles, an der sich Albert orientiert, und die der griechischen, arabisch-islamischen und jüdischen Aristotelesausleger und Autoren, wie Alexander von Aphrodisias, al-Kindî, Avicenna, al-Ghazâlî und Averroes, Isaac Israeli und Moses Maimonides.

---

[49] Vgl. H. Anzulewicz, Anthropologie des Albertus Magnus als Ort des Dialogs zwischen den ‚sancti‘ und ‚philosophi‘, 47–53, hier insb. 48.

[50] Vgl. ders., Die platonische Tradition bei Albertus Magnus, 207ff. 229f. (mit Anm. 79), 242f., 245ff., 270, 273–277.

Bei der Darstellung der seelisch-körperlichen Kräfte des Menschen, der Psychophysiologie der Sinne und bei der Analyse solcher Lebensprozesse wie Schlaf und Wachen und dem Phänomen der Träume stützt sich Albert in erster Linie auf die naturphilosophischen und naturkundlichen Schriften des Aristoteles aus dem Bereich der Psychologie, Biologie und Zoologie, insbesondere auf *De anima*, die sog. *Parva naturalia* und *De animalibus*, ein Schriftenkorpus zur Tierkunde, das ihm vorwiegend in der lateinischen Übersetzung aus dem Arabischen, die Michael Scotus angefertigt hat, vorlag.[51] Er stützt sich aber auch auf medizinisch-anatomische Schriften solcher Autoren wie Hippokrates, Galen, Johannitius, Costa ben Luca, Constantinus Africanus und Avicenna.[52] Unter den Quellen des Lehrstücks über den Gesichtsinn begegnet man nicht nur einschlägigen Autoren, wie Platon und Aristoteles, Euklid (und Ps.-Euklid), Chalcidius, Ptolemaeus, al-Kindî und Ps.-Nicolaus Peripateticus, sondern auch einem der ersten lateinischen Ausleger der aristotelischen Naturphilosophie im 12. Jh., David von Dinant, dessen materialistischen Pantheismus und seine Prinzipienlehre allerdings Albert vehement zurückweist.[53]

Eine wichtige Quellen der Albertinischen Anthropologie, insbesondere der metaphysischen Seelen- und Ursachenlehre, stellt der im arabischen Kulturkreis zusammengestellte neuplatonische *Liber de causis* dar. Eine gewisse Vertrautheit mit dieser Schrift zeigt Albert schon in seiner Erstlingsschrift *De natura boni*. In *De homine* macht er deutlich, daß ihm die um-

---

[51] Vgl. ders., Die aristotelische Biologie in den Frühwerken des Albertus Magnus, bes. 160f., 180–184.

[52] Vgl. ders., Mißlungene medizinhistorische Annäherung an Albertus Magnus, 56f.

[53] Vgl. ders., Person und Werk des David von Dinant im literarischen Zeugnis Alberts des Großen; ders., Perspektive und Raumvorstellung in den Frühwerken des Albertus Magnus, bes. 259–267.

strittene Autorenfrage dieses Werkes, das er selbst in der aristotelisch-peripatetischen Tradition situiert und letztlich für
eine Kompilation ‚ex dictis Aristotelis, Avicennae, Algazelis et
Alfarabii' befindet, nicht fremd ist.[54]

Im Schlußteil von *De homine* werden einige kosmologisch-
astronomische Quellen zitiert, unter denen die bedeutendsten
von Platon (*Timaeus*), Aristoteles (*De caelo*), Ptolemaeus (*Almagestum*), Alfraganus (al-Farghânî, *Differentiae scientiae astrorum*
bzw. *Liber* […] *scientiae astrorum et radicum motuum planetarum*),
Albategni (al-Battânî, *Opus astronomicum*) und Alpetragius (al-
Bitrûjî, *De motibus caelorum*) stammen.[55]

Die lateinischen philosophischen Texte aus dem 12. und
13. Jh. werden selten unter ausdrücklicher Nennung ihres
Autors zitiert. In den meisten Fällen kommen sie zur Geltung
in der Diskussion unterschiedlicher Standpunkte in anthropologischen Fragen und durch Auseinandersetzung mit den
Ansichten von nicht näher bezeichneten *quidam*, *magistri* und
moderni. Darunter lassen sich u.a. Vertreter der Schule von
Chartres mit Wilhelm von Conches und Alain von Lille,
Johannes Blund, Johannes de Rupella, Ps.-Nicolaus Peripateticus und Robert Grosseteste nachweisen. Zu den wenigen
Ausnahmen namentlicher Zitationen zählen der bereits erwähnte David von Dinant, ferner Alfred von Sareshel und
Dominicus Gundissalinus, den Albert wiederholt mit dem
Namen ‚Toletanus' nennt. Es sei hervorgehoben, daß der
Name ‚Toletanus' in *De homine* weder dem jüdischen Mitarbeiter des Dominicus, Avendauth, der – folgt man Millás
Vallicrosa – zum christlichen Glauben konvertierte und seit-

---

[54] Vgl. Alb., De homine: Ann Arbor 201 f.102vb (Ed. Paris. t.35
p.649b); De causis et proc. univ. Ed. Colon. t.19,2 p.59 v.11–12.

[55] Vgl. F.J. Carmody, Arabic Astronomical and Astrological Sciences in
Latin Translation, Berkeley – Los Angeles 1956, 113–115, 129–130, 165–
166. C. Rigo, Zur Redaktionsfrage der Frühschriften (Kap. III).

dem unter dem Namen des Johannes Hispanus bzw. Toletanus wirkte, noch Johannes von Sevilla beigelegt wird,[56] sondern ausschließlich Dominicus Gundissalinus. Denn es steht fest, daß in allen Fällen, wo Albert in *De homine* den Namen ‚Toletanus' gebraucht, er sich in der Regel auf die Schrift *De anima* des in Toledo wirkenden Übersetzers und Philosophen Gundissalinus bezieht.

Mit der Nennung von Cicero, Ovid, Seneca, Porphyrius, Marius Victorinus, Macrobius, Boethius, Priscianus, Isidorus Hispalensis und der Schrift *De sex principiis* des Ps.-Gilbertus Porretanus, die in *De homine* explizit erwähnt werden, kann dieser Kurzüberblick über die wichtigsten Inspirationsquellen der Lehre vom Menschen des Doctor universalis beendet werden. Umfassendere und vor allem genauere quellenkritische Einblicke wird demnächst die kritische Edition des Werkes ermöglichen.

e) Inhalt

Wie für diese mittelalterliche Textgattung und besonders für Albert typisch, beginnt *De homine* mit einer kurzen ‚Disposition' des Stoffes, in der zum einen der Gegenstand der Untersuchung benannt und zum andern die inhaltliche Makrostruktur des Werkes festgehalten wird.[57] Aus dem einleitenden Satz, ‚Im folgenden wollen wir dazu übergehen, den Menschen zum Gegenstand der Untersuchung zu machen', kann man schließen, daß die Untersuchung über den Menschen im Rahmen eines größeren Forschungsprojektes in Angriff ge-

---

[56] Vgl. L. Thorndike, John of Sevilla, in: Speculum 34 (1959), 20–38. In der neueren Forschung wird die Auffassung von der Konversion des Avendauth und seiner Identität mit Johannes Hispanus (bzw. Toletanus) nicht mehr vertreten.

[57] Für den lateinischen Wortlaut siehe unten S. 2.

nommen wurde. Sie ist in Wirklichkeit, wie oben dargetan, als ein Teil der ‚Summe über die Geschöpfe‘ von Autor konzipiert worden, weshalb sie sich unmittelbar an das Werk *De IV coaequaevis* anschließt. Dieser Zusammenhang, oder genauer: das chronologische und sachliche Nacheinander zweier inhaltlich in sich abgeschlossener und somit eigenständiger, aber dennoch zusammengehöriger Schriften – *De IV coquaequevis* und *De homine* – wurde auch zum Schluß von *De IV coaequaevis* zum Ausdruck gebracht. Aus der Aussage: ‚Im folgenden, bevor der Menschen zum Untersuchungsgegenstand wird, muß man nach dem Sechstagewerk im allgemeinen fragen‘, geht hervor, daß das nächste Forschungsvorhaben das anthropologische Werk *De homine* sein wird.[58]

Der Gesamtinhalt der Untersuchung ‚Über den Menschen‘ wird vom Autor in zwei Hauptteile gegliedert. Der erste handelt vom Menschen als solchem in seinem Selbstand; der zweite gilt der ursprünglichen, natürlichen Wohnstätte (*habitaculum*) des von Gott erschaffenen Menschen – dem Paradies –, aber auch, wie dem Schlußteil des Werkes zu entnehmen ist, dem irdischen Lebensraum (*mundus*).

Der erste Hauptteil bildet den eigentlichen anthropologischen Kern des Werkes. Darin werden drei Themenkomplexe abgehandelt: (1) Die menschliche Seele; (2) der Körper des Menschen im Urzustand; (3) die durch die Verbindung der Seele mit dem Körper entstandene Ganzheit, wie es in der Disposition zu Beginn der Schrift heißt, oder vielmehr die Art und Weise der Verbindung der Seele mit dem Körper, wie aus dem entsprechenden Lehrstück im Werk hervorgeht. Den theologischen und philosophischen Bestimmungen der menschlichen Seele, der Erforschung ihrer Natur (‚Substanz‘),

---

58 Alb., De IV coaeq. tr.4 q.73 a.9 (Ed. Paris. t.34 p.760a–b): ‚Consequenter antequam de homine quaeratur, quaerendum est de his operibus in communi ...‘

Vermögen (‚Teile‘), Eigenschaften (‚Affektionen‘) und Tätigkeiten gilt das Augenmerk des Autors, so daß diesem psychologischen Teil nicht nur im Hinblick auf seinen Umfang sondern auch Gehalt das Hauptgewicht zukommt. Hierbei folgt Albert weitgehend der aristotelischen Lehre unter Berücksichtigung ihrer Erklärung und Fortführung bzw. Ergänzung durch arabische und jüdische Autoren, unter denen vor allem der *Liber de causis*, al-Kindî, Avicenna, al-Ghazâlî und Averroes auf der einen Seite, Isaac Israeli und Moses Maimonides auf der anderen Seite in Erscheinung treten. Die an Aristoteles orientierte Psychologie wird ferner durch Platon und theologische Quellen ergänzt. Sie wird folglich zu einer Synthese, in der sowohl die zentralen philosophischen als auch die theologischen, durch Philosophen und insbesondere durch Aristoteles kaum reflektierten anthropologischen Fragen, wie die der Sensualität, des niederen und höheren Teils des Verstandes, des freien Wahlvermögens, der Synderesis und des Gewissens sowie der Gottebenbildlichkeit des Menschen, ihren Platz finden.

Die Untersuchung über den menschlichen Körper wird unter dezidiert theologischer Perspektive durchgeführt. Sie konzentriert sich auf die biologischen Aspekte der Beschaffenheit des Körpers des ersten Menschen, Adam, im Urstand vor und nach dem Sündenfall. In einem ersten Schritt wird die Frage nach der Zusammensetzung des Körpers aus den entgegengesetzten elementaren Qualitäten (warm – kalt und feucht – trocken), welche unterschiedliche Arten von Komplexionen der einzelnen Körpergliedern ergeben, untersucht. In diesem Rahmen wird auch die Frage nach dem Urheber und der Art und Weise der Gestaltung des Körpers des ersten Menschenpaares sowie nach dem Grund für die aufrechte Körperhaltung des Menschen, die ihn von anderen Sinnenwesen unterscheidet, angegangen und im wesentlichen am Leitfaden der *Genesis*-Auslegung des Augustinus, die durch

einige weitere theologische und profane bzw. philosophische Autoritäten ergänzt wird, beantwortet.

Unter demselben – theologischen – Blickwinkel werden im zweiten Hauptteil des Werkes nacheinander in zwei Untersuchungsreihen das Paradies und diese Welt (*mundus*), die Erde, behandelt, die Albert als die ursprünglichen und natürlichen Wohnorte des Menschen als Sinnenwesen (*secundum statum animalis vitae*) betrachtet. Während die Körperlichkeit des Menschen im Urzustand und das Paradies im Anschluß an das Buch *Genesis* und seine Auslegung, besonders die des Augustinus, sowie die naturphilosophische Lehre von den Eigenschaften der Körper, welche aus gegensätzlichen elementalen Qualitäten zusammengesetzt sind, erläutert wird, werden bei der Behandlung der irdischen Wohnstätte des Menschen primär philosophische Quellen herangezogen. Darunter begegnen uns der *Timaeus* des Platon, astronomische Schriften von Ptolemaeus, Alfraganus (al-Farghânî), Albategni (al-Battânî), die *Metaphysik* und die naturphilosophischen und kosmologischen Werke des Aristoteles, die Schrift *De sex principiis* sowie der *Liber de causis*. Sie werden kritisch nach Maßgabe ihrer Vereinbarkeit mit dem christlichen Glauben an die Schöpfung, Einzigkeit, Vollendung, das zeitliche Ende der Welt und des Kosmos (*universum*) adaptiert und gegebenenfalls korrigiert bzw. umgedeutet.

Auf eine genauere Präsentation des Inhaltes von *De homine* kann an dieser Stelle verzichtet werden. Denn zum einen liegt sie teilweise bereits andernorts vor,[59] und zum andern wird

---

[59] Für den Gesamtüberblick siehe: H. Anzulewicz, Der Anthropologieentwurf des Albertus Magnus, 757–761, und ders., Die theologische Relevanz des Bildbgeriffs und des Spiegelbildmodells, 48–54; für die Teilbereiche des Werkes, wie die Psychologie und im besonderen die Psychophysiologie der Sinnewahrnehmung sowie die Intellektlehre siehe u.a. A. Schneider, Die Psychologie Alberts des Großen. J.S. Ogarek, Die Sinneserkenntnis Albert d. Gr. N.H. Steneck, Albert on the Psychology of Sense

das Werk demnächst in der kritischen Ausgabe zugänglich
sein. Die hier vorgelegte zweisprachige Textauswahl bietet
exemplarisch einen ersten Einblick, da sie alle drei Kern-
bereiche der Albertinischen Anthropologie berücksichtigt.

f) Rezeptions- und Wirkungsgeschichte

Die Frage nach der Rezeption dieser Schrift und dem Einfluß, welcher von ihr und den übrigen anthropologisch rele-
vanten Werken des Albertus Magnus auf die anthropologische und kosmologische Reflexion des Hochmittelalters, der
Renaissance und der frühen Neuzeit ausgegangen ist, wurde
in der Forschung bisher nur sehr begrenzt untersucht.[60] Sie
bleibt nach wie vor ein sehr wichtiges Forschungsdesiderat,
welches die Voraussetzungen für eine historisch-genetische
Erschließung der Eigenart des Denkens der Schüler von Albert wie Thomas von Aquin und Ulrich von Straßburg sowie
weiterer Persönlichkeiten aus dem Kreis der sogenannten
deutschen Dominikanerschule, zu denen u.a. Dietrich von
Freiberg, Meister Eckhart, Nikolaus von Straßburg und Berthold von Moosburg zählen, schafft. Es handelt sich hierbei
um die Voraussetzungen für das Verständnis des sogenannten
Albertismus, aber auch des Humanismus und der gesamten
geistesgeschichtlichen, im besonderen der wissenschaftsthe-
oretischen und wissenschaftlichen Entwicklung im allgemeinen
im lateinischen Westen nach Albert.

Perception, 266–278. H. Anzulewicz, Konzeptionen und Perspektiven der
Sinneswahrnehmung, 201–238; ders., Entwicklung und Stellung der Intellekttheorie im System des Albertus Magnus, 182–187.

  [60] Vgl. E.P. Mahoney, Albert the Great and the *Studio Patavino*. H. Anzulewicz, De forma resultante in speculo des Albertus Magnus, 241–255.

Einen ersten Eindruck von diesem noch genauer zu bestimmenden Einfluß vermittelt die handschriftliche Verbreitung des Werkes im Mittelalter, soweit sie gegenwärtig rekonstruierbar ist und rekonstruiert wurde.[61] Auch die insgesamt vier Druckausgaben, welche seit der Erfindung des Buchdrucks im Ausgang des Mittelalters bis in die Gegenwart erschienen sind,[62] zeugen von einem gewissen Interesse an *De homine*. Aus der aktuell bekannten Zahl von 37 erhaltenen handschriftlichen Textzeugen des Werkes, 15 Handschriften von *De forma resultante in speculo*, einigen Fragmenten- und Exzerptenhandschriften sowie mehreren Handschriften mit Kompilationen aus dem Werk, darunter vor allem *De sensu communi* und *De quinque potentiis animae*, ferner aus einer beträchtlichen Anzahl als verschollen geltender Kodizes ist zu schließen, daß der Anthropologieentwurf als Ganzes und in seinen Teilen offenbar schon im 13. und 14. Jh. viel Aufmerksamkeit auf sich zog. Das Interesse an diesem Text war nicht nur durch die Bedürfnisse des Bildungswesens der Dominikaner motiviert, sondern auch, und dies in noch stärkerem Maße, nachdem die Lehre des Thomas von Aquin dem gesamten Orden als verbindlich vorgeschrieben wurde – durch den akademischen Unterrichtsbedarf außerhalb des Ordens, wofür die Universitätsüberlieferung des Werkes mittels der *pecia* des Pariser Exemplars und ihre Derivate ein Beleg sind.

Einer der frühesten und wirkungsgeschtlich bedeutendsten Rezipienten ist der schon erwähnte, aus dem Dominikanerorden stammende und eine Zeitlang mit Albert im Pariser Konvent St. Jacques wirkende Enzyklopädist Vinzenz von Beauvais. Daher erklärt sich wohl auch seine große Wert-

---

⁶¹ Vgl. oben, Abschn. 2a.

⁶² Vgl. H. Anzulewicz, De forma resultante in speculo des Albertus Magnus, 117–119.

schätzung für Albert und sein anthropologisches Werk, das wir im großen Umfang teils wörtlich, teils kompiliert im naturphilosophischen Teil seiner Enzyklopädie *Speculum naturale* wiederfinden. Vinzenz hat auf diese Weise der Albertinischen Anthropologie eine weitreichende Geltung verschafft.

Ähnlich wie Vinzenz arbeitete Albert von Orlamünde, ein Angehöriger der Dominikanerprovinz Teutonia, die Schrift *De homine* in sein naturphilosophisches, in erster Linie für die Bildungszwecke des Ordens verfaßtes Kompendium *Summa naturalium* ein. Die Assimilation der Albertinischen Anthropologie erfolgte hier sowohl durch einen direkten Zugriff auf *De homine* (und auch auf andere Werke Alberts) als auch möglicherweise vermittelt durch das *Speculum naturale* des Vinzenz von Beauvais.

Nicht erforscht ist bisher der Einfluß der Albertinischen Anthropologie auf Thomas von Aquin. Erst mit der Erschließung von *De homine* zeigt sich, daß Thomas von Aquin seinem Lehrer im wesentlichen gefolgt ist. Die Seelenlehre des Thomas, welche vor allem im Hinblick auf Betonung der Einzigkeit der Substantialform des menschlichen Körpers als seine originelle Schöpfung gewertet wurde, findet sich bei seinem Lehrer in *De homine* bereits systematisch entfaltet. Auch die in dieser Auswahl präsentierten Texte zur Seelenlehre zeigen, daß der Aquinate nicht in dem Maße originell ist, wie er in der Forschung unter Ausblendung des Beitrags von Albert bis in die jüngste Zeit dargestellt wurde. Es gilt andererseits als unumstritten, daß *De homine* die Quelle für Thomas war, aus der er seine Kenntnisse über David von Dinant schöpfte.[63] Die Originalität des Thomas in der An-

---

[63] Vgl. Thomas de Aquino, Quaestiones disputatae de veritate q.21 a.4 (Cura et studio Fratrum Praedicatorum, vol. III, Roma 1976) Editio Leonina t.22 p.601 n.128 (Quellenapp.). R.A. Gauthier, Saint Thomas d'Aquin, 134. H. Anzulewicz, Person und Werk des David von Dinant, 17, 48.

thropologie darf dennoch nicht generell in Frage gestellt werden. Man kann nicht übersehen, daß er seinem Lehrer in vielen Punkten nicht beipflichtete. Divergenzen treten deutlich u.a. in der Intellekt- und Erkenntnislehre hervor. Thomas vertritt hier eine Position, die sich im Kern auf die Auffassung des Aristoteles zurückführen läßt, während sein Lehrer von den platonischen und neuplatonischen Ideen des Pseudo-Dionysius (und des Augustinus), des *Liber de causis* und der arabischen und jüdischen Quellen inspiriert, die Möglichkeiten der menschlichen Erkenntnis und der intellektiven Vollendung des Menschen entgrenzt. Dies gelingt ihm bereits in *De homine*, wo er die augustinische und pseudodionysische Illuminationstheorie auf der Grundlage der aristotelisch-peripatetischen Lehre vom ‚tätigen Intellekt' (*intellectus agens*) und der Theorie der Formgebung (*fluxus formarum*) der Araber (insbesondere *Liber de causis*, Avicenna und al-Ghazâlî) reformuliert.

Eine prägende, wie es scheint aber in der bisherigen Forschung kaum oder nur in Ansätzen wahrgenommene Rezeption der Schrift *De homine* ist bei mehreren Autoren aus dem Pariser Milieu der zweiten Hälfte des 13. Jh. sowie in Oxford feststellbar. Es sei beispielsweise auf den Sentenzenkommentar des Johannes von Paris (Quidort)[64] und auf die Schrift *De unitate formae* des Ägidius von Lessines, auf den Quaestionenkommentar zu *De anima* des Siger von Brabant[65] und einige anonym überlieferte, von J. Vennebusch,[66] R.A. Gau-

---

[64] Vgl. H. Anzulewicz, [Art.] Super quattuor libros Sententiarum: Iohannes Parisiensis Quidort, in: M. Eckert u.a. (Hg.), Lexikon der theologischen Werke, Stuttgart 2003, 690.

[65] Siger de Brabant, Quaestiones in tertium De anima, De anima intellectiva, De aeternitate mundi, ed. B. Bazán, Louvain – Paris 1972 (Philosophes Médiévaux, 13).

[66] J. Vennebusch, Ein Anonymer Aristoteleskommentar des XIII. Jahrhunderts, bes. 64f., 79–82, 85f.

thier[67] und B.C. Bazán[68] kritisch edierte *De anima*-Kommentare, ferner auf die Robert Grosseteste zugeschriebene Oxforder *Summa philosophiae*[69] und die Schrift *De gratia naturam ditante sive de virtutibus Christinae Stumbelensis* des Petrus de Dacia[70] hingewiesen. Diesem Albertinischen Enfluß, der sich auf italienische Humanisten und Renaissance-Denker,[71] auf Bessarion, die Albertisten Heymericus de Campo und Johannes von Mechelen, auf Wilhelm von Vorillon, Dionysius Cartusianus und Valentinus de Camerino,[72] – um einige von den derzeit meistbekannten Leser und Rezipienten des Anthropologieentwurfs des Albertus Magnus zu vergegenwärtigen – erstreckte, muß erst systematisch nachgegangen werden.

Zum Schluß dieses Überblicks sei darauf hingewiesen, daß die Rezeptions- und Wirkungsgeschichte von *De homine* schon in der ersten Hälfte des 14. Jh. über den lateinisch-christlichen Kulturbereich hinausging. Ein in Rom wirkender jüdischer Schriftgelehrter und Philosoph, Yehudah ben Mosheh Romano (gest. nach 1330) hat das Lehrstück ‚Über das Spiegelbild‘ aus *De homine*, aber auch andere Texte aus den philo-

[67] Anonymi, magistri artium (c.1245–1250) Lectura in librum De anima a quodam discipulo reportata (Ms. Roma, Naz. V. E. 828), ed. R.A. Gauthier, Grottaferrata (Romae) 1985 (Spicilegium Bonaventurianum, 24).

[68] Anonymi, magistri artium (c.1246–1247) sententia super II et II De anima (Oxford, Bodleian Libr., Lat. Misc. c.70, f.1ra–25b; Roma, Bibl. Naz. V. E. 828, f.46vb, 48ra–52ra), édition, étude critique et doctrinale par B.C. Bazán. Texte du De anima vetus établi par K. White, Louvain – Paris 1998 (Philosophes Médiévaux, 37).

[69] Vgl. A. Fries, Werke Alberts des Großen als Quellen der Summa philosophiae unter dem Namen des Robert Grosseteste, 260–272.

[70] Vgl. oben Anm.25.

[71] Vgl. E.P. Mahoney, Albert the Great and the *Studio Patavino*, 549ff.

[72] Vgl. M. Tavuzzi, Valentino da Camerino, O.P. (1438–1515), bes. 309, 315.

sophischen Werken von Albert ins Hebräische übersetzt.[73]
Auf den Text aus *De homine* nahm er in seinen eigenen Werken allerdings keinen Bezug, während er andere Alberttexte
mehrfach zitierte und zur Ausformung eigener religions-
philosophischer Anschauungen benutzte.[74]

3. Zu dieser Textausgabe und Übersetzung

Der lateinische Text wurde unter Berücksichtigung von insgesamt zehn repräsentativen Textzeugen der handschriftlichen
Überlieferung des Werkes nach den Editionsprinzipien der
Editio Coloniensis konstituiert.[75] Er entspricht weitestgehend
der Textfassung, die in der genannten kritischen Werkausgabe
in der Reihe *Alberti Magni Opera Omnia* als Bd. XXVII/2 erscheinen wird. Die Verantwortung für die Erstellung des
kritischen Textes für diese *editio minor* sowie für die Quellen-
erschließung liegt bei dem Herausgeber.

Die Quellenangaben und interne Werkverweise des Autors
werden im lateinischen Text durch Kursivschrift hervorge-

[73] Vgl. H. Anzulewicz, De forma resultante in speculo des Albertus
Magnus, 114–117. C. Rigo, Yehudah ben Mosheh Romano traduttore, bes.
151, 160f.

[74] Vgl. C. Rigo, The Be'urim on the Bible of R. Yehudah Romano:
The Philosophical Method which Comes out of Them, Their Sources in
the Jewish Philosophy and in the Christian Scholasticism, 2 Bde., ungedr.
Diss. Hebrew University Jerusalem 1996 (hebräisch), bes. Bd. I, 255ff.

[75] Es sind folgende Kodizes in der Reihenfolge ihrer textkritischen Be-
wertung: (1) *Ann Arbor, Univ. Libr. of Michigan, A. Taubman Medical Libr. 201*;
(2) *Chicago, Univ. Libr., J. Regenstein Libr. 2*; (3) *München, Bayerische Staatsbibl.,
Clm 15764*; (4) *Nürnberg, Stadtbibl. Cent. III. 66*; (5) *Oxford, Merton College Libr.
0.1.7 (Coxe 283)*; (6) *Paris, BnF lat. 18127*; (7) *Vat. lat. 711*; (8) *Berlin, Staatsbibl. Preußischer Kulturbesitz, Lat. qu. 586*; (9) *Paris, Bibl. Mazarine 875 (367)*;
(10) *Berlin, Staatsbibl. Preußischer Kulturbesitz, Hamilton 10*. Vgl. oben Abschn.
2a.

hoben. Dem Text wird kein kritischer Apparat, wohl aber ein
Quellenapparat beigegeben. Dieser beschränkt sich im wesentlichen auf die Nachweise der von Albert zitierten Autoren
und Schriften sowie auf einige Paralleltexte, primär im Werk
Alberts, die für ein vertieftes Verständnis dieser Textauswahl
von Bedeutung sind.

Die Gestaltung des Quellenapparates richtet sich nach den
Regeln der kritischen Gesamtausgabe der Werke des Albertus
Magnus. Die Quellen- und Paralleltexte sowie wichtigere For-
schungsliteratur werden in Anmerkungen in Kurzform ange-
führt; die vollständigen bibliographischen Angaben hierzu
sind im Literaturverzeichnis enthalten. Dieses umfaßt außer
den Quellentexten auch die wichtigste Literatur zu *De homine*
und zur Anthropologie des Doctor universalis, welche auf der
Grundlage dieses Werkes oder im Zusammenhang mit diesem reflektiert wird. Alle Verweise auf *De homine* richten sich
nicht nach den unkritischen Werkausgaben, sondern nach
den Folioangaben der Handschrift *Ann Arbor, University Library
of Michigan, A. Taubman Medical Libr. 201*. Dieser Handschrift
kommt bei der Erstellung des kritischen Textes von *De homine*
eine privilegierte Stellung zu, weshalb all ihre Lesarten und
ihre Foliierung in der demnächst erscheinenden *Editio Coloniensis* des Werkes dokumentiert werden. Die Zitation des
Werkes nach dieser Handschrift ist besonders dadurch ge-
rechtfertigt, daß seine formale Gliederung in ‚pars‘, ‚tractatus,‘ ‚quaestio,‘ ‚articulus‘ etc., wie sie in den Ausgaben von
P. Jammy und S.C.A. Borgnet vorliegt und welche bisher zu
Zitationszwecken verwendet wurde, in der *Editio Coloniensis*
dieser Schrift nicht mehr beibehalten wird. Diese logische
Struktur stammt nicht von Albertus Magnus, sondern ist ein
späterer Zusatz der Herausgeber der Druckausgaben. Wenn
nunmehr alle *De homine*-Stellen im Quellenapparat sich nicht
nach der logischen, teilweise einander widersprechenden
Gliederung und nicht nach den Seitenangaben der unkriti-

schen Druckausgaben, sondern – mit Blick auf die demnächst vorliegende kritische Edition des Werkes – nach den
Folioangaben der Handschrift *Ann Arbor 201* richten, ist damit gewährleistet, daß diese Stellen in der kritischen Ausgabe
von *De homine* leicht zu ermitteln sein werden.

Die deutsche Übersetzung der ausgewählten Textstücke wurde abwechselnd von Joachim R. Söder und mir erarbeitet
und daher mit dem Namenkürzel unter jedem Textstück
gekennzeichnet. Mit dieser Kennzeichnung wird sowohl der
persönlichen Note des jeweiligen Übersetzers, die sich im
Text widerspiegelt, Rechnung getragen als auch dem Leser
eine Erklärung für gewisse Unterschiede in den jeweiligen
Übersetzungsstücken gegeben.

Bei der Übertragung aus dem Lateinischen wurde stets auf
größtmögliche Originaltreue und auf die Verständlichkeit des
deutschen Textes Wert gelegt. Die Übersetzung philoso-
phisch-theologischer Werke aus einer vergangenen Zeit, die
vornehmlich dem Studienzweck dienen soll, muß die Mitte
zwischen der Ursprungssprache und der Zielsprache suchen.
Denn diese Methode erlaubt es, wie es scheint, am ehesten
die Äquivalenz und Treue der Übersetzung zum Ursprungs-
text zu sichern und somit das Geschäft des Übersetzens als
einen ‚Brückenschlag zum ganz anderen‘ zu begreifen.[76]

Der lateinische Text wie auch seine deutsche Übersetzung
werden zum Zwecke der Übersichtlichkeit und leichterer
Benutzung durch Absätze strukturiert und mit Zählung einzelner Glieder im responsorischen Teil sowie dementsprechend im vorangehenden Argumentationsteil versehen.

---

[76] Vgl. M. Fuhrmann, Übersetzen als Brücke zum ganz anderen: Wie
verdeutscht man antike Texte?, in: Jahrbuch der Deutschen Akademie für
Sprache und Dichtung 1997, 11–30, hier bes. 12–14.

Diese Einleitung schließe ich mit meinem Dank an Herrn Prof. Dr. Hans Jorissen für die Durchsicht des Übersetzungstextes und an Frau Dr. Dorothée Heyser-Holtzem für ihre freundliche Hilfe beim Korrekturlesen. Mein Dank gilt nicht zuletzt auch dem Felix Meiner Verlag, besonders Herrn Horst D. Brandt und Herrn Jens-Sören Mann, für die große Umsichtigkeit bei der Verwirklichung dieses Projektes und seine Aufnahme in die „Philosophische Bibliothek".

Bonn, im Januar 2004   *Henryk Anzulewicz*

ALBERTUS MAGNUS

Über den Menschen

De homine

Consequenter transeundum est ad quaerendum de homine. De quo primo quaerendum est secundum statum eius in seipso et postea de loco eius, qui paradisus dicitur.

Circa statum eius in seipso quaerenda sunt tria. Quorum primum est de anima ipsius, secundum de corpore, tertium de coniuncto.

Circa primum quaeruntur duo. Quorum primum est de substantia et natura eius; secundum autem de partibus ipsius et divisione et propriis passionibus et operationibus, quae accidunt illis, secundum quod dicit *Philosophus* in *I De anima*:[1] ,Inquirimus autem considerare et cognoscere naturam ipsius et substantiam, postea quaecumque accidunt circa ipsam. Quorum aliae quidem propriae passiones animae esse videntur, aliae autem communes, ex eo quod illa animalibus inest.'

Circa primum quaeruntur tria, scilicet quare prius disputandum est de substantia animae quam de partibus eius vel de corpore vel coniuncto; et an sit; et quid sit secundum substantiam ipsius et naturam.

---

[1] Arist., De an. I 1 (402a7–10); transl. vetus: Alb., De an. Ed. Colon. t.7,1 p.5 v.51–52.21–p.6 v.28.

Im folgenden wollen wir dazu übergehen, den Menschen zum Gegenstand der Untersuchung zu machen. Dabei soll der Mensch zunächst seinem Zustand in sich selbst nach untersucht werden und anschließend sein [natürlicher] Ort, der Paradies heißt.

In bezug auf den Zustand des Menschen in sich selbst muß dreierlei untersucht werden: [A] erstens seine Seele, [B] zweitens der Körper, [C] drittens die aus der Verbindung [von Seele und Körper] hervorgehende Ganzheit.

Zum ersten Punkt ergeben sich zwei Untersuchungen: [I] die erste über die Substanz und Natur der Seele, [II] die zweite über ihre Teile und Einteilung sowie eigentümlichen Affektionen und Tätigkeiten, die den Teilen als Akzidenzien zukommen. Dementsprechend sagt der Philosoph im ersten Buch *Über die Seele*: ‚Wir stellen eine Untersuchung an, um die Natur und Substanz der Seele zu betrachten und zu erkennen, und dann, was ihr als Akzidenzien zukommt. Von diesen nun scheinen die einen der Seele eigentümliche Affektionen zu sein, die anderen aber allgemeine, die die Seele betreffen, sofern sie Lebewesen innewohnt.‘

Zum ersten Punkt ergeben sich drei Fragen, nämlich [1] weshalb die Substanz der Seele früher zu erörtern ist als ihre Teile oder der Körper oder die aus der Verbindung [von Seele und Körper] hervorgehende Ganzheit, [2] ob es die Seele gibt, [3] was sie gemäß ihrer Substanz und Natur ist.

[A. De anima hominis]

[I. De substantia et natura animae]

*1. Quare prius disputandum est de substantia animae quam
de partibus eius vel de corpore vel coniuncto*

Ad primum proceditur sic:

(1) Omnis cognitio intelligibilium ortum habet ex cognitione sensibilium secundum aliquem modum; substantia animae et natura sunt de numero cognoscibilium intelligibilium; ergo cognitio earum ortum habebit ex cognitione sensibilium. Sensibilia autem illa, ex quibus cognoscitur anima, non sunt nisi ex parte corporis vel actuum eius, qui conveniunt ei secundum partes; ergo de illis videtur debere esse disputatio prior. Veritas primae accipitur ex fine *secundi Posteriorum*, ubi sic dicit *Philosophus*:[2] ‚Videtur autem sensus omnibus inesse animalibus. Habent enim potentiam iudicativam, quam vocamus sensum; cum insit autem sensus, in his quidem animalibus fit mansio sensibilis, in aliis autem non fit. In quibuscumque igitur non fit, aut omnino aut circa quae non fit, non est in his cognitio ultra quae non sentiunt; in quibus

---

[2] Arist., An. post. II 19 (99b34–100a9); transl. ant.: Arist. Lat. IV,1–4 p.105 v.9–p.106 v.4. Cf. Alb., An. post. II tr.5 c.1 (Ed. Paris. t.2 p.229b).

[A. Die Seele des Menschen]

[I. Substanz und Natur der Seele]

1. Weshalb ist die Substanz der Seele früher zu erörtern
als ihre Teile oder der Körper oder die aus der Verbindung
[von Seele und Körper] hervorgehende Ganzheit?

In bezug auf den ersten Punkt gehen wir folgendermaßen vor:

(1) Jede Erkenntnis von Geistigem nimmt auf irgendeine Weise ihren Ausgang bei der Erkenntnis von Sinnenhaftem. Substanz und Natur der Seele zählen zum Bereich des geistig Erkennbaren. Folglich müßte ihre Erkenntnis den Ausgang bei der Erkenntnis von Sinnenhaftem nehmen. Jenes Sinnenhafte, aus dem heraus die Seele erkannt wird, findet sich nirgendwo anders als auf seiten des Körpers bzw. seiner Akte, die ihm seinen Teilen entsprechend zukommen. Folglich muß über sie, wie es scheint, zuerst eine Erörterung angesetzt werden. Die Wahrheit der ersten Prämisse ergibt sich aus dem, was am Ende des zweiten Buchs der *Zweiten Analytik* steht, wo der Philosoph so sagt: ,Es scheint, daß alle Lebewesen Sinne besitzen, denn sie verfügen über ein Beurteilungsvermögen, das wir «Sinn» nennen. Sofern sie aber Sinn besitzen, entsteht bei den einen Lebewesen ein bleibender Sinneseindruck, bei anderen jedoch nicht. Diejenigen, bei denen er nicht entsteht – sei es überhaupt nicht oder nur in bezug auf etwas –, die haben keine darüber hinausgehende Erkenntnis, die nicht sinnenhaft wäre. Denjenigen hingegen, die

autem inest sentientibus habere est unum quiddam in anima.
Multis igitur factis huiusmodi iam differentia quaedam fit,
quare et in his quandam inest fieri rationem ex talium memoria, in aliis vero non. Ex sensu igitur fit memoria, ex memoria
autem multotiens facta experimentum. Multae enim memo-
riae numero experimentum est unum. Experimento autem ex
omni quiescente universali in anima, uno praeter multa, quod
cum in omnibus unum sit illud, artis principium est et scientiae.‘ Veritas secundae accipitur ex hoc quod a *Platone*[3] sup-
ponitur anima esse incorporea.

(2) Item, in *XI Primae philosophiae Philosophus*[4] docet
venire in cognitionem motorum, qui sunt substantiae separatae et intelligibiles, per cognitionem mobilium, quae sunt
corpora mota secundum locum; ergo videtur a simili quod
etiam hic veniendum esset in cognitionem animae per cognitionem corporis, quod movetur et regitur ab ea.

(3) Item, in *secundo De anima* dicit *Philosophus*[5] quod
,prius sunt actus potentiis et praevii secundum rationem. Si
autem sic, et his adhuc priora sunt opposita‘, idest obiecta;
ergo videtur quod ab obiectis esset incipiendum, et postea de
actibus, deinde de potentiis, et tandem de substantia et natura
animae esset disputandum.

Si forte dicatur quod obiecta priora sunt actibus et actus

[3] Vide Ioh. de Rupella, Tract. de divis. mult. pot. an. I 8 (ed. Michaud-Quantin p.63 v.342–344 cum nota). Cf. Alb., De an. Ed. Colon.
t.7,1 p.21 v.37–p.22 v.83. Nemes. Emes., De nat. hom. c.2 (ed. Morani
p.30 v.19–20); transl. Burg. c.2 (ed. Verbeke-Moncho p.40 v.89).

[4] Arist., Metaph. XII 8 (1073a14–1074b14). Cf. Alb., Metaph. Ed.
Colon. t.16 p.503 v.80–87, p.505 v.83–89, p.510 v.67–79, p.512 v.74–83,
p.517 v.82–88, p.518 v.87–91, p.519 v.83–88, p.503 v.78–p.520 v.21.

[5] Arist., De an. II 4 (415a18–20); transl. vetus: Alb., De an. Ed. Colon. t.7,1 p.83 v.59–60, p.84 v.1–4.

sinnenhaft wahrnehmen und denen der Sinneseindruck anhaftet, gelingt es, ein bestimmtes Etwas in der Seele zu halten. Und wenn dies auf die beschriebene Weise häufiger geschieht, ergibt sich wiederum ein neuer Unterschied, dem zu Folge sich in den einen aus der Erinnerung solcher Eindrücke ein bestimmter Begriff bildet, in den anderen aber nicht. Aus der Sinneswahrnehmung also entsteht die Erinnerung, aus der Erinnerung aber, wenn sie viele Male zustandekommt, Erfahrung. Denn der Zahl nach viele Erinnerungen machen eine Erfahrung aus. In der Erfahrung aber, die aus jedem Allgemeinen gewonnen wird, das in der Seele zur Ruhe kommt – nämlich des Einen neben den vielen, das, wenn es auch in allen ist, doch ein Eines bleibt – liegt der Anfang von Kunst und Wissen.' Die Wahrheit der zweiten Prämisse ergibt sich daraus, daß von Platon vorausgesetzt wird, die Seele sei unkörperlich.

(2) Ferner: Im elften Buch der *Ersten Philosophie* lehrt der Philosoph, daß man zur Erkenntnis der Beweger, das sind die getrennten und geistigen Substanzen, durch die Erkenntnis der beweglichen Dinge, das sind die ortsbewegten Körper, gelangt. Also scheint es analog auch hier möglich, daß man zur Erkenntnis der Seele durch die Erkenntnis des Körpers gelangt, der von ihr bewegt und gelenkt wird.

(3) Ferner: Im zweiten Buch *Über die Seele* sagt der Philosoph, daß ,Akte früher sind als Vermögen und ihnen der Wesensbestimmtheit nach vorausgehen. Wenn dies aber stimmt, dann ist noch früher als diese [Akte] das, was ihnen gegenübersteht,' das heißt die Objekte. Folglich, so scheint es, muß man bei den Objekten den Anfang nehmen, hierauf die Akte, dann die Vermögen und endlich die Substanz und Natur der Seele erörtern.

Falls man vielleicht einwenden wollte, daß nur in bezug auf uns Objekte früher als Akte und Akte früher als Vermögen sind, nicht aber schlechthin, so wäre das entgegen der

potentiis quoad nos et non simpliciter, hoc erit contra litteram, quia ipse dicit quod ‚sunt praevii secundum rationem.‘

Praeterea, illud est prius alio simpliciter, quod cadit in ratione eius diffinitiva; sed obiecta cadunt in ratione actuum diffinitiva et actus potentiarum; ergo actus sunt priores potentiis et obiecta actibus simpliciter. Veritas primae patet per se. Secunda autem probatur in *Metaphysica*[6] et in *aliis locis*,[7] ubi potentia semper per actum diffinitur, et actus ab obiectis accipiunt speciem et differentiam constitutivam.

(4) Praeterea, non videtur valere ratio *Philosophi*,[8] quam ponit ‚ex certitudine‘, quod de anima prius disputandum sit quam de corpore; certius enim videtur esse corpus, quod manifestatur ad sensum, ad phantasiam et ad intellectum; anima enim non manifestatur sic, et ita secundum suam rationem videtur sequi oppositum.

Sed contra:

Omnis actus praecedit id cuius est actus substantia et ratione; anima est actus corporis; ergo praecedit ipsum substantia et ratione. Cum igitur disputatio incipiat ab eo quod est prius substantia et ratione, debet incipere ab anima. Prima scribitur in *IX Metaphysicae*.[9] Secunda patet ex ratione disputationis, quae procedit ex principiis prioribus secundum rationem, et maxime disputatio doctrinalis, sicut dicitur in *primo Elenchorum*:[10] ‚Doctrinales quidem disputationes sunt,

---

[6] Arist., Metaph. IX 8 (1049b5–17). Cf. Alb., Metaph. Ed. Colon. t.16 p.422 v.73–74, p.423 v.61–65, p.422 v.62sqq.

[7] Ex. gr. Arist., De an. II 4 (415a14–22); De somno et vig. 1 (454a8). Cf. Alb., De an. Ed. Colon. t.7,1 p.83 v.57–61.6sqq.; De somno et vig. I tr.1 c.3 (Ed. Paris. t.9 p.125a).

[8] Arist., De an. I 1 (402a1–4). Cf. Alb., De an. Ed. Colon. t.7,1 p.3 v.57–58.23sqq.

[9] Arist., Metaph. IX 8 (1049b4–5). Cf. Alb., Metaph. Ed. Colon. t.16 p.422 v.73.62–66.

[10] Arist., De sophist. el. 2 (165b1–2); transl. Boethii: Arist. Lat. VI,1–3 p.7 v.8–10. Cf. Alb., De sophist. el. I tr.1 c.4 (Ed. Paris. t.2 p.531b).

Textvorlage, denn Aristoteles selbst sagt, ‚sie gehen der Wesensbestimmtheit nach voraus.'

Außerdem: Etwas, das in die Definitionsbestimmung eines anderen fällt, ist schlechthin früher als dieses. Objekte fallen nun in die Definitionsbestimmung der Akte und Akte in die der Vermögen. Also sind Akte schlechthin früher als Vermögen und Objekte schlechthin früher als Akte. Die Wahrheit der ersten Prämisse ist selbstevident. Die zweite Prämisse wird in der *Metaphysik* und andernorts bewiesen, wo das Vermögen immer durch den Akt definiert wird und Akte von Objekten ihre Wesensart und konstitutive Differenz empfangen.

(4) Außerdem: Das Argument des Philosophen, das er ‚auf Grund der Sicherheit' ins Spiel bringt, scheint ungültig, – daß nämlich die Seele früher zu erörtern sei als der Körper. Sicherer nämlich scheint der Körper zu sein, der sich der Sinneswahrnehmung, dem Vorstellungsvermögen und dem Intellekt gleichermaßen als Erkenntnisobjekt darbietet. Die Seele nämlich biete sich nicht in gleicher Weise als Erkenntnisobjekt dar; und so scheint aus seinem Argument genau das Gegenteil zu folgen.

Aber dagegen spricht:

Jeder Akt geht dem, wovon er Akt ist, der Substanz und Wesensbestimmtheit nach voraus. Die Seele ist Akt des Körpers. Folglich geht sie ihm der Substanz und Wesensbestimmtheit nach voraus. Wenn also die Erörterung bei dem beginnen soll, was der Substanz und Wesensbestimmtheit nach früher ist, muß sie bei der Seele beginnen. Die erste Prämisse steht im neunten Buch der *Metaphysik*. Die Evidenz der zweiten ergibt sich aus dem Begriff und Wesen der Erörterung, denn sie schreitet ausgehend von vorgeordneten Prinzipien gemäß dem diskursiven Erkenntnisvermögen voran, und ganz besonders die lehrhafte Erörterung, wie es im ersten Kapitel der *Widerlegungen* heißt: ‚Lehrhafte Er-

quae ex propriis principiis cuiusque disciplinae, et non ex his
quae respondenti videntur, syllogizant.'

(5) Item, quicquid est tamquam principium alicuius, prius
est considerandum quam illud; anima ,est tamquam principium animalium', sicut dicitur in principio *De anima*;[11] ergo
prius est consideranda quam illud.

(6) Item, cuiuscumque cognitio proficit ad veritatem omnium, illud prae omnibus est considerandum; animae cognitio
proficit ad veritatem omnium; ergo prae omnibus est consideranda. Prima patet per se. Secunda scribitur in principio
De anima.[12]

(7) Item, quicquid est nobilius, melius et mirabilius alio,
prius illo est considerandum; anima est nobilior, melior et
mirabilior corpore; ergo prius est illo consideranda. Prima
patet per se. Secunda scribitur in capite libri *De anima*.[13]

Solutio: Ultimis rationibus videtur esse consentiendum.

(1) Et respondendum est ad primum quod duplex est via in
cognitionem animae. Quarum una est quod per cognitionem
substantiae ipsius et naturae cognoscuntur causae accidentium, quae sunt passiones partium animae. Omnis enim passio
causatur a principiis substantiae. Et haec via prior est. Alia
via est a passionibus sive accidentibus propriis quae inferunt
passiones, procedens in cognitionem partium animae, quibus
illa accidentia inferunt passiones, sicut color visui et sonus
auditui, et sic de aliis. Et haec via posterior est, eo quod in
ea principium cognitionis sunt accidentia quae supponuntur
cognita, non autem sunt cognita nisi ex causis suis. Causa

---

[11] Arist., De an. I 1 (402a6–7); transl. vetus: Alb., De an. Ed. Colon.
t.7,1 p.3 v.59–60, p.4 v.49sqq.

[12] Arist., De an. I 1 (402a4–7). Cf. Alb., De an. Ed. Colon. t.7,1 p.3
v.58–60, p.4 v.49–p.5 v.18.

[13] Arist., ibid. (402a1–4). Cf. Alb., ibid. p.3 v.57–58.23–51.

örterungen sind diejenigen, die ihre Schlüsse aus den jeder Disziplin eigentümlichen Prinzipien ziehen, und nicht aus dem, was dem Antwortenden richtig scheint.'

(5) Ferner: Was gleichsam Prinzip einer Sache ist, ist früher zu betrachten als jene Sache. Die Seele ist gleichsam Prinzip der Lebewesen, wie es zu Beginn von *Über die Seele* heißt. Folglich ist sie früher zu betrachten als jene.

(6) Ferner: Wessen Erkanntwerden zur [Erkenntnis der] Wahrheit von allem verhilft, das ist vor allem anderen zu betrachten. Das Erkanntwerden der Seele verhilft zur [Erkenntnis der] Wahrheit von allem. Folglich ist die Seele vor allem anderen zu betrachten. Die erste Prämisse ist selbstevident. Die zweite steht zu Beginn von *Über die Seele*.

(7) Ferner: Was vornehmer, besser und bewundernswerter als anderes ist, ist früher als jenes zu betrachten. Die Seele ist vornehmer, besser und bewundernswerter als der Körper. Folglich ist sie früher als jener zu betrachten. Die erste Prämisse ist selbstevident. Die zweite steht am Anfang des Buchs *Über die Seele*.

Lösung: Den letzten Argumenten muß man, wie es scheint, zustimmen.

(1) Die Antwort auf das erste Argument muß lauten, daß es bei der Erkenntnis der Seele einen zweifachen Weg gibt. Der eine besteht darin, daß durch die Erkenntnis ihrer Substanz und Natur die Ursachen der Akzidenzien erkannt werden, die Affektionen der Seelenteile sind. Jede Affektion wird nämlich durch Prinzipien der Substanz verursacht. Dieser Weg ist vorrangiger. Der andere Weg führt von den Affektionen bzw. den eigentümlichen Akzidenzien, die die Seele affizieren, zur Erkenntnis der Seelenteile, die von jenen Akzidenzien affiziert werden, wie etwa der Sehsinn von der Farbe und das Gehör vom Klang, usw. Dieser Weg ist nachrangiger, denn bei ihm stellen die Akzidenzien das Erkenntnisprinzip dar, die als bereits erkannt vorausgesetzt werden. Erkannt

autem accidentium est substantia et natura subiecti illius, cui accidunt accidentia illa. Et ita patet quod prima via praecedit secundam, utraque tamen necessaria est.

Unde *Philosophus* in *primo De anima*:[14] ‚Videtur autem non solum quod quid est cognoscere utile esse ad cognoscendum causas accidentium substantiis, sicut in mathematicis quid rectum, quid obliquum, quid linea, quid planum ad cognoscendum quot rectis trianguli anguli sunt aequales, sed etiam e converso accidentia conferunt magnam partem ad cognoscendum quod quid est.‘ Si enim de aliquo non quaereretur nisi ratio substantiae et naturae, non cognosceretur illud secundum esse determinatum partium suarum in natura, sed in universali tantum, in quo non scirentur partes nisi in potentia, et sic scirentur imperfecte. Et ideo necesse est quod sciantur partes, secundum quod determinatis passionibus subiciuntur. Cum enim sic habeant esse in natura, erit iste modus sciendi rem in particulari et in propria natura, sicut habetur ab *Aristotele* in *secundo Priorum*.[15] Et ideo etiam ipse dicit in *primo De anima*:[16] ‚Cum enim habeamus tradere secundum phantasiam et imaginationem de accidentibus aut omnibus aut pluribus, tunc et de substantia habemus quod quid est specialiter dicere. Omnis enim demonstrationis principium est quod quid est. Quare secundum quascumque diffinitiones non contingit accidentia cognoscere, sed nec coniecturari de ipsis facile, manifestum est quod dialectice

---

[14] Arist., De an. I 1 (402b16–22); transl. vetus: Alb., De an. Ed. Colon. t.7,1 p.9 v.80–83, p.10 v.36–71.

[15] Arist., Anal. pr. II 1 (53a15–17). Cf. Alb., Anal. pr. II tr.1 c.1 (Ed. Paris. t.1 p.690b).

[16] Arist., De an. I 1 (402b22–403a2); transl. vetus: Alb., De an. Ed. Colon. t.7,1 p.9 v.83–86, p.10 v.71–p.11 v.52.

werden können sie aber nur durch ihre jeweiligen Ursachen; Ursache aber der Akzidenzien ist die Substanz und Natur jenes Subjekts, dem sie als Akzidenzien zukommen. Auf diese Weise ist evident, daß der erste Weg dem zweiten vorgeordnet ist; dennoch ist keiner der beiden verzichtbar.

Deshalb sagt der Philosoph im ersten Buch *Über die Seele*: ‚Es scheint aber nicht nur nützlich das Was-etwas-ist zu erkennen, damit man die Ursachen der Akzidenzien erkennt, die den Substanzen anhaften (wie in der Mathematik was das Gerade, was das Ungerade, was eine Linie, was eine Fläche ist, damit man erkennt, wie vielen rechten Winkeln die Winkel eines Dreiecks gleich sind), sondern auch umgekehrt tragen die Akzidenzien einen großen Teil zur Erkenntnis des Was-etwas-ist bei.' Wenn von einem Gegenstand nämlich ausschließlich die Wesensbestimmtheit der Substanz und Natur untersucht würde, würde dieser Gegenstand nicht hinsichtlich des ‚in Natur' so oder so bestimmten Seins seiner Teile erkannt, sondern lediglich in einem Allgemeinen, in dem die Teile nur im Status der Möglichkeit gewußt würden, und das bedeutet: auf unvollkommene Weise. Daher ist das Wissen um die Teile unverzichtbar, sofern sie so oder so bestimmten Affektionen unterworfen sind. Haben sie nämlich auf diese Art Sein ‚in Natur', dann wird dies die Weise sein, eine Sache als besondere und in ihrer eigentümlichen Natur zu wissen, wie es bei Aristoteles im zweiten Buch der *Ersten Analytiken* heißt. Und deshalb sagt er auch im ersten Buch *Über die Seele*: ‚Wenn wir nämlich in der Lage sind, nach Maßgabe von Phantasie und der Vorstellungskraft etwas über Akzidenzien – seien es alle oder doch mehrere – vorzutragen, dann sind wir auch bei der Substanz in der Lage, das Was-etwas-ist im speziellen anzugeben. Das Was-etwas-ist ist nämlich Prinzip jedes Beweises. Aus der Tatsache aber, daß es entsprechend bestimmter Definitionen nicht gelingt die Akzidenzien zu erkennen, es aber auch nicht leicht ist, über sie

dicantur et vane omnes.' Hoc est, quando habitum habemus talis scientiae, per quam possumus tradere, hoc est rationem reddere, de accidentibus, quae sunt secundum imaginationem et phantasiam et ceteras potentias animae, ut est immutari sensum a sensibili hoc vel illo et tenere phantasmata et cognoscere intelligibilia et terreri ad quaedam imaginata et concupiscere quaedam alia, tunc possumus ex eodem habitu perfecte dicere non solum universaliter quid est anima secundum substantiam et naturam, sed specialiter quid est secundum esse determinatum, quod habet in partibus his vel illis. Et hoc necessarium est, quia illud principium demonstrationis quod est medium in demonstratione, est quid est, idest diffinitio passionis non solum dicens esse passionis, sed etiam causam inesse demonstrans, idest quare insit. Unde si aliqua diffinitio datur de substantia et natura subiecti in universali, ex qua non cognoscitur determinatum esse partium sub illis aut istis passionibus naturalibus, illa erit dialectica, idest transcendens esse rei quod habet in natura, et vana, quia non concludit passionem de subiecto, si ponatur medium in demonstratione. Vanum enim est, ut habetur in *secundo Physicorum*,[17] quod est ad aliquem finem, quem non includit.

Dicendum igitur quod aliud est secundum principiorum generationem et aliud secundum processum ex principiis illis.

---

[17] Arist., Phys. II 6 (197b23–27). Cf. Alb., Phys. Ed. Colon. t.4,1 p.124 v.72–74.36–45, p.125 v.22–23.

Vermutungen anzustellen, ist offenkundig, daß solche Definitionen nur dialektisch gebildet wurden und allesamt inhaltsleer sind.' Das bedeutet: Wenn solches Wissen uns zum Habitus geworden ist, durch welches wir etwas vortragen (das
heißt: Rechenschaft geben) können über die Akzidenzien, die
in Beziehung zur Vorstellungskraft, zur Phantasie und den
übrigen Seelenkräften stehen – wenn zum Beispiel unser Sinn
von diesem oder jenem sinnenhaft Wahrnehmbaren verändert wird, wenn wir Phantasiebilder festhalten, Geistiges
erkennen, im Schrecken zu bestimmten Vorstellungen hinge-
trieben werden oder bestimmte andere begehren – wenn also
solches Wissen zum Habitus geworden ist, dann können wir
aus demselben Habitus heraus auf vollkommene Weise nicht
nur allgemein angeben, was die Seele gemäß Substanz und
Natur ist, sondern auch speziell, was sie gemäß dem so oder
so bestimmten Sein, das sie in diesen oder jenen Teilen hat,
ist. Und das ist notwendig, denn jenes Beweisprinzip, das im
Beweis als Mittelbegriff fungiert, ist das Was-es-ist, das heißt
die Definition einer Affektion, die nicht nur das Sein der
Affektion angibt, sondern auch die Ursache ihres Zukom-
mens beweist, das heißt: beweist, weshalb die Affektion [ei-
nem Subjekt] zukommt. Wenn deshalb irgendeine Definition
von Substanz und Natur eines Subjekts im allgemeinen gegeben wird, aus der das unter diesen oder jenen natürlichen
Affektionen so oder so bestimmte Sein der Teile nicht erkennbar ist, dann wird diese Definition wohl dialektisch sein
(das heißt: sie übersteigt das Sein der Sache, das sie ‚in Natur'
hat) und inhaltsleer oder nichtig, weil sich, wenn der Mittelbegriff im Beweis gesetzt wird, aus dem Subjekt nicht die
Affektion schlußfolgern läßt. Nichtig nämlich ist das, wie es
im zweiten Buch der *Physik* heißt, was auf ein Ziel ausge-
richtet ist, das es selbst nicht in sich schließt.

Wir müssen also sagen, daß das methodische ‚Hervorbringen von Prinzipien' etwas anderes ist als das methodische

Generatio enim principiorum incipit a memoriis et experimentis singularium, processus autem ex principiis incipit ab ipsis principiis et devenit in principiata et causata. Unde cum causa animae et natura sint causa propriorum accidentium partium ipsius animae, debet disputatio, quae processus est a principiis, non generatio principiorum, incipere a substantia et natura ipsius animae.

(2) Ad aliud dicendum quod aliud est in acceptione numeri et esse spiritualium et separatarum substantiarum, et aliud in ratione et substantia earum. Quia enim sunt et quot sunt motores, cognoscitur ex mobilibus et motu, sed tamen diffinitivam rationem et substantiam non habet motor a mobili, sed potius e converso. Et similiter est in comparatione animae ad corpus. Unde cum disputatio quaerat diffinitivam rationem et substantiam, incipiet a cognitione animae et non corporis.

(3) Ad aliud dicendum quod simpliciter, ut obiectum est, ,actus sunt praevii potentiis et obiecta actibus‘, sed non sunt praevii substantiae et naturae ipsius animae, immo causantur a natura ipsius et substantia, secundum quod omnis forma alicuius et actus accipiens rationem efficientis efficitur principium et causa actuum illius rei.

(4) Ad aliud dicendum quod est certitudo simpliciter et est certitudo secundum quid. Certitudo simpliciter est, quae est

‚Voranschreiten aus jenen Prinzipien.' Das Hervorbringen von Prinzipien nämlich beginnt bei den Erinnerungen und Einzelerfahrungen, das Voranschreiten aus Prinzipien aber beginnt bei den Prinzipien selbst und geht über zum Prinzipiierten und Verursachten. Wenn daher Ursache und Natur der Seele zugleich die Ursache der eigentümlichen Akzidenzien der Teile dieser Seele darstellen, dann muß die Erörterung, die ein Voranschreiten aus Prinzipien, nicht das Hervorbringen von Prinzipien ist, bei der Substanz und Natur der Seele beginnen.

(2) Zum anderen ist zu sagen, daß das Erfassen von Zahl und der Existenz geistiger und getrennter Substanzen etwas anderes ist als ihre Wesensbestimmung und Substanz. Daß es die Beweger nämlich gibt und wie viele es von ihnen gibt, erkennt man aus den beweglichen Dingen und der Bewegung, aber dennoch bezieht der Beweger seine Definitionsbestimmung und Substanz nicht vom Beweglichen, sondern eher umgekehrt. Ähnlich verhält es sich mit der Beziehung der Seele zum Körper. Wenn demnach die Erörterung die Definitionsbestimmung und Substanz untersucht, wird sie bei der Erkenntnis der Seele und nicht des Körpers beginnen.

(3) Zum anderen ist zu sagen, daß zwar, wie es im Einwand heißt, schlechthin ,die Akte den Vermögen vorausgehen und die Objekte den Akten.' Sie gehen aber nicht der Substanz und Natur der Seele selbst voraus, sondern werden im Gegenteil von deren Natur und Substanz verursacht, gemäß dem Grundsatz, daß jede Form und jeder Akt eines Subjekts, wenn er die Wesensbestimmung ,bewirkend' annimmt, zum Prinzip und zur Ursache der Akte dieser Sache wird.

(4) Zum anderen ist zu sagen, daß es eine Sicherheit schlechthin und eine relative Sicherheit gibt. Sicherheit schlechthin gründet in Prinzipien, aus deren Sichersein anderes erkannt wird. So ist das Wissen um die Seele sicherer als

ex principiis, ex quorum certitudine alia cognoscuntur; et sic
certior est scientia animae quam corporis, quia anima est
causa dans esse specificum corpori et rationem diffinitivam,
inquantum est animatum corpus et naturale, et ideo certior
est, quia ex ipsa cognoscitur esse corporis talis. Certitudo
autem secundum quid est, quae est ad sensum et phantasiam,
et haec magis competit corpori.

(5) Et hoc intendit Philosophus, quando dicit animam
esse ‚principium animalium‘.

(6) Quod autem dicit quod ‚cognitio animae proficit ad veritatem omnium‘, sic intelligendum est quod omnia dicuntur
ibi res et rationes. Res autem sunt in natura vel ab anima. Ab
anima res sunt ethicae, quae sunt opera voluntatis, et mechanica, quorum principium est intellectus activus, ut habetur in
VI Metaphysicae.[18] Res autem in natura sunt in motu secundum esse et rationem, et illae sunt sensibiles; vel secundum esse quidem sunt in motu, secundum rationem autem
abstractae a motu, et illae sunt mathematicae et imaginabiles;
vel sunt secundum esse et rationem separatae a motu ut divinae, quae sunt intelligibiles tantum. Unde anima quoddam
principium est rationum per rationem, moralium autem per
prohaeresim, eligentiam sive voluntatem, et per intellectum
activum est principium mechanicorum. Est etiam principium
veritatis naturalium per sensum, et veritatis mathematicorum
per imaginationem, et veritatis divinorum per intellectum.
Unde dicit *Philosophus* in libro *De anima*[19] quod ‚anima est

---

[18] Arist., Metaph. VI 1 (1025b22sqq.). Cf. Alb., Metaph. Ed. Colon.
t.16 p.302 v.56sqq., p.303 v.37sqq.

[19] Arist., De an. III 8 (431b21); transl. vetus: Alb., De an. Ed. Colon.
t.7,1 p.223 v.70.43–54.

das um den Körper, denn die Seele ist die Ursache, die dem Körper das spezifische Sein und die Definitionsbestimmung verleiht, nämlich insofern er ein beseelter natürlicher Körper ist; aus diesem Grund also ist [das Wissen um die Seele] sicherer, weil dadurch das Sein eines so bestimmten Körpers erkannt wird. Relative Sicherheit dagegen bezieht sich auf Sinneswahrnehmung und Einbildungskraft, und diese Art der Sicherheit kommt eher dem Körper zu.

(5) Das ist es, was der Philosoph meint, wenn er sagt, die Seele sei ‚Prinzip der Lebewesen.‘

(6) Wenn er aber sagt, ‚das Erkanntwerden der Seele verhilft zur [Erkenntnis der] Wahrheit von allem‘, dann ist das so zu verstehen, daß ‚alles‘ an dieser Stelle Dinge und Begriffe meint. Dinge aber sind entweder ‚von Natur aus‘ oder ‚von der Seele her.‘ ‚Von der Seele her‘ sind die ethischen Dinge – das sind die Werke des Willens – und die mechanischen, deren Prinzip im schaffenden Intellekt liegt, wie es im sechsten Buch der *Metaphysik* heißt. Die Dinge ‚von Natur aus‘ aber sind entweder nach Sein und Begriff in Bewegung, dann handelt es sich um die sinnenhaft wahrnehmbaren Dinge, oder sie sind zwar dem Sein nach in Bewegung, dem Begriff nach aber von der Bewegung abstrahiert, dann handelt es sich um mathematisch-vorstellbare Gegenstände, oder sie sind, wie die göttlichen Dinge, nach Sein und Begriff von der Bewegung getrennt, dann handelt es sich um rein geistige. Deshalb ist die Seele eine Art Prinzip der Begriffe kraft des Verstandes, Prinzip der sittlichen Dinge aber kraft der Prohairesis, des Wahlvermögens bzw. Willens, und kraft des schaffenden Intellekts ist sie Prinzip der mechanischen Dinge. Auch ist sie Prinzip der Wahrheit der Naturdinge kraft des Sinnesvermögens, der Wahrheit der mathematischen kraft des Vorstellungsvermögens, der Wahrheit der göttlichen kraft des Intellekts. Deshalb sagt der Philosoph im Buch *Über die Seele*, ‚die Seele ist gewissermaßen alles,‘ und in der *Meta-*

quodammodo omnia', et in *Metaphysica*[20] dicit quod sciens et sentiens mensurat quodammodo omnia quae sunt.

(7) Anima etiam dicitur bonum nobile, honorabile et mirabile. Et secundum physicam rationem dicitur ipsa optimum et bonum, secundum quod est ultimus finis in natura. Ab eo enim quod est finis, est bonum, et ab eo quod est ultimus, est optimum. Et hoc patet ex ratione formae, quae ponitur in fine *primi Physicorum*,[21] scilicet quod est divinum et optimum et appetibile.

Secundum autem quod anima differentem rationem habet a natura et aliter movet quam qualitates activae et passivae et non habet principium materiale ex quo fit, sic dicitur nobile. Et hoc patet ex hoc quod dicitur ante finem *primi De anima*:[22] ‚Antiquius impossibile est aliquid esse quam animam, inconvenientius autem adhuc intellectu est esse antiquius ut materiam. Rationabilissimum enim esse anima habet, nobilissimum et proprium secundum naturam.' Et rationabilissimum est maxime speciei et rationis tributivum. Nobilissimum autem est, quod non sic alligatur materiae ut qualitas quaedam elementalis, secundum quam est agere et pati, sed movet corpus secundum proprietatem suarum virium, ut *infra*[23] patebit. Proprium autem est secundum naturam, quia distinctum ab aliis physicis. Aliter enim anima generat quam ignis vel aliud elementum, quia anima generat determinata virtute et determinato organo per decisionem superflui nutrimenti corporis, cuius ipsa est actus et motor, alia vero cor-

---

[20] Arist., Metaph. X 1 (1053a31–b3). Cf. Alb., Metaph. Ed. Colon. t.16 p.438 v.83–86.49–78.

[21] Arist., Phys. I 9 (192a16–17). Cf. Alb., Phys. Ed. Colon. t.4 p.71 v.70, p.72 v.59–60.63, p.73 v.63–64.

[22] Arist., De an. I 5 (410b12–15); transl. vetus: Alb., De an. Ed. Colon. t.7,1 p.48 v.88–p.49 v.75.60–p.50 v.5.

[23] Alb., De homine: Ann Arbor 201 f.80va–81rb.

physik, daß einer, der Wissen besitzt und mit den Sinnen wahrnimmt, gewissermaßen allem, was ist, sein Maß gibt.

(7) Auch wird die Seele ein vornehmes, ehrbares und bewundernswertes Gut genannt, und gemäß der physischen Wesensbestimmtheit heißt sie auch das beste Gut, denn sie ist Letztziel in der Natur; von dem her nämlich, daß sie Ziel ist, ist sie Gut, und von dem her, daß sie das letzte ist, ist sie das beste. Das geht aus der Wesensbestimmung der Form hervor, wie sie am Ende des ersten Buchs der *Physik* gegeben wird, daß sie nämlich ‚etwas Göttliches, Bestes und Erstrebenswertes‘ sei.

Auf Grund der Tatsache aber, daß die Seele eine von der Natur verschiedene Wesensbestimmtheit hat, daß sie auf andere Weise bewegt als die aktiven und passiven Qualitäten und daß sie kein materielles Prinzip kennt, aus dem sie hervorgeht, wird sie als vornehm bezeichnet. Das geht aus den Worten des ersten Buchs *Über die Seele*, kurz vor Ende, hervor: ‚Daß etwas ehrwürdiger als die Seele ist, ist unmöglich; noch ungehöriger aber ist es [zu behaupten], es gebe Ehrwürdigeres als den Intellekt (etwa die Materie). Denn die Seele besitzt das am meisten der Vernunft fähige Sein, das vornehmste und ein was die Natur angeht zugleich eigentümliches.‘ Als am meisten der Vernunft Fähiges bestimmt sie zuhöchst Wesensart und Begriff. Als Vornehmstes wird sie bezeichnet, weil sie nicht in gleicher Weise an Materie gebunden ist wie irgendeine Elementarqualität, dergemäß es Tun und Erleiden gibt, sondern sie bewegt den Körper nach der Eigenart ihrer Kräfte, wie weiter unten klar werden wird. ‚Eigentümlich was die Natur angeht‘ heißt sie, weil sie von anderen physischen Seienden unterschieden ist. Auf andere Weise nämlich zeugt die Seele als das Feuer oder ein anderes Element, denn die Seele zeugt kraft eines bestimmten Vermögens und mittels eines bestimmten Organs, indem sie von der Nahrung des Körpers das Überflüssige abscheidet, und

pora inanimata non sic; et similiter est de aliis motibus et actibus.

Honorabile vero dicitur anima per relationem ad ea quae perficiunt ipsam secundum bene esse, ut scientiae et virtutes, quibus alia natura perfectibilis non invenitur. Mirabile autem secundum quod ipsa est in aliqua sui parte de numero substantiarum separatarum. Illae enim substantiae propter hoc quod multum elevatae sunt super sensum et imaginationem, admirabile esse habent in contemplantibus eas. Unde dicit *Philosophus* in *primo Metaphysicae*[24] quod ,deficiens et admirans opinatur ignorare‘ causam, et *Damascenus* in *secundo libro*[25] quod ,admiratio est timor in magna phantasia.‘

[...]

2. *Quid sit anima secundam substantiam et naturam*

Tertio quaeritur, quid sit anima secundum substantiam et naturam. Et quaeratur de diffinitione eius. Circa quam quaeruntur tria.

Quorum primum est de diffinitionibus animae secundum quod est substantia quaedam per se existens; secundum de diffinitione ipsius secundum quod est perfectio corporis animati; tertium de diffinitione ipsius secundum suam naturam, idest secundum quod est ut natura quaedam corporis considerata.

---

[24] Arist., Metaph. I 2 (982b17–18). Cf. Alb., Metaph. Ed. Colon. t.16 p.23 v.81–82.

[25] Ioh. Dam., De fide orth. II 15 (PTS 12 p.81 v.6); transl. Burg. c.29 (ed. Buytaert p.122 v.8).

zwar des Körpers, dessen Akt und Beweger sie selbst ist; die anderen, unbeseelten Körper dagegen machen dies nicht so. Und ähnlich verhält es sich bei den anderen Bewegungen und Akten. Ehrbar aber heißt die Seele wegen ihrer Bezogenheit auf Eigenschaften, die sie hinsichtlich des Gut-Seins vervollkommnen, als da sind Wissenschaften und Tugenden, für die sich keine andere vervollkommenbare Natur finden läßt. Bewundernswert aber wird die Seele genannt, weil sie mit einem bestimmten Teil zur Zahl der getrennten Substanz gehört. Jene Substanzen nämlich haben in den Augen derer, die sie schauen, ein bewunderungswürdiges Sein, denn sie sind um vieles über das Sinnesvermögen und die Vorstellungskraft erhöht. Daher sagt der Philosoph im ersten Buch der *Metaphysik*, daß sich dem, ‚dem es [an Wissen] fehlt und der bewundert, das Gefühl einstellt, die Ursache nicht zu kennen;‘ und Damascenus im zweiten Buch: ‚Die Bewunderung ist Furcht bei großer Phantasie.‘

[J.R.S.]

2. Was ist die Seele gemäß ihrer Substanz und Natur?

Drittens wird gefragt, was die Seele gemäß ihrer Substanz und Natur ist. Und man fragt nach ihrer Definition. Diesbezüglich wird dreierlei gefragt.

Die erste von diesen Fragen betrifft die Definitionen der Seele, denen zufolge sie eine gewisse durch sich selbst existierende Substanz ist. In der zweiten Frage geht es um die Definition der Seele, gemäß der sie die Vollendung eines belebten Körpers darstellt. Die dritte Frage handelt über die Definition der Seele gemäß ihrer Natur, d.h. insofern sie als eine gewisse Natur des Körpers betrachtet wird.

a) De diffinitionibus animae secundum quod est
substantia quaedam per se existens

Ad primum proceditur sic:

Ponantur primo diffinitiones sanctorum, et postea philosophorum.

Dicit igitur *Augustinus* in libro *De spiritu et anima*[26]
quod ‚anima est substantia rationis particeps regendo corpori
accomodata.‘ Et *Remigius*:[27] ‚Anima est substantia incorporea regens corpus.‘ Et *Damascenus II libro*:[28] ‚Anima est
substantia vivens, simplex et incorporea, corporalibus oculis
secundum propriam naturam invisibilis, immortalis, rationalis, intellectualis, infigurabilis, organico utens corpore et huic
vitae, augmentationis et sensus tributiva, non aliud habens
praeter seipsam intellectum, sed et partem sui purissimam.‘
Et *Bernardus* in *Epistula ad Cartusienses*:[29] ‚Anima est res
incorporea rationis capax, vivificando corpori accomodata.‘

Tres primae diffinitiones ponunt animam esse in genere
substantiae.

Contra quod sic obicitur:

(1) Per quandam considerationem quae est in *IV Topi-*
corum,[30] quae talis est: ‚Considerandum autem et rationes
generum, si aptantur ad assignatam speciem et ad partici-

---

[26] Ps.-Aug., De spir. et an. I (PL 40, 781).

[27] Cf. Philipp. Canc., Summa de bono, ed. Wicki p.156 v.19–20 cum
nota. Ioh. de Rupella, Tract. de divis. mult. an. I 2 (ed. Michaud-Quantin
p.57 v.148–149 cum nota); id., Summa de an. II 2 (ed. Bougerol p.53
v.18–19 cum nota). Ps.-Hugo de S. Caro, De anima, ed. Lottin (Un petit
traité sur l'âme), 468.

[28] Ioh. Dam., De fide orth. II 12 (PTS 12 p.77 v.44–48); transl. Burg.
c.26 (ed. Buytaert p.115 v.51–56).

[29] Guill. de S. Theodorico, Epist. ad fratres de Monte Dei n.85 (ed.
Davy p.130 v.1–2). Cf. Ioh. de Mechlinia, Tract. de homine (ed. Pattin
p.9 v.27–28).

[30] Arist., Top. IV 2 (122b7–11); transl. Boethii: Arist. Lat. V,1–3 p.69
v.23–27. Cf. Alb., Top. IV tr.1 c.3 (Ed. Paris. t.2 p.362b).

a) Über die Definitionen der Seele, denen zufolge sie eine gewisse durch sich selbst existierende Substanz ist

Zum ersten Fragepunkt wird in folgender Weise vorgegangen:

Zuerst sollen Definitionen der Heiligen und dann die der Philosophen vorgestellt werden.

Im Buch *Über den Geist und die Seele* sagt Augustinus also, daß ‚die Seele eine Substanz ist, die am Verstand teilhat und dem Körper zur Lenkung angepaßt ist.‘ Und Remigius [sagt]: ‚Die Seele ist eine unkörperliche Substanz, die den Körper lenkt.‘ Johannes von Damaskus [sagt] indes im zweiten Buch [*Über den rechten Glauben*]: ‚Die Seele ist eine Substanz, die lebendig, einfach und unkörperlich ist, gemäß ihrer eigenen Natur für die körperlichen Augen unsichtbar, unsterblich, vernunftbegabt, geistig, bildlich nicht darstellbar; sie bedient sich des organischen Körpers und teilt diesem Wachstum und Sinnesvermögen zu; sie hat außer sich selbst keinen anderen Intellekt, wohl aber seinen reinsten Teil.‘ Und Bernhard im *Brief an die Kartäuser* [sagt]: ‚Die Seele ist eine unkörperliche Wirklichkeit, die zur Vernunft und zur Belebung des Körpers geeignet ist.‘

Die drei ersten Definitionen setzen die Seele in die Gattung der Substanz.

Dagegen wird folgendermaßen eingewendet:

(1) Durch eine Überlegung aus dem vierten Buch der *Topik*, die folgenden Wortlaut hat: ‚Man muß nämlich auch die Begriffe der Gattungen betrachten, ob sie zu der zugewiese-

pantia speciem. Necesse enim est generum rationes praedicari de specie et de his quae participant speciem; si ergo in aliquo dissonet, palam quoniam non est genus quod assignatum est.' Ex hoc patet quod si substantia est genus animae, secundum unam rationem praedicabitur de anima et qualibet specie animae; sed substantia in eo quod est res per se existens, praedicatur de rationali anima, et in hac ratione non praedicatur de vegetabili et sensibili, secundum quod sunt in plantis et brutis; ergo substantia non bene ponitur genus animae.

(2) Item, substantia secundum quod est nomen generis, univoce praedicatur de omnibus quae sunt in genere illo, ut patet per praehabitam considerationem. Sed ea quae sunt in genere, sunt species compositae vel specialissimae, si post eas non sunt nisi individua, vel subalternae, si continent sub se species alias. Post autem vegetabilem, sensibilem et rationalem non est accipere nisi animam hanc vel illam; et ponatur hoc, quia ad minus hoc est verum de anima rationali; ergo anima rationalis erit species specialissima in genere substantiae. Inde ulterius procedatur sic: Omnes species specialissimae in genere substantiae sunt disparatae; et disparatarum specierum una non constituit alteram; ergo anima rationalis non constituet alteram speciem in genere substantiae, quod plane falsum est, quia constituit hominem.

nen Wesensart und zu dem, was an der Wesensart teilhat, passen. Es ist nämlich notwendig, daß die Gattungsbegriffe von der Wesensart und von dem an ihr Teilhabenden ausgesagt werden. Wenn es also in irgendeinem Fall zur Unstimmigkeit kommt, ist es offenkundig, daß es nicht die Gattung ist, die zugewiesen wurde.' Daraus geht hervor, daß, wenn Substanz die Gattung der Seele ist, diese ein und demselben Begriff nach von der Seele und von einer beliebigen Wesensart der Seele prädiziert werden wird. Die Substanz wird aber deshalb von der Vernunftseele prädiziert, weil sie eine durch sich selbst existierende Sache ist; in diesem Sinne wird sie aber nicht von der vegetativen und sinnenhaften Seele ausgesagt, insofern diese in den Pflanzen und Sinnenwesen sind. Folglich wird Substanz nicht angemessen als Gattung der Seele bestimmt.

(2) Ferner: Die Substanz, insofern sie Gattungsname ist, wird univok von allem zu dieser Gattung Gehörigen ausgesagt, wie es aus der vorausgegangenen Überlegung hervorgeht. Die aber, die der Gattung angehören, sind zusammengesetzte oder speziellste Wesensarten, wenn ihnen nur noch Individuen folgen, oder sie sind untergeordnete Wesensarten, wenn sie unter sich noch andere Wesensarten enthalten. Nach der vegetativen, sinnenhaften und vernunftbegabten Seele kann aber nur diese oder jene Seele angenommen werden; und dies wird hier behauptet, weil es zumindest in bezug auf die Vernunftseele wahr ist. Folglich wird die Vernunftseele die speziellste Wesensart in der Gattung der Substanz sein. Daher wird weiter so vorgegangen: Alle speziellsten Wesensarten in der Gattung der Substanz sind verschieden; von den verschiedenen Wesensarten konstituiert aber die eine nicht die andere; folglich wird die Vernunftseele keine andere Wesensart in der Gattung der Substanz konstituieren, was gänzlich falsch ist, weil sie den Menschen konstituiert.

(3) Item, plus distant a se species exeuntes a diversis generibus subalternis quam exeuntes ab eodem proximo genere; sed si anima est in genere substantiae, exit ab hoc genere quod est substantia incorporea; homo autem exit ab illo quod est substantia corporea; ergo plus distat ab homine quam id quod exit ab eodem genere proximo cum homine; sed asinus exit ab eodem genere proximo cum homine; ergo plus distat anima rationalis ab homine quam asinus ab homine; sed asinus non constituit hominem nec aliud quod exit ab eodem genere cum homine; ergo multo minus anima rationalis constituit hominem, quod falsum est; ergo male ponitur substantia genus animae.

Si forte dicatur quod non plus distant exeuntia a diversis generibus subalternis non proximis quam exeuntia ab eodem genere proximo, hoc patet esse falsum per hoc quod maior est differentia in genere quam in specie, et maior in specie quam in numero.

(4) Si propter hoc dicatur quod anima non dicitur hoc modo substantia quod sit in genere substantiae tamquam species, sed dicitur substantia, quia principium constituens substantiam est anima, contra: Principium quantitatis continuae non est quantitas continua, et principium quantitatis discretae non est quantitas discreta; ergo videtur etiam a simili quod etiam principium substantiae non sit substantia, et ita male

(3) Ferner: Weiter voneinander entfernt sind Wesensarten, die aus verschiedenen untergeordneten Gattungen hervorgehen, als solche aus derselben nächsten Gattung. Wenn die Seele aber zur Gattung der Substanz gehört, geht sie aus der Gattung einer unkörperlichen Substanz hervor. Der Mensch aber geht aus der Gattung einer körperlichen Substanz hervor; folglich ist [die Seele] weiter vom Menschen entfernt als dasjenige, was aus derselben nächsten Gattung hervorgeht, zu der auch der Mensch gehört. Der Esel geht aber aus der mit dem Menschen gemeinsamen nächsten Gattung hervor. Folglich ist die Vernunftseele weiter vom Menschen entfernt als der Esel. Der Esel konstituiert jedoch weder den Menschen noch ein anderes, das aus der mit dem Menschen gemeinsamen Gattung hervorgeht. Folglich konstituiert die Vernunftseele viel weniger den Menschen, was falsch ist. Unpassend wird also die Substanz als Gattung der Seele bestimmt.

Wenn man vielleicht sagte, daß solche, die von verschiedenen untergeordneten nicht-nächsten Gattungen hervorgehen, nicht weiter voneinander entfernt sind als solche, die von ein und derselben nächsten Gattung hervorgehen, ist dies offenkundig deshalb falsch, weil die Differenz in der Gattung größer als die in der Wesensart ist, und größer in der Wesensart als in der Zahl.

(4) Wenn man deshalb sagte, die Seele werde nicht auf die Weise Substanz genannt, weil sie wie eine Wesensart in der Gattung der Substanz sei, sondern sie werde Substanz genannt, weil die Seele das die Substanz konstituierende Prinzip sei, [steht folgendes] dagegen: Das Prinzip einer kontinuierlichen Größe ist nicht die kontinuierliche Größe, und das Prinzip einer diskreten Größe ist nicht die diskrete Größe. Folglich scheint es auch auf Grund dieser Ähnlichkeit, daß auch das Prinzip der Substanz nicht die Substanz ist, und so würde man unpassend sagen, daß die Seele eine Substanz ist, so wie

diceretur quod anima est substantia, sicut male dicitur quod punctus est quantitas continua et unitas numerus.

(5) Si forte diceretur quod istae rationes logicae sunt et vanae[31] in naturis rerum, quia dicit *Philosophus* in *Physicis*[32] et in *primo De anima*[33] quod ex non-substantiis non fit substantia, et ex non-quantis non fit quantum, et ideo nutrimentum non omni modo facit quantum, sed in quantum est substantia quanta, anima vero est substantia sicut forma substantialis, contra: Nulla forma non primo adveniens materiae est forma substantialis; anima est forma non primo adveniens materiae; ergo ipsa non est forma substantialis. Veritas primae patet per hoc quod materia desiderat formam, a qua possit perfici; haec autem non est nisi substantialis; unde non est susceptibilis accidentalis formae nisi secundum quod iam substat formae substantiali. Secunda probatur eo quod anima non advenit nisi corpori organico, et organizatio corporis ponit speciem carnis et ossis et manus et capitis et huiusmodi, quae sunt formae praecedentes animam in corpore.

(6) Item probatur quod anima rationalis non est substantia hoc modo: Omnis forma inter cuius subiectum et ipsam est alia forma, est forma accidentalis; anima rationalis est huiusmodi; ergo ipsa est forma accidentalis. Veritas primae patet per rationem praehabitam. Secunda vero probatur per hoc quod actus vegetativae et sensitivae prius inveniuntur in embryonibus quam etiam perfecte organizetur, et ubi est actus

---

[31] Vide supra p.12 notam 16.

[32] Arist., Phys. I 6 (189a32–34). Cf. Alb., Phys. Ed. Colon. t.4,1 p.47 v.64–65.52–54; ibid. t.4,2 p.451 v.36, p.495 v.11–12.

[33] Arist., De an. I 5 (410a20–21). Cf. Alb., De an. Ed. Colon. t.7,1 p.47 v.84, p.48 v.55–65.

man unpassend sagt, der Punkt sei eine kontinuierliche Größe und die Einheit eine Zahl.

(5) Würde man etwa behaupten, daß diese Begriffe logischer Art und inhaltsleer in bezug auf die Natur der Dinge sind – da der Philosoph in der *Physik* und im ersten Buch [der Schrift] *Über die Seele* sagt, daß aus Nicht-Substanzen keine Substanz und aus Nicht-Größen keine Größe entsteht, und deshalb die Nahrung nicht in jeder Weise die Größe bewirkt, sondern nur insofern sie [d.h. die Nahrung] eine quantitative Größe ist, die Seele aber ist Substanz als substantiale Form –, [steht folgendes] dagegen: Keine Form, die nicht zuallererst zur Materie hinzutritt, ist eine Substantialform. Die Seele ist eine Form, die nicht zuallererst zur Materie hinzutritt. Folglich ist sie keine Substantialform. Die Wahrheit der ersten Prämisse ist dadurch offenkundig, daß die Materie nach der Form verlangt, durch die sie vervollkommnet werden kann. Diese ist aber nur die Substantialform. Von daher ist [die Materie] nicht fähig, eine akzidentelle Form aufzunehmen, es sei denn, sie liegt bereits der Substantialform zugrunde. Die zweite Prämisse wird dadurch bewiesen, daß die Seele nur zu einem organischen Körper hinzutritt, und die Ausbildung des Körpers bestimmt die Gestalt des Fleisches, der Knochen, der Hand, des Kopfes und dergleichen; diese sind die Formen, welche der Seele im Körper vorausgehen.

(6) Ferner wird auf folgende Weise bewiesen, daß die Vernunftseele keine Substanz ist: Jede Form, zwischen deren Zugrundeliegendem und ihr selbst eine andere Form ist, ist eine akzidentelle Form. Die Vernunftseele ist von dieser Art. Folglich ist sie eine akzidentelle Form. Die Wahrheit der ersten Prämisse ist offenkundig durch das vorausgegangene Argument. Die zweite Prämisse hingegen wird dadurch bewiesen, daß man Akte der vegetativen und sensitiven [Seele] in Embryonen findet noch bevor [der Embryo] vollkommen

ibi est virtus agens, et ubi virtus ibi substantia, ut videtur. Cum igitur vegetabilis et sensibilis prius adveniant quam rationalis, rationalis videtur esse accidens.

(7) Item, si specierum, quae per eandem divisionem exeunt a genere uno, una fuerit accidens, omnes erunt in genere accidentis; sed vegetabilis et sensibilis et rationalis per eandem divisionem exeunt ab hoc genere quod est anima; ergo si una est accidens, et reliquae erunt. Sed vegetabilis est accidens, quod probabo; ergo sensibilis erit accidens et rationalis similiter. Probatio: Quicquid est in composito praeter materiam et formam, est de accidentalibus; sed in homine materia est corpus et forma est anima rationalis; ergo vegetabilis et sensibilis erunt de accidentalibus.

(8) Praeterea, *quidam*[34] arguunt sic quod hoc ‚quod adest et abest praeter subiecti corruptionem, est accidens‘;[35] anima vegetabilis est talis; ergo est accidens. Mediam probant quod corpus arboris invenitur in ligno arido.

Sed in c o n t r a r i u m arguunt philosophi sic:

Constabulus in libro *De differentia spiritus et animae*:[36] ‚Quicquid recipit opposita, cum unum sit numero et immutabile in sui essentia, substantia est; sed anima rationalis recipit virtutes et vitia, cum sit una numero; ergo recipit opposita; est igitur substantia. Item, quicquid movet substantiam‘ secun-

---

[34] Fortasse: Claudian. Mamert., De statu an. I 21 (CSEL 11 p.72 v.2–p.76 v.9).

[35] Porph., Isag., transl. Boethii: Arist. Lat. I,6–7 p.20 v.7–8. Cf. Alb., Super Porph. De V univ. tr.7 c.2 (Ed. Paris. t.1 p.121a).

[36] Costa ben Luca, De differ. an. et spir. 3 (ed. Barach p.131).

ausgebildet ist. Und wo es einen Akt gibt, dort gibt es eine tätige Kraft; wo es aber eine Kraft gibt, dort gibt es auch eine Substanz, wie es scheint. Wenn also die vegetative und sinnenhafte Seele früher als die vernunftbegabte Seele hinzukommen, scheint die vernunftbegabte ein Akzidens zu sein.

(7) Ferner: Wenn eine der Wesensarten, die durch dieselbe Einteilung aus einer [und derselben] Gattung hervorgehen, Akzidens wäre, würden alle in der Gattung des Akzidens sein. Die vegetative, sinnenhafte und vernunftbegabte Seele aber gehen durch dieselbe Einteilung aus dieser Gattung, die die Seele ist, hervor. Folglich wenn eine Akzidens ist, werden es auch die übrigen sein. Die vegetative [Seele] ist aber Akzidens, was ich beweisen werde. Folglich wird auch die sinnenhafte [Seele] Akzidens sein und ähnlich die vernunftbegabte. Der Beweis: Was in Zusammengesetztem außer der Materie und Form ist, gehört zu den Akzidenzien. Im Menschen ist aber die Materie der Körper, und die Form ist die Vernunftseele. Folglich gehören die vegetative und die sinnenhafte Seele zu den Akzidenzien.

(8) Ferner: Manche argumentieren in der Weise, daß ,das, was an- oder abwesend ist, ohne daß das Zugrundeliegende vergeht, Akzidens ist.' Die vegetative Seele ist so beschaffen. Folglich ist sie Akzidens. Den Mittelbegriff beweisen sie [dadurch], daß man den Körper eines Baumes im trockenen Holz findet.

Dagegen argumentieren aber die Philosophen folgendermaßen:

Constabulus [sagt] im Buch *Über den Unterschied zwischen dem Geist und der Seele*: ,Was auch immer Gegensätzliches aufnimmt, während es der Zahl nach Eines ist und unveränderlich in seiner Wesenheit besteht, ist Substanz. Die Vernunftseele nimmt aber Tugenden und Laster auf, während sie der Zahl nach Eine bleibt; folglich nimmt sie Gegensätzliches auf; sie ist also Substanz. Ferner: Was auch immer eine

dum loca diversa, ‚est substantia; anima est talis; ergo est substantia.' Prima harum rationum probat quod anima rationalis est substantia; secunda quod etiam sensibilis.

Item, *Toletanus*:[37] ‚Quicquid est, aut est substantia aut accidens. Nihil autem quod adveniens constituit speciem substantiae et recedens destruit eandem, est accidens; quaelibet species animae adveniens constituit speciem plantae, animalis et hominis, et recedens destruit eandem; ergo quaelibet species animae est substantia.'

Item, *Avicenna*:[38] ‚Proprium subiectum animae impossibile est esse id quod est nisi per animam, et anima est causa unde est sic;' ergo anima dat actum et rationem specificam corpori in genere, quod est substantia; ergo est substantia.

Item, *omnes philosophi*[39] dicunt quod sit substantia ut forma animati corporis.

Item, accidens est quod cum sit in aliquo, non est in eo velut quaedam pars, et impossibile est esse sine eo, in quo est;[40] sed anima est in animato velut quaedam pars esse; ergo non est accidens.

Item, differentia constitutiva substantiae non sumitur ab actu vel potentia accidentis; sed vegetabile, sensibile, rationale sunt differentiae constitutivae substantiarum; ergo non sumuntur ab actu vel potentia accidentis, sumuntur autem a potentiis et actibus animae; ergo anima non est accidens.

---

[37] Dominic. Gundiss., De an. 2 (ed. Muckle p.37 v.13–16).

[38] Avic., Liber VI Nat. I 3 (ed. Van Riet p.58 v.35–36).

[39] Ex. gr. Arist., De an. II 1 (412a19–21). Alb., De an. Ed. Colon. t.7,1 p.64 v.55–56, p.66 v.9sqq. Avic., Liber VI Nat. I 3 (ed. Van Riet p.60 v.60–61).

[40] Cf. Porph., Isag., transl. Boethii: Arist. Lat. I,6–7 p.20 v.13–15. Alb., De V univ. tr.7 c.3 (Ed. Paris. t.1 p.123b–124b).

Substanz hinsichtlich verschiedener Orte bewegt, ist Substanz. Die Seele ist so beschaffen. Folglich ist sie Substanz.‘ Das erste dieser Argumente beweist, daß die Vernunftseele Substanz ist; das zweite, daß auch die sinnenhafte [Seele Substanz ist].

Ferner: Toletanus [sagt]: ‚Was auch immer ist, ist entweder Substanz oder Akzidens. Nichts jedoch, was durch sein Hinzutreten die Wesensart der Substanz konstituiert und durch sein Zurücktreten diese zerstört, ist Akzidens. Jede beliebige Wesensart der Seele konstituiert durch ihr Hinzutreten die Wesensart der Pflanze, des Sinnenwesens und des Menschen und zerstört dieselbe durch ihr Zurücktreten. Folglich ist jede beliebige Wesensart der Seele Substanz.‘

Ferner: Avicenna [sagt]: ‚Das eigentümliche Zugrundeliegende der Seele kann das, was es ist, nur durch die Seele sein; und die Seele ist die Ursache, woher es so ist.‘ Folglich verleiht die Seele dem Körper den Akt und die spezifische Wesensbestimmtheit in der Gattung, welche die Substanz ist; folglich ist [sie] Substanz.

Ferner: Alle Philosophen sagen, daß sie als Form des belebten Körpers Substanz ist.

Ferner: Akzidens ist [das], was, wenn es in einem Etwas ist, in diesem nicht als irgendein Teil ist, und es ist unmöglich, daß es ohne dasjenige besteht, in dem es ist. Die Seele ist aber im Lebewesen wie ein gewisser Teil des Seins. Folglich ist sie kein Akzidens.

Ferner: Die begründende Differenz der Substanz wird nicht vom Akt oder Vermögen des Akzidens abgeleitet. Vegetatives, Sinnenhaftes und Vernunftbegabtes sind aber die begründenden Differenzen der Substanzen. Folglich werden sie nicht vom Akt oder Vermögen des Akzidens abgeleitet; sie werden aber von den Vermögen und Akten der Seele abgeleitet. Folglich ist die Seele kein Akzidens.

Quod concedimus dicentes quod anima est in triplici consideratione,[41] scilicet rationis et rei. Rationis, secundum quod accipitur ut universale et particulare, et sic est in consideratione logici. Rei autem duobus modis, scilicet secundum quod habet esse in natura, et sic est in consideratione naturalis philosophi; et secundum quod est substantia non comparata ad corpus generabile et corruptibile, et sic considerat de ipsa primus philosophus. Loquendo autem naturaliter et secundum esse non quaeruntur principia, quae sunt genus et differentia, haec enim sunt principia cognitionis et non esse, nec ipsa hoc modo est species in natura, sed pars speciei, et idcirco rationes, quae quaerunt substantiam ut genus de ipsa, quod per differentias contrahitur, logicae sunt et transcendentes.

Si autem accipitur in ratione universalis et particularis, tunc adhuc duobus modis potest accipi, scilicet ut species, et sic improprie sumetur et vane, quia species non est, licet *quidam*[42] aliter dicant; vel ut differentia, et sic magis proprie sumetur, sicut differentiam unam dicimus vegetabile, aliam sensibile, aliam rationale, et anima hoc modo sumpta, logice scilicet, non differt proprie loquendo ab hac differentia ,animatum esse' nisi tantum in nomine. Aliter enim oporteret dicere quod anima esset species constituta, quod non est

---

[41] Cf. Arist., De an. I 1 (403a27–b16). Alb., De an. Ed. Colon. t.7,1 p.11 v.78, p.13 v.73–83.66–p.14 v.76.

[42] Cf. Alb., De an. Ed. Colon.t.7,1 p.8 v.5–15: Plato.

[Lösung:] Wir geben das zu, indem wir sagen, daß die Seele in dreifacher Weise zu betrachten ist, nämlich [hinsichtlich] des Begriffs und der Sache. [Hinsichtlich] des Begriffs, insofern sie wie ein Allgemeines oder Besonderes aufgefaßt wird, und so ist sie Gegenstand der Betrachtung des Logikers. [Hinsichtlich] der Sache hingegen wird sie auf zweifache Weise betrachtet, nämlich insofern sie ein Sein in der Natur hat, und so ist sie Gegenstand der Betrachtung des Naturphilosophen; und insofern sie Substanz ohne ihren Bezug zum entstehbaren und vergänglichen Körper ist, und so betrachtet sie der Metaphysiker. Redet man aber auf natürliche Weise und gemäß dem Sein, wird nicht nach den Prinzipien gefragt, welche Gattung und Differenz sind, diese sind nämlich Prinzipien der Erkenntnis und nicht des Seins, und sie selbst [d.h. die Seele] ist nicht auf diese Weise eine Wesensart in der Natur, sondern ein Teil der Wesensart. Und deshalb sind Überlegungen, die von ihr selbst die Substanz als Gattung erfragen, die durch Differenzen zusammengezogen wird, logischer Art und [die natürliche Redeweise] überschreitend.

Faßt man aber die Seele unter dem Begriff des Allgemeinen und Besonderen auf, dann kann sie noch weiter auf zweifache Weise betrachtet werden, nämlich als Wesensart; und auf diese Weise wird sie in uneigentlichem Sinne und inhaltsleer aufgefaßt werden, weil sie keine Wesensart ist, obwohl manche anders behaupten. Oder sie wird als Differenz aufgefaßt; und auf diese Weise wird sie in eigentlicherem Sinne aufgefaßt werden, so wie wir die eine Differenz ‚Vegetatives‘, die andere ‚Sinnenhaftes‘ [und] die andere ‚Vernunftbegabtes‘ nennen. Die auf diese Weise, im logischen Sinne nämlich, aufgefaßte Seele unterscheidet sich nicht in der eigentlichen Redeweise von der Differenz ‚belebt sein‘ außer nur dem Namen nach. Denn andernfalls müßte man sagen, daß die Seele die konstituierte Wesensart sei, was nicht

verum, sed est potius differentia constituens, si logice sumitur, et genus hoc modo loquendo secundum diversum modum praedicatur de anima et animali et rationali et homine, sicut diversimode praedicatur de specie et differentia. De specie enim praedicatur ut de composito, in quo est genus actu; de differentia autem non sic, quia differentia simplex est, sed reducitur praedicatio illa per similitudinem ad praedicationem subiecti de passione, licet non omnino sit idem modus praedicandi, quia passio est de genere accidentium, sed non differentia. Sed si quis vellet omnino illum modum praedicandi exprimere, diceret quod genus praedicatur de differentia sicut potentia indeterminata formalis de actu, qui agente intellectu eductus est de ipsa.

(1) Et per hoc patet solutio ad primum, quia anima non est species in genere substantiae, sed differentia. Si autem aliquis dixerit quod est species et dividitur divisione generis subalterni in vegetabilem et sensibilem et rationalem, ille non loquitur nisi ad similitudinem eorum quae sunt species per se existentes. Et patet quod anima non est secundum hunc modum, et ideo talis intellectus de anima error est, etiamsi logice loquamur de ipsa.

(2) Ad aliud dicendum, ut habitum est, quod anima non est species, sed differentia, et ideo constituit speciem.

wahr ist, sondern sie ist – wenn man sie im logischen Sinne auffaßt – vielmehr die konstituierende Differenz, und in dieser Redeweise wird die Gattung auf unterschiedliche Weise von der Seele, vom Sinnenwesen, vom vernunftbegabten Wesen und vom Menschen ausgesagt, so wie sie auf unterschiedliche Weise von der Wesensart und Differenz ausgesagt wird. Von der Wesensart wird sie nämlich so wie von einem Zusammengesetzten ausgesagt, in dem die Gattung der Wirklichkeit nach ist. Von der Differenz wird sie hingegen auf diese Weise nicht ausgesagt, weil die Differenz einfach ist, sondern diese Aussage wird auf Grund der Ähnlichkeit auf die Aussage des Zugrundeliegenden in bezug auf die Affektion zurückgeführt, wenngleich die Aussageweise nicht gänzlich dieselbe ist, weil die Affektion zur Gattung der Akzidenzien gehört, die Differenz aber nicht. Wenn jemand dennoch diese Aussageweise im ganzen zum Ausdruck bringen wollte, könnte er sagen, daß die Gattung von der Differenz wie ein unbestimmtes formales Vermögen von einem Akt ausgesagt wird, der durch den tätigen Intellekt aus eben diesem Vermögen heraus ausgeführt worden ist.

(1) Dadurch ist auch die Lösung der ersten Frage offenkundig, weil die Seele nicht Wesensart in der Gattung der Substanz ist, sondern Differenz. Wenn aber jemand behauptet hätte, die Seele sei die Wesensart und werde durch die Unterscheidung der untergeordneten Gattung in vegetative, sinnenhafte und vernunftbegabte eingeteilt, dann hätte er hierüber nur gemäß der Ähnlichkeit mit dem gesprochen, was durch sich selbst existierende Wesensart ist. Es ist aber offenkundig, daß die Seele nicht auf diese Weise ist, und daher ist ein solches Verständnis der Seele ein Irrtum, auch wenn wir von ihr im logischen Sinne reden.

(2) Zum anderen ist zu sagen, wie dargelegt, daß die Seele nicht Wesensart, sondern Differenz ist, und deshalb konstituiert sie die Wesensart.

Ad aliud dicendum quod cum dividitur substantia in substantiam corpoream et incorpoream, non accipitur anima ut constituta per differentiam, quae est incorporea, quia sic acciperetur ut species, sed potius cum dividitur corpus per animatum et inanimatum, accipitur anima ut differentia corporis divisi, et non differt a differentia illa, nisi quod sub hoc nomine anima significatur ut forma naturalis, quae est forma partis, scilicet materiae, quae non praedicatur de parte vel toto. Sub animato autem significatur ut forma totius de toto praedicabilis; nihilominus tamen haec forma quae est differentia, abstrahitur a toto secundum potentiam inventam in parte, scilicet in anima.

(3) Per hoc etiam patet solutio ad tertium, quia anima loquendo logice est differentia remoti generis, quae collecta cum aliis differentiis minus communibus constituit species ultimas.

(4) Ad aliud dicendum quod aliud est principium quantitatis secundum rationem continui vel discreti, et aliud est principium quantitatis secundum esse quod habet in quanto et in natura. Primo enim modo principium quantitatis est indivisibile; continuum enim non continuatur ad continuum, quia sic iretur in infinitum; sed continuum continuatur ad terminum continui, et primus terminus continui est punctus. Similiter discretum ratione discreti non colligitur ex divisibilibus, sed ex unitatibus, et unitas est indivisibilis. Quantitas

Zum andern muß man sagen, daß wenn zwischen einer körperlichen und unkörperlichen Substanz unterschieden wird, die Seele nicht als durch die Differenz, die unkörperlich ist, konstituiert, aufgefaßt wird, weil sie auf diese Weise als Wesensart verstanden würde. Vielmehr wird die Seele, wenn zwischen einem belebten und unbelebten Körper unterschieden wird, als die Differenz des so unterschiedenen Körpers aufgefaßt, und diese unterscheidet sich nicht von jener Differenz, es sei denn, daß mit diesem Namen die Seele als natürliche Form bezeichnet wird, welche die Form eines Teils ist, nämlich der Materie, die weder von einem Teil noch vom Ganzen ausgesagt wird. Mit dem Namen ‚Belebtes' wird hingegen [die Seele] als Form eines Ganzen bezeichnet, die von einem Ganzen aussagbar ist. Nichtsdestoweniger wird dennoch diese Form, welche die Differenz ist, vom Ganzen gemäß dem im Teil, nämlich in der Seele, aufgefundenen Vermögen abstrahiert.

(3) Dadurch ist auch die Lösung zum dritten Einwand offenkundig, weil im logischen Sinne gesprochen die Seele die Differenz der entfernten Gattung ist, die zusammengefaßt mit anderen weniger allgemeinen Differenzen die letzten Wesensarten konstituiert.

(4) Zum Anderen muß man sagen, daß ein anderes das Prinzip der Größe gemäß dem Begriff des Kontinuierlichen oder des Diskreten ist, und ein anderes das Prinzip der Größe gemäß dem Sein, das es in der Größe und in der Natur hat. In der ersten Weise nämlich ist das Prinzip der Größe ein Unteilbares. Kontinuierliches wird nämlich nicht zum Kontinuierlichen fortgeführt, denn so würde man ins Unendliche gehen, sondern es wird bis zur Grenze des Kontinuierlichen fortgesetzt, und die erste Grenze des Kontinuierlichen ist der Punkt. Ähnlich wird Diskretes gemäß dem Begriff des Diskreten nicht aus Teilbarem, sondern aus Einheiten zusammengebracht, und die Einheit ist unteilbar. Die Größe

autem secundum suum esse, quod habet in quanto, principia habet perfectum et imperfectum, inter quae est motus augmenti et diminutionis, et acquiritur vel perditur ex additione vel subtractione ad magnitudinem praeexistentis, quod augetur vel minuitur. Loquendo tamen proprie de anima dicimus ipsam esse substantialem formam, quae constituit id cuius est forma secundum esse et rationem specificam.

(5) Ad id autem quod contra hoc est, dicendum quod in corpore organico nulla forma specifica est ante animam. Caro enim non est caro nisi per hoc quod est medium in sensu tactus. Similiter nervus non est nervus nisi per hoc quod est organum animae influentis per ipsum corpori sensum et motum. Similiter vena non est vena nisi in quantum est organum nutritivae deportantis in ipsa sanguinem ad nutrimentum membrorum corporis; et sic est de aliis membris similibus et dissimilibus. Et haec ratio plenius *supra* expedita est in *quaestione de materia*.[43]

(6) Ad aliud dicendum quod vegetabilis et sensibilis, quae sunt in homine, nec sunt in eo ut formae substantiales nec ut formae accidentales, sed ut potentiae et virtutes formae substantialis quae est anima rationalis, et ideo non sunt mediae inter corpus et illam. Similiter dicimus de vegetabili quae est in brutis. Huius autem dicti causa *infra*[44] explanabitur, ubi quaeretur, utrum anima vegetabilis, sensibilis et rationalis in homine sit anima una in substantia.

---

[43] Alb., De IV coaeq. tr.1 q.2 a.2 (Ed. Paris. t.34 p.323a–p.325b).
[44] Alb., De homine: Ann Arbor 201 f.15ra–16rb.

hingegen gemäß ihrem Sein, das sie in einer Menge hat,
hat als Prinzipien Vollkommenes und Unvollkommenes,
zwischen denen [quantitative] Bewegung der Zu- und Ab-
nahme stattfindet; und die Größe wird erworben oder ver-
loren durch Hinzufügung zur Größe des bereits Vorhande-
nen oder durch Wegnahme [von der Größe des Vorhan-
denen], welches vergrößert oder verringert wird. Dennoch
in der eigentlichen Redeweise über die Seele nennen wir
sie Substantialform, die dasjenige konstituiert, dessen Form
sie ist gemäß dem Sein und der spezifischen Wesensbestimmtheit.

(5) Zu dem aber, was diesbezüglich entgegengehalten wird,
muß man sagen, daß es im organischen Körper vor der Seele
keine andere wesensspezifische Form gibt. Denn Fleisch ist
nur dadurch Fleisch, weil es Medium des Tastsinns ist; ähnlich ist der Nerv nur dadurch Nerv, weil er Organ der Seele
ist, durch welches sie dem Körper Sinnesvermögen und Bewegung einflößt. Ähnlich ist die Vene nur insofern Vene, als
sie das Organ der ernährenden Kraft ist, die in ihr selbst (d.h.
in der Vene) das Blut zur Nahrung der Körperglieder beför-
dert. Gleiches gilt in bezug auf andere ähnliche und unähnli-
che [Körper-]Glieder. Und diese Argumentation ist oben in
der Abhandlung *Über die Materie* ausführlicher dargelegt
worden.

(6) Zum anderen ist zu sagen, daß die vegetative und die
sinnenhafte Kraft, die dem Menschen eignen, in ihm weder
als substantiale noch als akzidentelle Formen sind, sondern
als Vermögen und Kräfte der substantialen Form, welche die
Vernunftseele ist, und deshalb sind sie kein Mittleres zwischen
dem Leib und ihr. In ähnlicher Weise sprechen wir von der
vegetativen Seele, die den Tieren eignet. Der Grund dieser
Aussage wird unten erörtert werden, wo untersucht werden
wird, ob die vegetative, sinnenhafte und vernunftbegabte
Seele im Menschen eine in der Substanz einzige Seele ist.

(7) Per hoc etiam patet solutio ad sequens.

(8) Ad ultimum dicendum quod lignum aridum non est arbor, sicut nec asinus mortuus est asinus vel animal nisi aequivoce.

(7) Dadurch ist die Lösung des nächsten Fragepunktes offenkundig.

(8) Zum letzten ist zu sagen, daß trockenes Holz kein Baum ist, sowie ein toter Esel kein Esel oder Lebewesen, es sei denn im äquivoken Sinne gesprochen.

[H.A.]

Consequenter accedendum est ad diffinitiones Aristotelis. In quibus tria consideranda sunt. Quorum primum est de tribus diffinitionibus quas ponit; secundum, qualiter una illarum sit ut principium quod est medium in demonstratione, et aliae ut conclusio demonstrationis; tertium, secundum quem modum per diffinitiones suas contingit cognoscere accidentia animae et ita non esse dialecticas et vanas.

Circa primum quaeruntur tria. Quorum primum est de diffinitione faciente cognoscere substantiam animae secundum quod ipsa est entelechia vel actus corporis secundum de diffinitione faciente cognoscere substantiam eius secundum quod ipsa est ratio corporis; tertium de diffinitione faciente cognoscere animam secundum quod ipsa est natura corporis organici.

Ponamus ergo diffinitionem animae, quae ponitur in *secundo De anima* in principio, ubi sic dicit *Philosophus*:[45] ,Anima est primus actus corporis physici potentia vitam habentis. Huiusmodi autem est quodcumque organicum.'

Quaeratur ergo primo, quomodo anima sit actus; secundo, quomodo primus; tertio, quomodo corporis physici; quarto, quomodo potentia vitam habentis; quinto, quomodo huiusmodi est quodcumque organicum, et utrum hoc sit de diffinitione.

---

[45] Arist., De an. II 1 (412a27–28); transl. vetus: Alb., De an. Ed. Colon. t.7,1 p.66 v.91, p.67 v.64.37–p.68 v.38.

Im folgenden wollen wir an die Definitionen des Aristoteles herangehen. Bei ihnen gilt es, dreierlei zu betrachten: Der erste Punkt befaßt sich mit den drei Definitionen, die Aristoteles aufstellt; der zweite, wie eine der drei Definitionen als Prinzip genommen werden kann, das den Mittelbegriff im Beweisverfahren abgibt, und die anderen als Schluß des Beweises; der dritte, auf welche Weise die Akzidenzien der Seele durch ihre Definitionen erkannt werden können, ohne daß diese Definitionen dialektisch und inhaltsleer sind.

Zum ersten Punkt ergeben sich drei Fragen: eine erste bezüglich der Definition, die die Substanz der Seele als Entelechie oder Akt des Körpers zu erkennen gibt; eine zweite bezüglich der Definition, die ihre Substanz als Wesensbestimmung des Körpers kenntlich macht; eine dritte bezüglich der Definition, die die Seele als Natur eines organischen Körpers erschließt.

Wir wollen also bei der Definition der Seele ansetzen, die zu Beginn des zweiten Buches *Über die Seele* gegeben wird, wo der Philosoph so sagt: ,Die Seele ist der erste Akt eines physischen Körpers, der dem Vermögen nach Leben hat. Von solcher Art aber ist alles Organische.‘

Es muß also erstens untersucht werden, auf welche Weise die Seele Akt ist; zweitens, auf welche Weise erster Akt; drittens, auf welche Weise [erster Akt] eines physischen Körpers; viertens, auf welche Weise [erster Akt eines physischen Körpers, der] dem Vermögen nach Leben hat; fünftens, auf welche Weise von solcher Art jedwedes Organische ist, und ob dies zur Definition gehört.

1. *Quomodo anima sit actus*

Ad primum proceditur sic:

(1) Dicit *Avicenna* in *VI De naturalibus*[46] quod anima est perfectio prima corporis physici etc. Ergo videtur quod perfectio et actus idem sint.

(2) Ita enim dicit *Averroes Super librum De anima*.[47] Entelechia enim in Graeco actum vel perfectionem sonat in Latino.

Sed videtur quod anima non sit perfectio.

(3) Omnis enim perfectio fundatur in perfecto nec habet esse nisi in illo; ergo si anima erit perfectio, esse suum non habebit nisi in corpore, cuius est perfectio; hoc autem non convenit omni animae, quia non convenit animae rationali; ergo male ponitur ut diffinitivum ipsius animae. Probatio primae est ex ratione perfectionis, perfectio enim est alicuius perfectio, non autem nisi perfecti, et ita patet quod non habet esse nisi in illo, si substantiale est ei perfectionem esse, sicut omni ei perfectio substantiale est, in cuius cadit diffinitionem.

(4) Item, *Philosophus* in *XI Metaphysicae primo capitulo*[48] dicit quod formae quae sunt perfectiones naturales, simul sunt cum materia nec praecedunt eam nec sequuntur tempore. Si igitur anima sic est perfectio naturalis corporis, videtur quod ipsa secundum nullam sui partem separabilis sit a materia, quod falsum est.

(5) Praeterea, quicquid substantiale est alicui, sine illo non est esse ipsius; sed quicquid diffinitivum est alicuius, est sub-

---

[46] Avic., Liber VI Nat. I 1 (ed. Van Riet p.29 v.61–63).

[47] Averr., De an. II comm. 6 (CCAA VI,1 p.137 v.9sqq.).

[48] Arist., Metaph. XII 3 (1070a13–18); Metaph. nova XI text. comm. 14 (Venetiis 1560 f.322vD). Cf. Alb., Metaph. Ed. Colon. t.16 p.471 v.81–83.68–p.472 v.12.

1. Auf welche Weise ist die Seele Akt?

In bezug auf den ersten Punkt gehen wir folgendermaßen vor:

(1) Avicenna sagt im *Sechsten Buch von den Naturdingen*, ,die Seele sei die erste Vollendung des physischen Körpers,' usw. Folglich scheint es, daß Vollendung und Akt dasselbe sind.

(2) So nämlich sagt Averroes im *Kommentar zur Seelenschrift*. Das griechische ,Entelechie' lautet denn im Lateinischen ,Akt' oder ,Vollendung.'

Es scheint aber, daß die Seele nicht Vollendung ist.

(3) Jede Vollendung gründet nämlich in einem Vollendeten und hat nur in ihm Sein. Wenn folglich die Seele Vollendung wäre, hätte sie ihr Sein nur in einem Körper, dessen Vollendung sie ist. Das trifft aber nicht auf jede Seele zu, denn es trifft nicht auf die Vernunftseele zu. Folglich ist ,Vollendung' als Definitionsbestimmung dieser Seele schlecht gewählt. Der Beweis der ersten Prämisse geht aus dem Begriff ,Vollendung' hervor. Vollendung bedeutet nämlich Vollendung von etwas, und zwar von nichts anderem als einem Vollendeten. Und so ist offenkundig, daß die Seele nur in jenem [nämlich dem Vollendeten] Sein hat, wenn es für sie substanziell ist Vollendung zu sein – so wie Vollendung für all substanziell ist, in dessen Definition sie fällt.

(4) Ferner: Der Philosoph sagt im elften Buch der *Metaphysik*, Kap.1, daß die Formen, welche natürliche Vollendungen sind, gleichzeitig mit der Materie auftreten und ihr zeitlich weder vorausgehen noch folgen. Wenn also die Seele eine solche natürliche Vollendung des Körpers ist, scheint es, daß sie in keinem ihrer Teile von der Materie getrennt werden kann, was falsch ist.

(5) Außerdem: Was auch immer für eine Sache substanziell ist, ohne jenes gibt es nicht das Sein dieser Sache. Was aber zur Definitionsbestimmung einer Sache gehört, ist für sie sub-

stantiale illi; ergo sine eo non erit esse ipsius. Sed animae diffinitivum est perfectionem corporis esse; ergo sine eo non erit esse ipsius animae, et ita anima non erit nisi sit perfectio corporis. Si forte diceretur quod non est diffinitio ista, sed potius descriptio per accidentalia, contra hoc erit quod dicit *Philosophus*[49] quod haec diffinitio substantia animae est. Si forte diceretur quod hoc non est commune omni animae, iterum occurrit textus *Aristotelis*[50] sic dicentis: ‚Si autem aliquod commune quidem in omni anima oportet dicere, erit itaque anima actus corporis physici organici.‘

(6) Praeterea, perfectio non videtur esse bene positum in diffinitione. Dicit enim *Avicenna*[51] quod quaedam perfectio rei est extrinseca, quaedam autem intrinseca. Extrinseca, sicut faber lignarius est perfectio domus et navis; intrinseca vero, sicut forma domus et forma navis. Similiter in *V Metaphysicae*[52] distinguitur perfectum multis modis. Ergo videtur in diffinitione animae non debere poni nisi determinatum.

(7) Item, quicquid est diffinitivum alicuius, convenit omni parti diffiniti secundum diffinitionem unam. Ergo si anima est perfectio vel actus corporis, quaelibet pars illius actus vel perfectio erit alicuius corporis. Cuius contrarium dicit *Philosophus* in *littera*,[53] scilicet quod intellectus nullius corporis est actus.

(8) Praeterea dicit *Philosophus*,[54] ubi venatur istam diffini-

---

[49] Arist., De an. II 1 (412a6sqq.). Cf. Alb., De an. Ed. Colon. t.7,1 p.64 v.48sqq., v.32sqq.

[50] Arist., De an. II 1 (412b4–6). Cf. Alb., De an. Ed. Colon. t.7,1 p.67 v.65–66, p.68 v.54–58.

[51] Avic., Liber VI Nat. I 1 (ed. Van Riet p.19 v.27–p.20 v.33).

[52] Arist., Metaph. V 16 (1021b12–1022a3). Cf. Alb., Metaph. Ed. Colon. t.16 p.271 v.71.30sqq.

[53] Arist., De an. II 1 (413a4–7); cf. ibid. c.2 (413b24–27). Alb., De an. Ed. Colon. t.7,1 p.69 v.86–88.71–p.70 v.60, p.76 v.79–80.6–9, p.37 v.35–36; De homine: Ann Arbor 201 f.66rb.

[54] Arist., De an. II 1 (412a6–10). Cf. Alb., De an. Ed. Colon. t.7,1 p.64 v.48–51.32–p.65 v.2.

stanziell. Folglich wird es ohne dies nicht das Sein der Sache geben. Zur Definitionsbestimmung der Seele aber gehört es, daß sie Vollendung des Körpers ist, folglich wird es ohne diesen kein Sein dieser Seele geben, und demnach wird es die Seele nicht geben, wenn sie nicht Vollendung des Körpers ist. Wenn möglicherweise eingewendet würde, daß das keine Definition, sondern eher eine Beschreibung mittels akzidenteller Eigenschaften sei, dann steht dagegen, was der Philosoph sagt, nämlich daß diese Definition die Substanz der Seele ausmacht. Wenn möglicherweise eingewendet würde, daß dies nicht etwas jeder Seele Gemeinsames ist, steht dem wiederum der Text des Aristoteles entgegen, der sagt: ‚Wenn man aber irgend etwas für jede Seele Gemeinsames sagen soll, dann wird also die Seele Akt des physischen, organischen Körpers sein.‘

(6) Außerdem: ‚Vollendung‘ scheint in der Definition nicht gut verwendet zu sein. Avicenna sagt nämlich, daß manche Vollendung einer Sache von außen her ist, manche aber von innen her. Von außen her: wie der Zimmermann für das Haus und das Schiff die Vollendung darstellt; von innen her: wie die Form des Hauses und die Form des Schiffs. Ähnlich wird im fünften Buch der *Metaphysik* das Vollendete auf vielerlei Weise unterschieden. Folglich darf in der Definition der Seele [der Begriff] ‚Vollendung‘ anscheinend nur dann verwendet werden, wenn er genau bestimmt ist.

(7) Ferner: Alles, was Definitionsbestimmung einer Sache ist, kommt jedem Teil des Definierten nach Maßgabe einer einzigen Definition zu. Wenn folglich die Seele Vollendung oder Akt des Körpers ist, wird jeglicher Teil von ihr Akt oder Vollendung irgendeines Körpers sein. Das Gegenteil hiervon behauptet der Philosoph wörtlich, daß nämlich der Intellekt von keinem Körper Akt ist.

(8) Außerdem sagt der Philosoph an einer Stelle, wo er mittels Einteilung auf diese Definition aus ist: ‚Wir wollen

tionem per divisionem sic: ‚Dicamus esse quoddam genus eorum quae sunt, substantiam, huius autem aliud quidem sicut materiam, quod secundum se non est hoc aliquid, alterum autem formam et speciem, secundum quam iam dicitur hoc aliquid, et tertium quod est compositum ex ipsis. Est autem materia quidem potentia, species vero entelechia, idest actus.' Cum igitur anima secundum eum sit forma, quare non dicit ‚anima est forma prima corporis' potius quam ‚anima est actus primus'?

(9) Praeterea obicit *Gregorius Nixenus*[55] contra hoc quod anima dicitur entelechia vel actus sive forma sic: Nulla species separatim susceptiva est contrariorum; anima separatim suscipit contraria; ergo anima non est species vel actus. Veritas primae patet per *Boethium* in libro *De trinitate*,[56] ubi dicit: ‚Formae subiectum esse non possunt, nam quod ceterae formae a separatis subiectae accidentibus sunt, ut humanitas, non ita accidentia suscipit in eo quod ipsa est, sed in eo quod materia sibi subiecta est.' Veritas secundae habetur ex hoc quod habitus virtutum et scientiarum, similiter autem et malarum dispositionum in errore et vitio sunt in anima per se, praeter hoc quod sint in corpore.

(10) Praeterea, cum anima sit vis et potentia quaedam quae operatur in organis corporis, videtur potius debere diffiniri per nomem virtutis vel potentiae quam per nomen actus.

---

[55] Nemes. Emes., De nat. hom. c.2 (ed. Morani p.28 v.5–12); transl. Burg. c.2 (ed. Verbeke-Moncho p.37 v.19–p.38 v.27).

[56] Boeth., De trin. II (ed. Stewart-Rand-Tester p.10 v.43–44, p.12 v.45–46).

sagen, daß eine bestimmte Gattung der Seienden Substanz
ist; an ihr läßt sich einerseits so etwas wie Materie feststellen,
was für sich betrachtet kein bestimmtes Etwas ausmacht,
andererseits aber Form und Artgestalt, in bezug auf die sich
bereits ein bestimmtes Etwas aussagen läßt, und drittens das,
was aus diesen zusammengesetzt ist. Es ist aber die Materie
Vermögen, die Artgestalt dagegen Entelechie, das heißt Akt.'
Wenn also nach Aristoteles die Seele Form ist, weshalb sagt er
nicht ‚Die Seele ist die erste Form des Körpers‘ statt ‚Die
Seele ist der erste Akt‘?

(9) Außerdem hält Gregorius Nixenus der Auffassung, die
die Seele als Entelechie oder Akt bzw. Form bezeichnet, folgendes entgegen: Keine Wesensart kann für sich genommen
Gegensätzliches aufnehmen. Die Seele nimmt für sich genommen Gegensätzliches auf. Folglich ist die Seele nicht
Wesensart oder Akt. Die Wahrheit der ersten Prämisse ist
evident durch Boethius, bei dem es im Buch *Über die Tri-
nität* heißt: ‚Die Formen können nicht Subjekt sein, denn
obschon – abgesehen von den für sich genommenen – die
übrigen Formen den Akzidenzien als Grundlage dienen, wie
zum Beispiel die «Menschheit», so nimmt die Form die Akzidenzien nicht in der Hinsicht auf, daß sie selbst es ist, sondern
in der Hinsicht, daß ihr Materie zugrundeliegt.‘ Die Wahrheit
der zweiten Prämisse kann daraus ersehen werden, daß die
Habitus von Tugenden und Wissenschaften, ähnlich aber
auch die der schlechten Dispositionen bei Irrtum und Laster,
von sich aus in der Seele sind, abgesehen davon, ob sie im
Körper sind.

(10) Außerdem: Da die Seele eine Kraft und ein gewisses
Vermögen darstellt, das in den Organen des Körpers tätig ist,
scheint man sie eher über den Begriff der Wirkkraft oder des
Vermögens definieren zu müssen als über die Bezeichnung
‚Akt‘.

(11) Praeterea, actus et perfectio videntur habere quandam differentiam; sicut enim omnis motus est a movente, ita et actus ab agente videtur esse. Et determinemus etiam actum ad esse et non ad operari, tunc enim videtur actus esse perfectum dicere, perfectio autem id a quo est illud, sicut expresse innuit *Philosophus*[57] in verbo illo ubi dicit quod forma est substantia, secundum quam materia sive potentia est hoc aliquid. Ergo videtur quod actus non bene exponatur per perfectionem. Est enim actus esse quod est a perfectione in eo quod est perfectum.

(12) Praeterea, obicit *Gregorius Nixenus*[58] quod omne quod diffinitur, ab optimo sui debet diffiniri. Si igitur anima diffinitur ab Aristotele, debet diffiniri ab anima rationali. Ipse autem diffinit ab infimo, quod est pars vegetabilis. Veritas primae accipitur ab ipso *Aristotele* in *secundo De anima*,[59] ubi dicit quod ,appellari a fine iustum est.‘ A quo autem ponitur nomen, ab eodem necesse est dari diffinitionem, quia diffinitio est ipsius nominis, ut dicit *Aristoteles* in *Topicis*,[60] idem enim est nomine idem et diffinitione idem. Quod autem ipse diffiniat ab anima vegetabili animam, patet in *principio secundi De anima*,[61] ubi venatur diffinitionem gratia istius membri quod est ,potentia vitam habentis,‘ ubi dicit: ,Vitam autem dicimus secundum ipsum alimentum, augmentum et nutrimentum‘.[62]

(13) Item, nihil dictum aequivoce de speciebus alicuius est

[57] Arist., l. c.

[58] Nemes. Emes., De nat. hom. 2 (ed. Morani p.27 v.12–14); transl. Burg. c.2 (ed. Verbeke-Moncho p.37 v.1–2).

[59] Arist., De an. II 4 (416b23–24). Cf. Alb., De an. Ed. Colon. t.7,1 p.94 v.99.49–51.

[60] Arist., Top. VI 1 (139a25–27). Cf. Alb., Top. l.6 tr.1 c.1 (Ed. Paris. t.2 p.430a); Metap. Ed. Colon. t.16 p.359 v.31–33, p.396 v.27.

[61] Arist., De an. II 1 (412a14–15). Cf. Alb., De an. Ed Colon t.7,1 p.64 v.53, p.65 v.82–85.

[62] nutrimentum] detrimentum *Arist. Lat.*

(11) Außerdem: Akt und Vollendung scheinen einen gewissen Unterschied zu haben. Wie nämlich jede Bewegung von einem Bewegenden herrührt, so scheint auch der Akt von einem Agens herzurühren. Und wollten wir auch den Akt auf das Sein hin bestimmen und nicht auf das Tätigsein, dann scheint ‚Akt‘ ein Vollendetsein zu bezeichnen, ‚Vollendung‘ aber das, von dem jenes Vollendetsein herrührt, wie es auch der Philosoph ausdrücklich in jenem Wort andeutet, wo er sagt, daß die Form Substanz ist, gemäß der die Materie bzw. das Vermögen dieses bestimmte Etwas ist. Folglich scheint es, daß ‚Akt‘ nicht gut mit ‚Vollendung‘ erklärt werden kann; es ist der Akt nämlich ein Sein, das in Hinsicht darauf, daß es vollendet ist, von einer Vollendung herrührt.

(12) Außerdem hält Gregorius Nixenus entgegen, daß alles, was definiert wird, von seinem Besten her definiert werden muß. Wenn demnach Aristoteles die Seele definiert, muß sie von der Vernunftseele her definiert werden. Er definiert sie aber gerade vom Untersten, nämlich dem vegetativen Seelenteil, her. Die Wahrheit der ersten Prämisse kann man dem Aristoteles selbst entnehmen, wenn er im zweiten Buch *Über die Seele* sagt, es sei ‚recht, daß eine Sache vom Ziel her benannt werde.‘ Von wo aber der Name genommen wird, von dem her muß auch die Definition gegeben werden; denn die Definition bezieht sich ja auf den Namen, wie Aristoteles in der *Topik* sagt: Dasselbe ist es, was dem Namen und der Definition nach identisch ist. Daß er aber die Seele von der vegetativen Seele her definiert, geht aus dem Anfang des zweiten Buchs *Über die Seele* hervor. Dort ist Aristoteles mittels dieses Bestimmungsmomentes ‚dem Vermögen nach Leben habend‘ auf eine Definition [der Seele] aus und sagt: ‚Mit Leben aber meinen wir selbständige Nahrungsaufnahme, Wachstum und [Abnahme].‘

(13) Ferner: Nichts, was äquivok über [verschiedene] Arten einer Sache ausgesagt wird, gehört zur Definitionsbestim-

diffinitivum ipsius; actus aequivoce dicitur de vegetabili, sensibili et rationali; ergo non bene ponitur diffinitivum animae. Veritas primae est in *VI Topicorum*.[63] Secundam autem expresse dicit *Averroes* in *Commento*.[64]

(14) Praeterea dicit *Gregorius Nixenus*[65] quod ‚Aristoteles animam entelechiam dicens nullo minus concordat cum his qui qualitatem eam dicunt'; ergo videtur quod anima, si est actus, quod sit qualitas.

(15) Item, *Gregorius Nixenus*[66] dicit quod secundum Aristotelem oportet, ‚ut neque sine corpore numquam sit anima neque corpus sine anima'; hoc autem inconveniens.

(16) Praeterea, hoc idem videtur per rationem. Quaecumque enim se invicem diffiniunt, horum unum non est sine alio; anima et corpus se invicem diffiniunt secundum Aristotelem; ergo unum eorum non est sine alio. Quod autem corpus diffiniat animam, patet in *praehabita*[67] diffinitione. Quod vero anima corpus, patet ex ratione relativorum, licet enim corpus non sit relativum, tamen organicum, cuius, inquam, organici anima est actus, diffinitur ad id cuius est organum, et ita ‚necesse est in utrisque utrorumque rationibus uti', ut dicit *Porphyrius*.[68]

Solutio: Dicendum secundum *supra*[69] determinata de angelis quod substantialis differentia animae et angeli est in hoc quod anima inclinatur ad corpus ut actus, angelus autem non. Et ideo dicimus substantiale esse animae quod sit actus corporis.

---

[63] Arist., Top. VI 10 (148a23–37); transl. Boethii: Arist. Lat. V,1–3 p.136 v.12–25. Cf. Alb., Top. 1.6 tr.5 (Ed. Paris. t.2 p.466a–p.467b).

[64] Averr., De an. II comm.30 (CCAA VI,1 p.173 v.13–p.174 v.49).

[65] Nemes. Emes., De nat. hom. 2 (ed. Morani p.26 v.10–11); transl. Burg. c.2 (ed. Verbeke-Moncho p.35 v.75–76).

[66] Ibid. (p.27 v.8–11); transl. Burg. c.2 (p.37 v.97–98).

[67] Supra p.46 cum nota 45.

[68] Porph., Isag. (Arist. Lat. I,6–7 p.9 v.3). Cf. Boeth., In Isag. Porph. Ed. secunda III 2 (CSEL 49 p.202 v.18–22). Alb., Super Porph. De V univ. tr.4 c.1 (Ed. Paris. t.1 p.56a).

[69] Alb., De IV coaeq. tr.4 q.30 a.2 (Ed. Paris. t.34 p.500b–p.501b).

mung dieser Sache. ‚Akt‘ wird äquivok von der vegetativen, der sinnenhaften und der Vernunftseele ausgesagt. Also kann er nicht gut als Definitionsbestimmung der Seele dienen. Die Wahrheit der ersten Prämisse findet sich im sechsten Buch der *Topik*. Die zweite nennt ausdrücklich Averroes im *Kommentar*.

(14) Außerdem sagt Gregorius Nixenus, daß Aristoteles, wenn er die Seele als Entelechie bezeichnet, um nichts weniger mit denen übereinstimmt, die sie als Qualität auffassen. Also scheint es, daß die Seele, wenn sie Akt ist, Qualität ist.

(15) Ferner: Gregorius Nixenus behauptet, daß es Aristoteles zufolge niemals sein kann, daß die Seele ohne den Körper besteht, oder der Körper ohne die Seele. Das stimmt aber nicht.

(16) Außerdem: Dieselbe Behauptung scheint sich argumentativ ausweisen zu lassen. Bei allem, was sich wechselseitig definiert, besteht das eine nicht ohne das andere. Nach Aristoteles definieren sich Seele und Körper wechselseitig. Folglich besteht das eine von ihnen nicht ohne das andere. Daß aber der Körper die Seele definiert, ist durch die bereits erwähnte Definition offenkundig. Daß jedoch auch die Seele den Körper, ist auf Grund der Wesensbestimmtheit korrelativer Größen offenkundig. Obgleich nämlich der Körper [als Körper] keine korrelative Größe ist, so wird doch der organische Körper – und ich behaupte, Akt des organischen Körpers ist die Seele – auf das hin definiert, dessen Organ er ist. Und so ist es notwendig, bei beiden die Wesensbestimmungen beider zu benutzen, wie Porphyrius sagt.

Lösung: Gemäß dem, was wir oben hinsichtlich der Engel bestimmt haben, müssen wir sagen, daß der substanzielle Unterschied zwischen Seele und Engel darin besteht, daß die Seele als Akt des Körpers eine Neigung zu diesem hin hat, der Engel aber nicht. Und deshalb sagen wir, es sei der Seele substanziell, daß sie Akt eines Körpers ist.

Si tamen attenditur id quod est anima, tunc potest considerari duobus modis, scilicet secundum esse quod habet in se, et sic non diffinitur in comparatione ad corpus, vel secundum comparationem ad corpus, et sic diffinitur. Et hoc pro tanto dicitur ei accidere, quia quaedam species animae potest considerari et esse sine corpore. Et ideo dicit *Avicenna* in *VI De naturalibus*[70] quod ‚hoc nomen anima non est nomen huius rei ex eius essentia, nec ex praedicamento in quo continetur.‘ Et cum anima diffinitur sicut diffinita est ab Aristotele, ‚non affirmatur esse eius nisi secundum quod est principium emanandi a se affectiones, quae non sunt unius modi et sunt voluntariae, et sic affirmatur esse eius ex hoc quod habet aliquod accidens, quod tamen accidens valet ad certificandum eius essentiam et ad cognoscendum quid sit‘.[71] Et dat *Avicenna*[72] simile dicens: ‚Fortassis enim iam didicimus quod id quod movetur, motorem habet, nec tamen scimus propter id essentiam huius motoris quid sit‘. Et intendit Avicenna quod sicut motor dupliciter diffinitur, scilicet penes proprietatem hanc quod est movens, vel penes suam essentiam, ita et anima dupliciter potest diffiniri, scilicet secundum quod est anima, idest actus corporis et motor, et secundum quod est substantia quaedam contenta secundum seipsam in praedicamento substantiae.

(1–2) Dicendum ergo ad primum et secundum quod perfectio et actus secundum commentatores sunt idem, et si aliquam habent differentiam, illa *infra*[73] ostendetur.

---

[70] Avic., Liber VI Nat. I 1 (ed. Van Riet p. 15 v. 79–p. 16 v. 80).
[71] Ibid. p. 15 v. 77–78, p. 16 v. 80–84.
[72] Ibid. p. 16 v. 84–86.
[73] Infra n. 6.

Achtet man aber auf das, was die Seele ist, dann kann sie auf zweifache Weise betrachtet werden, nämlich gemäß dem Sein, das sie in sich hat – und in dieser Hinsicht definiert man sie nicht in bezug auf den Körper – , oder gemäß ihrer Bezogenheit auf den Körper – und so wird sie [hier] definiert. Und nur in diesem Fall sagt man, daß ihr [diese Definition] zukomme; denn eine bestimmte Wesensart von Seele kann ohne Körper betrachtet werden und sein. Deshalb sagt auch Avicenna im *Sechsten Buch von den Naturdingen*: ‚Diese Bezeichnung «Seele» bezeichnet nicht diese Sache nach ihrer Wesenheit und auch nicht nach der Kategorie, in der sie enthalten ist.‘ Und wenn man die Seele definiert, wie sie von Aristoteles definiert worden ist, so ‚sagt man nur das positiv von ihrem Sein aus, daß sie Prinzip ist, aus sich heraus Affektionen hervorströmen zu lassen, die frei gewollt und nicht nur einförmig sind. Und so sagt man auf Grund des Umstandes, daß sie irgendein Akzidens besitzt, positiv ihr Sein aus. Dies Akzidens freilich hat soviel Gewicht, daß man sich ihrer Wesenheit vergewissern und erkennen kann, was sie ist.‘ Avicenna bringt auch noch einen Vergleich und sagt: ‚Vielleicht haben wir nämlich schon gelernt, daß das, was bewegt wird, einen Beweger hat, und dennoch wissen wir deshalb noch nicht, was die Wesenheit dieses Bewegers ausmacht.‘ Und Avicenna hebt darauf ab, daß ebenso, wie der Beweger zweifach definiert wird (nämlich im Blick auf diese bestimmte Eigenheit, daß er bewegt, oder im Blick auf seine Wesenheit), auch die Seele zweifach definiert werden kann, nämlich in Hinsicht darauf, daß sie Seele ist, das heißt Akt des Körpers und Beweger, und in Hinsicht darauf, daß sie eine bestimmte Substanz ist, die für sich selbst betrachtet in die Substanz-Kategorie fällt.

(1.2) Zum Ersten und Zweiten müssen wir also sagen, daß den Kommentatoren zufolge Vollendung und Akt dasselbe sind; und wenn es zwischen ihnen einen Unterschied gibt, wird er weiter unten gezeigt werden.

(3) Ad aliud dicendum quod quaedam forma quae est perfectio in natura, est tantum forma et usia et non substantia per se existens in praedicamento substantiae, sicut sunt formae substantiales elementorum et corporum commixtorum tantum, ut mineralium, et formae etiam quorundam complexionatorum, sicut formae vegetabilis et sensibilis, quae non sunt substantiae nisi quia faciunt et constituunt substantiam in plantis et in brutis, nec etiam per se sunt in praedicamento substantiae. Quaedam autem formae sunt substantiae utroque modo, non enim tantum sunt usia, sed etiam usiosis, ut dicit *Boethius* in *Commento super Praedicamenta*,[74] et illae sunt sic perfectiones, quod secundum suum esse substantiale non fundantur in perfecto. Ad id autem quod obicitur quod ratio perfectionis est esse in perfecto, dicendum quod hoc verum est secundum quod est perfectio, sed non oportet quod hoc conveniat substantiae rei perficientis, ut patet ex praehabitis.

(4) Ad aliud dicendum quod *Aristoteles ibi*[75] excipit animam rationalem sic dicens: ‚In quibusdam formis est impossibile eas esse post materiam, in quibusdam vero non. Verbi gratia, si anima est talis dispositionis, non tota, sed intellectus, hoc est intellectualis anima, tota enim forte impossibile semper est,‘ ut maneat post corpus.

(5) Ad aliud dicendum, ut patet ex praedictis, quod motori aptantur duae diffinitiones. Una secundum quod est motor; alia secundum suam substantiam, secundum quod per se est

---

[74] Boeth., In Cat. Arist. I (PL 64,184A–B). Cf. Alb., I Sent. d.23 a.4 (Ed. Paris. t.25 p.591a); De praedic. tr.2 c.1 (Ed. Paris. t.1 p.166a–p.167b), c.6 (p.178b sq.). Anon., De an. et potentiis eius I (ed. Gauthier p.27 cum nota 1).

[75] Arist., Metaph. XII 3 (1070a24–27); Metaph. nova XI text. comm. 17 (Venetiis 1560 f.324vE): ‚Si autem aliquid remanet in postremo, quaerendum est de hoc; in quibusdam enim non est impossibile; verbi gratia, si anima est talis dispositionis, non tota, sed intellectus; tota enim forte impossibile.‘ Cf. Alb., Metaph. Ed. Colon. t.16 p.471 v.85–87, p.472 v.54–p.473 v.75.

(3) Zum anderen müssen wir sagen, daß manche Form, die ‚in Natur‘ eine Vollendung darstellt, nur Form und *ousia* ist, und nicht für sich existierende Substanz in der Substanz-Kategorie. Von dieser Art sind die Substantialformen der Elemente und der nur zusammengemischten Körper, wie zum Beispiel der Mineralien, und auch die Formen mancher zusammengesetzter Körper, zum Beispiel die pflanzlichen und sinnenhaften Formen, die nur insofern Substanz sind, als sie die Substanz in Pflanzen und vernunftlosen Tieren bilden und konstituieren, die aber nicht für sich in der Substanz-Kategorie sind. Manche Formen dagegen sind auf beide Weise Substanz, sie sind nämlich nicht nur *ousia*, sondern auch *ousiosis*, wie Boethius im *Kommentar zur Kategorienschrift* sagt. Und sie sind Vollendungen dergestalt, daß sie ihrem Substanz-Sein nach nicht in einem Vollendeten fundiert sind. Was aber den Vorwurf betrifft, Grund der Vollendung sei das Sein in einem Vollendeten, müssen wir sagen, daß das wahr ist in bezug darauf, daß es Vollendung gibt, daß es aber nicht auf die Substanz einer vollendenden Sache zutrifft, wie aus dem zuvor Gesagten hervorgeht.

(4) Zum anderen ist zu sagen, daß Aristoteles an dieser Stelle die Vernunftseele ausklammert, wenn er sagt: ‚Bei manchen Formen ist es unmöglich, daß sie nach [dem Untergang] der Materie noch sind, bei manchen dagegen nicht – zum Beispiel wenn die Seele hierzu disponiert ist, nicht als ganze, aber der Intellekt, das heißt die intellektuelle Seele; als ganze nämlich ist es vielleicht stets unmöglich‘, daß sie nach dem [Untergang des] Körpers fortbesteht.

(5) Zum anderen ist zu sagen, daß – wie aus dem zuvor Gesagten hervorgeht – auf den Beweger zwei Definitionen passen. Die eine im Hinblick darauf, daß er Beweger ist, die andere im Hinblick auf seine Substanz, der zufolge er für sich in die Substanz-Kategorie fällt als kategoriale Wesensart; und was immer in diesem Fall zu seiner Definitionsbestimmung

in praedicamento substantiae ut species praedicamenti, et
quicquid est diffinitivum eius hoc modo, sine hoc non potest
esse. Et hoc ignoraverunt *Themistius*[76] et *Alexander*[77] philosophi, qui propter illud verbum animam cum corpore destrui
dixerunt.

(6) Ad aliud dicendum quod duae rationes sunt, quare non
determinatur perfectio. Una est quod quaedam anima, ut
rationalis, secundum quandam partem sui est perfectio corporis extrinseca ab eo, idest non commixta organo corporis.
Quaedam autem est ut intrinseca et organo coniuncta, ut
vegetabilis et sensibilis, et ita cum perfectionem esse secundum utrumque modum conveniat animae, non debuit in
diffinitione ad alterum modorum determinari. Secunda ratio
est quod anima non est tantum perfectio corporis ut forma,
sed etiam ut motor et efficiens operationum animati corporis.

(7) Ad aliud dicendum quod etiam duplex est ratio, quare
melius dicitur actus vel perfectio quam forma. Quarum una
est quod forma proprie secundum naturalem philosophiam
est illa quae habet esse in hac materia et non esse sine ea.
Perfectio autem quaedam bene est sine perfecto secundum
suam substantiam, sicut nauta sine navi. Cum igitur anima
secundum aliquam sui speciem separetur, convenit ei magis
secundum omnem sui partem dici perfectionem quam formam. Secunda est quod forma dicit comparationem ad id
quod remotissimum est a complemento, hoc est ad potentiam
materiae. Perfectio autem dicit comparationem ad rem perfectam non tantum in materia, sed in omnibus quae exigun-

---

[76] Averr., De an. III comm. 5 (CCAA VI,1 p.389 v.57–p.393 v.190).
Alb., De anima. Ed. Colon. t.7,1 p.183 v.49sqq.
   [77] Averr., ibid. (p.395 v.236–p.397 v.298). Cf. Alb., ibid. p.183 v.15–
45.

gehört: ohne dieses kann er nicht sein. Diesen Umstand ver-
kannten die Philosophen Themistius und Alexander, die auf
Grund des Aristoteles-Zitats behaupteten, die Seele werde mit
dem Körper untergehen.

(6) Zum anderen ist zu sagen, daß es zwei Gründe gibt,
weshalb [der Begriff] ‚Vollendung‘ [im Hinblick auf die See-
le] nicht genau bestimmt wird. Der eine lautet: Manche Seele, etwa die Vernunftseele, ist gemäß einem ihrer Teile Vollendung des Körpers dergestalt, daß sie ihm von außen zukommt, das heißt nicht mit einem Körperorgan vermischt ist;
manche aber wirkt als Vollendung von ihnen her und ist mit
einem Organ verbunden, etwa die vegetative und die sinnenhafte Seele. Weil es also der Seele auf beiderlei Weise zukommt Vollendung zu sein, dürfte sie in der Definition nicht
auf eine der beiden Arten festgelegt werden. Der zweite
Grund besteht darin, daß die Seele nicht nur als Form Vollendung des Körpers ist, sondern auch als Beweger und Be-
wirker der Tätigkeiten des beseelten Körpers.

(7) Zum anderen ist zu sagen, daß es ebenso zwei Gründe
gibt, weshalb man [bei der Seele] besser von Akt oder Vollendung spricht als von Form. Der erste lautet so: Der Naturphilosophie zufolge ist ‚Form‘ im eigentlichen Sinne jene
Form, die in dieser bestimmten Materie Sein hat und ohne sie
kein Sein hat. Es gibt aber Vollendung, die ihrer Substanz
nach sehr wohl ohne ein Vollendetes besteht, wie zum Beispiel der Seemann auch ohne ein Schiff besteht. Weil also die
Seele – jedenfalls eine bestimmte Art von Seele – [vom Kör-
per] getrennt werden kann, ist es angemessener, sie unter
Berücksichtigung eines jeden Seelenteils eher ‚Vollendung‘ als
‚Form‘ zu nennen. Der zweite Grund: ‚Form‘ besagt eine
Bezogenheit auf etwas, das von dem, was es vervollständigt,
am weitesten entfernt ist, nämlich auf das Vermögen der
Materie. ‚Vollendung‘ dagegen besagt eine Bezogenheit auf
eine nicht nur materiell vollendete Sache, sondern [vollendet]

tur ad perfectionem rei, sicut dicit *Philosophus*[78] quod ‚perfectum est, cui nihil deest‘, et *Avicenna*[79] quod perfectio dicit comparationem ad rem perfectam, ex qua manant actiones, quia perfectio est respectu speciei. Et cum sic anima comparetur ad corpus, melius dicitur perfectio quam forma.

(8) Ad aliud dicendum quod quaelibet species animae est actus corporis. Anima enim rationalis habet in se potentiam vegetabilem et sensibilem, secundum quas ipsa est actus corporis. Sicut enim trigonum est in tetragono potentia et non per esse proprium, sic vegetativum et sensitivum sunt in rationali potentia non habentia esse speciei nisi rationalis animae. Non tamen oportet quod si anima rationalis est actus corporis quod quaelibet potentia eius sit affixa organo. Et ideo dicit *Philosophus*:[80] ‚Quasdam partes animae nihil prohibet separari propter id quod nullius corporis sunt actus‘, hoc est nullius partis corporis. Et ideo *alibi*[81] dicit quod de intellectu alia ratio est quam de vegetativo et sensitivo. Vegetabilis enim anima ubi per speciem est, similiter et sensibilis ubi per speciem est, secundum omnes partes coniungitur organo; sed rationalis in illo corpore cuius est species, non secundum omnes partes coniungitur organis. Vegetativum autem et sensitivum non sunt in rationali ut species, sed ut potentiae. Et hoc *infra*[82] probabitur et explanabitur.

Unde hic decepti sunt plurimi, quorum primus est ipse *Commentator Averroes*,[83] qui dicit quod haec diffinitio per

---

[78] Arist., Phys. III 6 (207a8–9); transl. vetus: Arist. Lat. VII,1/2 p.128 v.11–12; cf. id., Metaph. V 16 (1021b12–17). Alb., Phys. Ed. Colon. t.4 p.193 v.67–68, p.194 v.7–9; Metap. Ed. Colon. t.16 p.271 v.71.58–61.

[79] Avic., Liber VI Nat. I 1 (ed. Van Riet p.18 v.16–18).

[80] Arist., De an. II 1 (413a6–7). Cf. Alb., De an. Ed. Colon. t.7,1 p.69 v.87–88, p.70 v.9–14.

[81] Arist., ibid. II 2 (413b24–29). Cf. Alb., ibid. p.76 v.79–81.6–p.77 v.26.

[82] Alb., De homine: Ann Arbor 201 f.81rb–83rb.

[83] Averr., De an. II comm.5 (CCAA VI,1 p.135 v.18–p.136 v.62),

in allem, was zur Vollendung der Sache erforderlich ist. So sagt der Philosoph: ‚Vollendet ist das, dem nichts fehlt‘; und Avicenna: ‚Vollendung besagt eine Bezogenheit auf eine vollendete Sache; aus ihr fließen Verwirklichungen hervor, denn Vollendung bezieht sich auf die Wesensart.‘ Wenn also solcherart die Seele in Beziehung zum Körper gesetzt wird, nennt man sie besser ‚Vollendung‘ als ‚Form.‘

(8) Zum anderen ist zu sagen, daß jedwede Art von Seele Akt eines Körpers ist. Die Vernunftseele nämlich enthält in sich das vegetative und sinnenhafte Vermögen, denen zufolge sie Akt des Körpers ist. Wie nämlich das Dreieck im Viereck dem Vermögen nach enthalten ist und nicht seinem eigenen Sein nach, so sind das Vegetative und das Sensitive im Vernunfthaften dem Vermögen nach und besitzen kein wesensartliches Sein außer [in der Wesensart] der Vernunftseele. Dennoch muß nicht, wenn die Vernunftseele Akt des Körpers ist, jedwedes ihrer Vermögen mit einem Organ fest verbunden sein. Deshalb sagt der Philosoph: ‚Nichts hindert, daß gewisse Teile der Seele [vom Körper] getrennt werden, weil sie keines Körpers Akt sind;‘ das bedeutet: keines Körperteils Akt. Deshalb sagt er auch anderswo: Vom Intellekt muß eine andere Wesensbestimmung angegeben werden als vom Vegetativen und Sensitiven. Die vegetative Seele nämlich wird, wo sie der Wesensart nach vorkommt (und ähnlich die sinnenhafte Seele, wo sie der Wesensart nach vorkommt), hinsichtlich aller Teile einem Organ verbunden. Die Vernunftseele dagegen wird in dem Körper, dessen Wesensart sie ausmacht, nicht hinsichtlich aller Teile Organen verbunden. Das Vegetative und Sinnenhafte aber sind im Vernunfthaften nicht als Wesensarten, sondern als Vermögen. Das wird weiter unten bewiesen und erklärt werden.

Deshalb sind in dieser Frage die meisten einer Täuschung erlegen, allen voran der Kommentator Averroes selbst, der behauptet, daß diese Definition ‚mittels des Früheren und

prius et posterius aptatur animae. Quod patet non esse verum nisi poneremus in homine tres esse perfectiones, quod impossibile est, quia secundum perfectiones differunt perfecta. Unde si tres perfectiones essent in homine, vegetabilis et sensibilis et rationalis non esset homo unus.

Praeterea, secundum Philosophum hoc non esset anima. Anima enim secundum *Philosophum*[84] est uniens partes diversas non diversa in partibus pluribus. Et ideo patet quod anima vegetabilis in plantis perfectio est corporis plantarum, a qua est esse et ratio plantae et operationes eius. Et per hanc eandem rationem communem anima sensibilis est in brutis, et anima rationalis in homine. Et sic patet quod diffinitio generis per unam rationem convenit speciebus. Non est autem necesse quod per eandem differentiam contrahatur, ita quod fiat convertibilis cum qualibet specie, sic enim numquam diffinitio generis participaretur a speciebus, quia sic oporteret quod diversarum specierum esset differentia una ultimo constitutiva, quod est impossibile.

Alii[85] vero dixerunt quod vegetabilis et sensibilis sunt immediatae perfectiones corporis cui uniuntur, sed rationalis est perfectio mediata, eo quod non nisi mediantibus vegetabili et sensibili coniungitur corpori in homine. Sed si hoc esset, tunc oporteret quod id a quo diffinitur homo, et quod dat ei esse et speciem et rationem, non esset immediatus actus, quod est

comm.7 (p.138 v.18–20), comm.11 (p.147 v.11–p.148 v.32), III comm.5 (p.405 v.528sqq.).

[84] Arist., De an. I 5 (411b9–14). Cf. Alb., De an. Ed. Colon. t.7,1 p.56 v.80–82, p.59 v.26–51.

[85] Cf. Philipp. Canc., Summa de bono (ed. Wicki p.231 v.10–12). Ps.-Rob. Gross., Tract. de an. IV (ed. Baur p.251 v.15–16.37–41).

Späteren' auf die Seele paßt. Das kann offensichtlich aber nur dann wahr sein, wenn wir annehmen wollten, daß es im Menschen drei Vollendungen gäbe, was unmöglich ist, weil nach den Vollendungen das Vollendete unterschieden wird. Wenn es also drei Vollendungen im Menschen gäbe, die vegetative, sinnenhafte und vernunfthafte, dann wäre der Mensch nicht einer.

Außerdem: Dem Philosophen zufolge wäre das nicht die Seele. Die Seele nämlich ist, dem Philosophen zufolge, das, was unterschiedliche Teile zur Einheit zusammenfügt und selbst nicht in mehrere Teile zerfällt. Und deshalb ist offenkundig, daß die vegetative Seele bei den Pflanzen die Vollendung des Pflanzenkörpers ist; von ihr stammen Sein und Wesensbestimmtheit der Pflanze und ihre Tätigkeiten. Und auf Grund dieser selben gemeinsamen Wesensbestimmtheit ist die sinnenhafte Seele bei den vernunftlosen Tieren [Vollendung] und die Vernuftseele beim Menschen. Und so ist offenkundig, daß die Definition der Gattung auf Grund einer einzigen Bestimmtheit den Wesensarten zukommt. Es ist aber nicht notwendig, daß die Gattung durch ein und dieselbe Differenz [zur Art] zusammengezogen wird, so daß sie mit jedweder Art austauschbar würde. Auf solche Weise nämlich hätten die Arten niemals an der Definition der Gattung teil, denn sonst müßte es sein, daß es für unterschiedliche Arten nur eine letztlich konstitutive Differenz gäbe, was unmöglich ist.

Andere dagegen haben behauptet, daß die vegetative und die sinnenhafte Seele unmittelbare Vollendungen des Körpers sind, dem sie verbunden werden; die vernunfthafte aber ist eine vermittelte Vollendung, aus dem Grund, weil sie im Menschen nur mittels der vegetativen und sinnenhaften dem Körper verbunden wird. Aber wenn es sich so verhielte, dann dürfte das, von dem her der Mensch sich definiert und was ihm Sein, Wesensart und -bestimmtheit verleiht, kein unmit-

contra omnem philosophiam et rationem, quia nihil est ita immediatum rei sicut id a quo est esse et perfectio ipsius. Hoc autem in homine non est vegetabile neque sensibile, sed rationale.

Alii[86] autem magis delirantes dixerunt quod dupliciter aliquid est perfectio alicuius, scilicet per inesse ut actus, vel per inesse tantum. Unde vegetabilis et sensibilis insunt ut actus, rationalis autem inest tantum. Quod iterum stare non potest, quia id quod inest tantum, est accidens.

Praeterea, quod aliquid sit perfectio rei substantialis et non sit actus eiusdem, est eidem convenire opposita contradictorie. Omnis enim perfectio inest rei. Aut igitur inest ut actus substantialis, aut ut accidens; constat autem quod non ut accidens; ergo inest ut actus substantialis.

Et propter hoc *alii*[87] totum inconveniens volentes evadere dixerunt duplicem esse intellectum, scilicet practicum et theoricum. Practicus autem est movens in motu processivo, theoricus vero contemplativus est veritatis, et ideo cum motus processivus non expleatur sine motu organorum, videtur ille uti corpore ut organo et esse actus corporis. Huiusmodi etiam dicunt secundum quoddam opus suum, scilicet loquendi et docendi, esse movere linguam in interpretatione vocum. Aliter autem intellectus qui theoricus est, nullius est corporis actus. Sed probatur hoc nihil esse. Esse enim aliquam poten-

---

[86] Cf. Alb., De nat. et orig. an. Ed. Colon. t.12 p.13 v.93–p.14 v.3.

[87] Cf. Barthol. Angl., De propr. rebus III 13 (ed. Long p.31 v.1–p.32 v.5).

telbarer Akt sein, was gegen die allgemein geteilte Philosophie und gegen die Vernunft ist, denn nichts ist einer Sache so unmittelbar, wie das, von dem her sie Sein und Vollendung hat. Das aber ist beim Menschen nicht das Vegetative, auch nicht das Sinnenhafte, sondern das Vernunfthafte.

Wieder andere behaupteten noch größeren Unsinn, nämlich daß etwas auf zweifache Weise Vollendung von etwas ist: indem es ihm als Akt innewohnt oder indem es ihm bloß so innewohnt. Nach dieser Auffassung wohnen vegetative und sinnenhafte Seele [dem Leib] als Akt inne, die Vernunftseele jedoch bloß so. Aber auch diese Ansicht kann nicht Bestand haben, denn das, was bloß so innewohnt, ist Akzidens. Daß außerdem etwas zwar substantiale Vollendung einer Sache sein soll, aber nicht Akt dieser Sache, bedeutet, daß auf ein und dasselbe Entgegengesetztes auf widersprechende Weise zuträfe. Jede Vollendung nämlich wohnt der Sache [deren Vollendung sie ist] inne. Entweder wohnt sie ihr daher als substantialer Akt inne oder als Akzidens. Daß sie aber nicht als Akzidens innewohnt, steht fest. Folglich wohnt sie ihr als substantialer Akt inne.

Aus diesem Grund haben andere, die dem ganzen Dilemma entgehen wollten, behauptet, es gäbe einen zweifachen Intellekt, nämlich den praktischen und den theoretischen: Der praktische bewegt in fortschreitender Bewegung, der theoretische betrachtet die Wahrheit. Wenn daher die fortschreitende Bewegung nicht ohne die Bewegung von Organen vollzogen werden kann, so scheint es, daß sich jener [praktische Intellekt] des Körpers als Organ bedient und [somit] Akt des Körpers ist. Diese Ansicht vertreten sie auch auf Grund einer ganz bestimmten Tätigkeit des praktischen Intellekts: Eigenart des Sprechens und Lehrens nämlich sei es, die Zunge zum Zweck lautlicher Mitteilung zu bewegen. Anders hingegen der Intellekt, der theoretischer heißt: Er ist keines Körpers Akt. Aber es läßt sich zeigen, daß diese Auf-

tiam actum corporis est habere situm in corporeo organo et
determinari ad illud, ita quod non operetur extra illud, sicut
visus determinatur ad nervum opticum oculi et auditus ad
nervum qui expanditur in cartilagine auris interius, et sic de
aliis. Si igitur practicus intellectus sic actus est, oportebit ipsum habere situm in nervis motivis. Cum ergo ipsius sit accipere species et formas appetibilium et operabilium secundum
quod huiusmodi, non accipiet alias nisi quae sunt de natura
organi sui. Ergo non omnes accipiet, quia impossibile est
quod rationes omnium operabilium et appetibilium aequali-
ter accedant ad complexionem illorum nervorum.

Si forte dicatur quod practicus intellectus non sic dicitur
actus, sed tantum ideo dicitur actus, quia utitur corpore,
contra hoc est quod actus non est perfectio rei nisi sit primus
actus, qui dat et facit esse, quemadmodum dicit *Philosophus*[88] quod ‚si oculus esset animal, visus esset anima eius‘. Si
igitur intellectus practicus sic est actus, hoc non erit ab usu,
sed potius a determinatione ad organum, cui dat esse et speciem. Praeterea, si intellectus practicus utitur corpore in movendo, ergo et theoricus in cognoscendo; non enim habet
cognitionem naturalem, quam non abstrahit a sensibilibus, et
ita theoricus erit actus corporis sicut et practicus. Unde omnibus his opinionibus improbatis standum est solutioni primae.

[88] Arist., De an. II 1 (412b18–19). Cf. Alb., De an. Ed. Colon. t.7,1
p.67 v.73, p.69 v.19–19–21.

fassung nichtig ist. Daß irgendein Vermögen Akt des Körpers ist, bedeutet, daß es seinen Sitz in einem Körperorgan hat und streng auf dieses hingeordnet ist, so daß das Vermögen nicht außerhalb des Organs tätig ist. So ist beispielsweise der Sehsinn streng auf den Sehnerv des Auges hingeordnet und der Hörsinn auf den Nerv, der sich im Ohrknorpel nach innen hin ausdehnt, und so auch bei den anderen Vermögen. Wenn also der praktische Intellekt auf die angegebene Weise Akt ist, müßte er seinen Sitz in den für die Bewegung zuständigen Nerven haben. Wenn es also seine Funktion ist, Gestalten und Formen von Gegenständen des Strebens und Tätigseins als solche aufzunehmen, dann wird er nur solche aufnehmen, die der Natur seines Organs entsprechen. Folglich würde er nicht alle aufnehmen, denn es ist unmöglich, daß die Wesensbestimmtheiten aller Gegenstände des Tätigseins und Strebens in gleicher Weise an die Komplexion dieser Nerven herantreten.

Will man vielleicht einwenden, daß der praktische Intellekt nicht auf die beschriebene Weise Akt genannt wird, sondern nur deshalb so heißt, weil er sich des Körpers bedient, so steht dem entgegen, daß ein Akt nur dann Vollendung einer Sache ist, wenn er erster Akt ist, der Sein verleiht und bewirkt. So sagt der Philosoph: ‚Wenn das Auge Lebewesen wäre, dann wäre der Sehsinn seine Seele.‘ Ist also der praktische Intellekt auf diese Weise Akt, dann wird er es nicht des Sich-Bedienens wegen sein, sondern eher wegen der strengen Hinordnung auf ein Organ, dem er Sein und Wesensart verleiht. Außerdem, wenn der praktische Intellekt beim Bewegen sich des Körpers bedient, dann auch der theoretische beim Erkennen. Der theoretische Intellekt verfügt nämlich nur über natürliche Erkenntnis, die er vom Sinnenhaften abstrahiert; und somit wäre der theoretische ebenso wie der praktische Akt des Körpers. – Nachdem wir alle diese Ansichten zurückgewiesen haben, kann nur die erste Bestand haben.

Ad aliud patet solutio per praedicta.

(9) Ad aliud dicendum quod est entelechia sive species, quae est usia tantum, et haec secundum se non potest esse subiectum accidentium; et est species sive entelechia, quae est usia et usiosis, et haec secundum se potest esse subiectum accidentium, et talis est anima et etiam intelligentia, et hoc ignoravit Gregorius Nixenus.

(10) Ad aliud dicendum quod potentia est duobus modis diffinita, scilicet activa et passiva. Activa enim est principium transmutationis in aliud secundum quod aliud; passiva vero principium transmutationis ex alio secundum quod aliud, ut dicitur in *V Metaphysicae*.[89] Similiter et vis duplex est secundum eundem modum. Et uterque modus convenit animae in partibus suis; est enim ipsa secundum sensus et possibilem intellectum potentia et vis receptiva, quae potentia determinatur passioni; secundum nutritivam autem, generativam et voluntatem et quasdam alias est ipsa potentia et vis activa. Cum igitur nomen potentiae et vis sive virtutis non conveniat animae per unum modum, sed aequivoce, non poterat diffiniri ab ipso. Et haec est ratio *Avicennae* in *VI De naturalibus*.[90] Alia posset assignari ratio *eiusdem*,[91] quia potentia a materia vel forma causatur, et praecipue potentia ad opera, et ideo potentia vel vis sive virtus est de consequentibus esse, et propter hoc cum anima diffiniatur hic ut est actus primus faciens esse, non poterat diffiniri a nomine potentiae.

[89] Arist., Metaph. V 12 (1019a15sqq.; b35–1020a6). Cf. Alb., Metaph. Ed. Colon. t.16 p.251 v.3sqq., p.253 v.86–89.54–71.
[90] Avic., Liber VI Nat. I 1 (ed. Van Riet p.18 v.11–14).
[91] Ibid. p.21 v.49sqq., p.27 v.40sqq.

Zum anderen Punkt ergibt sich die Lösung aus dem zuvor Gesagten.

(9) Zum anderen ist zu sagen: Es gibt eine Entelechie oder Wesensart, die nur *ousia* ist – diese kann für sich genommen nicht Subjekt für Akzidenzien sein; und es gibt eine Wesensart oder Entelechie, die *ousia* und *ousiosis* ist – diese kann für sich genommen Subjekt für Akzidenzien sein, und solcherart ist die Seele und auch der reine Geist, was Gregorius Nixenus verkannte.

(10) Zum anderen ist zu sagen, daß ‚Vermögen‘ auf zweierlei Weise definiert wird: als aktives und als passives. Ein aktives Vermögen ist Prinzip der Veränderung in etwas anderes, insofern es anderes ist; ein passives Vermögen hingegen ist Prinzip der Veränderung ausgehend von einem anderen, insofern es ein anderes ist, wie es im fünften Buch der *Metaphysik* heißt. Auf dieselbe Weise gibt es analog eine zweifache Kraft. Beide Weisen treffen auf die Seele in ihren Teilen zu. Sie ist nämlich hinsichtlich der Sinne und des möglichen Intellekts rezeptives Vermögen und rezeptive Kraft (ein Vermögen, das streng auf das Affiziertwerden hingeordnet wird); hinsichtlich der Ernährungs- und Fortpflanzungsfunktion, des Willens und einiger anderer Funktionen aber ist sie aktives Vermögen und aktive Kraft. Wenn also die Bezeichnung ‚Vermögen,‘ ‚Kraft‘ oder ‚Fähigkeit‘ nicht auf eine einzige Weise auf die Seele zutrifft, sondern äquivok, dann wird man sie nicht von dieser Bezeichnung her definieren können. Darin besteht das Argument Avicennas im *Sechsten Buch von den Naturdingen*. Es würde auch ein anderes Argument von ihm passen: Ein Vermögen wird von der Materie oder der Form verursacht, und gerade ein Vermögen zum Tätigsein. Deshalb fällt das Vermögen oder die Kraft bzw. Fähigkeit unter das, was dem Sein folgt. Wenn deshalb die Seele hier definiert wird als erster Akt, der Sein bewirkt, kann sie nicht von der Bezeichnung ‚Vermögen‘ her definiert werden.

(11) Ad aliud dicendum quod actus duobus modis dicitur secundum proprietatem nominis, scilicet secundum id quod actum est ab efficiente per motum et transmutationem materiae, et sic forma ultima in natura dicitur actus, et ad similitudinem etiam huius in artificiatis dicitur forma artificialis actus. Dicitur etiam actus id quod actum est a forma in materia et composito, et hoc est esse. Primo ergo modo dicitur anima hic esse actus. Secundus tamen modus innuitur in verbo *Philosophi*,[92] ubi dicit quod ‚forma est secundum quam est hoc aliquid.‘

(12) Ad aliud dicendum quod Gregorius Nixenus supponit quoddam falsum. Aristoteles enim in verbo illo non quaerit proprium vegetabilis animae, sed id quod convenit animae secundum suum genus, a quo omnis anima possit diffiniri. Tale autem est principium quod est vegetabile, hoc enim est in omni anima, non autem sensibile vel rationale. Et quod dicit Aristoteles quod a fine sumendae sunt diffinitiones et nomina, sic intelligendum est quod sumenda sunt ab ultimo perfectivo, quia hoc est finis. Sed hoc aliter sumitur in genere secundum naturam generis, aliter in specie secundum naturam speciei. Et cum hic diffiniatur anima secundum naturam generis, non debuit a rationali diffiniri, quia haec est una suarum specierum.

(13) Ad aliud patet solutio per praedicta; non enim bene exponit Commentator dicens actum sumi aequivoce. Et hoc

---

[92] Arist., De an. II 1 (412a8–9). Cf. Alb., De an. Ed. Colon. t.7,1 p.64 v.50.37–40; supra p.50 cum nota 54.

(11) Zum anderen ist zu sagen, daß ‚Akt‘ gemäß der Eigenheit der Bezeichnung zweierlei heißt: nämlich einerseits, daß etwas von einem Bewirkenden durch Bewegung und Veränderung der Materie aktuiert worden ist, und so heißt die letzte Form in Natur ‚Akt‘ (und analog hierzu heißt bei den künstlichen Dingen die künstliche Form ‚Akt‘). ‚Akt‘ wird aber auch das genannt, was von der Form in der Materie und dem Zusammengesetzten aktuiert wurde, und das ist das Sein. In unserem Zusammenhang also wird die Seele auf die erste Weise als Akt bezeichnet. Auf die zweite Weise dagegen weist das Zitat des Philosophen hin, wo er sagt: ‚Form ist, wodurch etwas ein Bestimmtes ist.‘

(12) Zum anderen ist zu sagen, daß Gregorius Nixenus von einer falschen Voraussetzung ausgeht. Im angeführten Zitat fragt Aristoteles nämlich nicht nach dem Eigentümlichen der vegetativen Seele, sondern nach dem, was der Seele ihrer Gattung nach zukommt, von der her sich jede Seele definieren ließe. Ein solches Prinzip aber liegt darin, daß sie etwas Vegetatives ist. Das Vegetative nämlich findet sich in jeder Seele, nicht dagegen das Sinnenhafte oder das Vernunfthafte. Und die Tatsache, daß Aristoteles sagt, Definitionen und Bezeichnungen müßten vom Ziel her genommen werden, ist so zu verstehen, daß sie von dem, was die letzte Vollendung verleiht, zu nehmen sind, dies nämlich ist das Ziel. Dies wird jedoch bei der Gattung gemäß der Natur der Gattung anders genommen als bei der Wesenart gemäß der Natur der Wesensart. Weil aber an dieser Stelle ‚Seele‘ gemäß der Natur der Gattung definiert wird, durfte sie nicht vom Vernunfthaften her definiert werden, denn das ist eine ihrer Wesensarten.

(13) Zum anderen Punkt ergibt sich die Lösung aus dem zuvor Gesagten. Der Kommentator gibt nämlich keine gute Erklärung, wenn er sagt, ‚Akt‘ werde äquivok genommen. Und zwar liegt der Fehler darin, daß er das Vernunfthafte als

est ideo, quia sumit rationale ut potentiam, non ut animam, cum tamen hoc multum differat, ut *infra*[93] probabitur.

(14) Ad aliud dicendum quod Gregorius Nixenus supponit hic quod Aristoteles appellet ibi actum secundum genus suum; est enim quidam actus accidentalis et quidam substantialis, et quidam usia tantum et quidam usia et usiosis. Et iste ultimus differt a qualitate accidentali et substantiali, quae est differentia simplex in quale praedicata. Unde patet quod Gregorius Nixenus non sufficienter distinguit nec secundum intentionem Aristotelis procedit.

(15) Ad aliud patet solutio per praedicta in principio determinationis.

(16) Ad ultimum dicendum quod anima ut anima diffinitur ad corpus et e converso, sed non anima ut est substantia constituta in praedicamento, ut prius habitum est. Et ideo non sequitur quod secundum aliquam speciem sui anima non separetur a corpore.

---

[93] Alb., De homine: Ann Arbor 201 f.6va–7ra.

Vermögen auffaßt, nicht als Seele, obwohl das doch einen großen Unterschied ausmacht, wie weiter unten bewiesen werden wird.

(14) Zum anderen ist zu sagen: Gregorius Nixenus geht hier von der Voraussetzung aus, daß Aristoteles an der genannten Stelle den Akt nach seiner Gattung benennt. Mancher Akt nämlich ist akzidentell, mancher substanziell, mancher ist nur *ousia*, mancher ist *ousia* und *ousiosis*. Dieser zuletztgenannte Akt jedoch unterscheidet sich von einer akzidentellen und auch substanziellen Qualität, welche eine ‚wieheitlich‘ ausgesagte Differenz schlechthin ist. Hieraus ergibt sich, daß Gregorius Nixenus nicht sorgfältig genug unterscheidet und nicht gemäß der Absicht des Aristoteles vorgeht.

(15) Zum anderen Punkt ergibt sich die Lösung aus dem vorher, zu Beginn der Feststellung Gesagten.

(16) Zum letzten ist zu sagen: Die Seele als Seele wird in Beziehung zum Körper definiert und umgekehrt, nicht aber die Seele, sofern sie kategorial als Substanz konstituiert ist, wie bereits früher ausgeführt wurde. Und deshalb ergibt sich nicht der Schluß, daß die Seele in irgendeiner ihr eigenen Wesensart nicht vom Körper getrennt werde.

[J.R.S.]

De partibus animae et de divisione et propriis passionibus et operationibus, quae accidunt illis

Deinde transeundum est ad quaestiones quae sunt de partibus animae et de divisione et propriis passionibus et operationibus, quae accidunt illis.

Et quia divisio videtur manifestare substantiam ipsius per posteriora, quaerendum est primo de ipsa.

Et quia unum indivisum est in se, quaeratur primo, utrum anima sit una vel multae in omnibus animatis.

Et si multae, quaeratur, utrum ante corpus fuerint creatae in comparibus stellis, ut dicit *Plato*,[94] vel in corpore sint creatae et multiplicatae.

Et si in corpore sint creatae, utrum immediate creentur a deo vel ab intelligentiis angelicis, sicut videntur dicere *quidam philosophorum*.[95]

[94] Plato, Tim. 41C–42D; transl. Chalc., ed. Waszink p.36 v.5–p.37 v.20. Dominic. Gundiss., De an. V (ed. Muckle p.48 v.1–5). Cf. Alb., De IV coaeq. tr.1 q.1 a.3 (Ed. Paris. t.34 p.312a–313a); II Sent. d.17 a.1 (Ed. Paris. t.27 p.298a); Summa II tr.12 q.72 membr.4 (Ed. Paris. t.33 p.39b–52b); De an. Ed. Colon. t.7,1 p.29 v.22. H. Anzulewicz, Die platonische Tradition bei Albertus Magnus, 232–235.

[95] Plato, Tim. 41C–D, transl. Chalc., ed. Waszink p.36 v.5–13. Liber de causis § 3 (ed. Pattin p.52 v.13–14), § 7 (p.64 v.6–p.65 v.36). Alb., De causis et proc. univ. Ed. Colon. t.17,2 p.79 v.77, p.80 v.13–20. Avic., Liber VI Nat. V 4 (ed. Van Riet p.115 v.80–p.116 v.84, p.124 v.96–98). Algazel, Metaph. I 5 (ed. Muckle p.123 v.2sqq., p.124 v.19–22). Cf. Dominic. Gundiss., De an. V (p.49 v.21–p.51 v.26). Alex. Hal., Summa II, p.400a sq. Alb., De IV coaeq. tr.1 q.1 a.3 (Ed. Paris. t.34 p.312a–313a); De homine: Ann Arbor 201 f.81vb; II Sent. d.18 a.2 (Ed. Paris. t.27 p.311a–314b); Summa II tr.12 q.72 membr.4 a.3 (Ed. Paris. t.33 p.47a. 50b sq.).

ÜBER DIE TEILE DER SEELE,
DIE EINTEILUNG UND DIE EIGENTÜMLICHEN
AFFEKTIONEN UND TÄTIGKEITEN,
DIE JENEN ZUKOMMEN

Hierauf muß man zu den Fragen übergehen, die sich in bezug auf die Teile der Seele, die Einteilung und die eigentümlichen Affektionen und Tätigkeiten, die jenen zukommen, stellen.

Und weil die Einteilung die Substanz der Seele durch ein Späteres aufzuzeigen scheint, muß man zuerst nach der Seele fragen.

Und weil Eines in sich ungeteilt ist, fragt man zuerst, ob es in allen Lebewesen nur eine Seele oder viele Seelen gibt.

Wenn es viele Seelen gibt, dann fragt man, ob sie vor dem Körper in den verwandten Sternen erschaffen worden, wie es Platon sagt, oder im Körper erschaffen und vermehrt sind.

Wenn sie im Körper erschaffen sind, [fragt man, ob] sie unmittelbar von Gott oder von engelsgleichen Intelligenzen erschaffen werden, wie es manche Philosophen zu behaupten scheinen.

Postea vero consequenter quaerendum est de divisione animae per has differentias vegetabile, sensibile et rationale, qualis scilicet sit ista divisio; et utrum sit sufficiens vel non; et utrum dividi possit anima per rationale et irrationale, sicut dividitur animal.

Et consequenter utrum istae tres differentiae animae sint una substantia in aliquo uno animato, vel non; et utrum in quolibet animato sint plures animae, vel non.

Et tandem quaerendum est de singulis istarum differentiarum.

[...]

Danach muß aber folgerichtig nach der Einteilung der Seele gemäß den Differenzen ‚Vegetatives‘, ‚Sinnenhaftes‘ und ‚Vernunfthaftes‘ gefragt werden, welcher Art nämlich diese Einteilung ist; ob sie ausreichend ist oder nicht; ob die Seele durch [die Differenz] ‚Vernunfthaftes‘ und ‚Vernunftloses‘ unterschieden werden kann, so wie man ein Sinnenwesen unterscheidet.

Folgerichtig muß man auch fragen, ob diese drei Differenzen der Seele nur eine Substanz in irgendeinem Einzellebewesen sind oder nicht; und ob es in jedem beliebigen Lebewesen mehrere Seelen gibt oder nicht.

Zuletzt muß man auch nach jeder einzelnen von diesen Differenzen fragen.

[...]

DE ISTIS DIFFERENTIIS ANIMAE VEGETABILE,
SENSIBILE ET RATIONALE, UTRUM SINT
UNA SUBSTANTIA IN HOMINE VEL NON, ET UTRUM
IN QUOLIBET ANIMATO SINT PLURES ANIMAE

Deinde quaeritur de istis differentiis animae: vegetabile, sensibile et rationale, utrum sint una substantia in homine vel non, et utrum in quolibet animato sint plures animae.

Et quaeruntur tria. Quorum primum est, utrum ista tria in homine sint substantia una vel diversae; secundum utrum quodlibet istorum vel aliquid sit potentia plura multiplicabile in actu per divisionem corporis, in quo est; tertium utrum anima quae continet tria haec, sit simplex vel composita.

1. Utrum ista tria in homine sint una substantia vel diversae

Ad primum proceditur sic:

Videtur enim, quod in homine ista tria sint substantia una.[96] Unius enim perfectibilis una est perfectio; sed corpus hominis est perfectibile unum; ergo anima quae est perfectio eius, erit una.

Item, possibilium non differentium substantia actus indifferentes sunt secundum substantiam; sed corpus humanum est possibile indifferens secundum substantiam; ergo actus eius

[96] Cf. Alb., De an. Ed. Colon. t.7,1 p.79 v.80–p.82 v.87. O. Lottin, Psychologie et morale aux XIIe et XIIIe siècles, I, 463sqq.

ÜBER DIESE DIFFERENZEN DER SEELE:
‚VEGETATIVES‘, ‚SINNENHAFTES‘, ‚VERNUNFTHAFTES‘,
OB SIE EIN UND DIESELBE SUBSTANZ IM MENSCHEN
SIND ODER NICHT, UND OB ES IN JEDEM BELIEBIGEN
LEBEWESEN MEHRERE SEELEN GIBT

Hierauf wird nach diesen Differenzen der Seele: ‚Vegetatives,‘ ‚Sinnenhaftes,‘ ‚Vernunfthaftes‘ gefragt, ob sie ein und dieselbe Substanz im Menschen sind, oder nicht; und ob es in jedem beliebigen Lebewesen mehrere Seelen gibt.

Und es wird dreierlei gefragt. Das erste hiervon ist, ob diese drei ein und dieselbe Substanz oder verschiedene Substanzen im Menschen sind; das zweite: Ob jedes beliebige von diesen oder [sonst] irgendetwas ein vielfaches Vermögen ist, das in der Verwirklichung vermehrbar durch die Teilung des Körpers ist, in dem es ist; das dritte: Ob die Seele, die diese drei in sich enthält, einfach oder zusammengesetzt ist.

1. Ob diese drei nur eine Substanz, oder verschiedene Substanzen
im Menschen sind?

Zum ersten wird in folgender Weise vorgegangen:

Es scheint nämlich, daß diese drei im Menschen ein und dieselbe Substanz sind. Denn für nur ein Vervollkommnungsfähiges gibt es nur eine Vollkommenheit; der Körper des Menschen ist aber nur ein Vervollkommnungsfähiges; folglich wird die Seele, die seine Vollkommenheit ist, nur eine sein.

Ferner: Akte der nur der Möglichkeit nach Seienden, die sich durch die Substanz voneinander nicht unterscheiden, sind der Substanz nach nicht unterschieden; der Körper des Menschen ist aber ein nur der Möglichkeit nach Seiendes, das der Substanz nach nicht unterschieden ist; folglich wird sein

indifferens erit secundum substantiam. Sed vegetabile, sensibile et rationale actus sunt hominis; ergo non differunt secundum substantiam. Quod autem illa tria sint actus hominis, probatur ex hoc quod forma et actus est id quod movet ad opera, et sic faciunt vegetabile et sensibile et rationale in homine.

Item, *Aristoteles* in *XI Primae philosophiae*[97] investigat numerum motorum ex numero mobilium; ergo secundum numerum mobilium est numerus motorum; ergo etiam unius mobilis substantia et numero unus erit motor substantia et numero. Sed corpus humanum est unum substantia et numero, ergo eius motor erit unus substantia et numero.

Item dicit *Philosophus* in *secundo De anima*[98] quod sicut trigonum in tetragono est, sic vegetativum in sensitivo est et sensitivum in rationali. Sed trigonum in tetragono existens non est distinctum per substantiam ab illo; ergo similiter vegetativum et sensitivum non sunt distincta per substantiam a rationali; ergo sunt una substantia.

Praeterea est obiectio *Avicennae*[99] quod in quibuscumque unum existens in actu retrahit alterum ab actu et operatione, uniuntur in aliquo uno secundum substantiam. Sed sic est quod potentiae sensibilis animae in actu existentes retrahunt potentias animae rationalis ab actu et operatione et e converso; ergo uniuntur secundum substantiam in aliquo uno.

Praeterea, si vegetabile, sensibile et rationale ponantur diversa secundum substantiam, hoc non erit nisi propter opera-

---

[97] Arist., Metaph. XII 8 (1073a14–1074b14). Cf. Alb., Metaph. Ed. Colon. t.16 p.503 v.80sqq., v.78sqq.

[98] Arist., De an. II 3 (414b31). Cf. Alb., De an. Ed. Colon. t.7,1 p.80 v.74–75, p.81 v.60–80.

[99] Avic., Liber VI Nat. IV 2 (ed. Van Riet p.13 v.80–p.17 v.24); cf. ibid. V 3 (p.104 v.24–p.105 v.39).

Akt der Substanz nach nicht verschieden sein. Vegetatives, Sinnenhaftes und Vernunfthaftes sind aber Akte des Menschen; folglich sind sie der Substanz nach nicht unterschieden. Daß aber diese drei Akte des Menschen sind, wird dadurch bewiesen, daß Form und Akt das sind, was auf Handlungen hin bewegt; und so wirken Vegetatives, Sinnenhaftes und Vernunfthaftes im Menschen.

Ferner: Aristoteles erforscht im elften Buch der *Metaphysik* die Zahl der Beweger aus der Zahl des Bewegbaren; folglich entspricht die Zahl der Beweger der Zahl des Bewegbaren; folglich wird es auch von dem Bewegbaren, das der Substanz und Zahl nach nur eines ist, nur einen Beweger der Substanz und Zahl nach geben. Der menschliche Körper ist aber der Substanz und Zahl nach nur eines; folglich wird sein Beweger der Substanz und Zahl nach nur eines sein.

Ferner: Der Philosoph sagt im zweiten Buch *Über die Seele*, daß in der Weise wie ein Dreieck in einem Viereck ist, so Vegetatives im Sinnenhaften und Sinnenhaftes im Vernunfthaften ist. Das im Viereck seiende Dreieck ist aber von jenem nicht durch die Substanz getrennt. Folglich sind auf ähnliche Art Vegetatives und Sinnenhaftes nicht vom Vernunfthaften durch die Substanz getrennt; folglich sind sie ein und dieselbe Substanz.

Außerdem: Es gibt einen Einwand von Avicenna, daß bei welchen auch immer Eines, das im Zustand der Verwirklichung ist, ein Anderes von der Verwirklichung und Tätigkeit zurückhält, beide der Substanz nach in irgendeinem Einen vereinigt sind. Es ist aber so, daß die Vermögen der sinnenhaften Seele, die in der Verwirklichung sind, die Vermögen der vernunfthaften Seele von der Verwirklichung und Tätigkeit zurückhalten, und umgekehrt; folglich werden sie gemäß der Substanz in irgendeinem Einen vereinigt.

Außerdem: Wenn Vegetatives, Sinnenhaftes und Vernunfthaftes als verschieden der Substanz nach gesetzt werden,

tiones diversas; sed in vegetabili inveniuntur operationes diversae, similiter in sensibili et rationali; ergo eadem ratione illae sunt multae substantiae.

Praeterea quaeritur secundum *Philosophum* in *fine primi De anima*,[100] si haec multa sunt, ,quid est quod continet animam, si partibile est apta nata? Non enim corpus. Videtur enim contrarium magis, scilicet anima corpus continere. Egrediente enim anima corpus exspirat et marcescit. Si igitur alterum aliquid unam ipsam facit, illud magis utique anima est.' Ex hoc accipitur quod Philosophus reputat inconveniens quod aliqua multa secundum quod multa possint esse anima una, sed necesse est ea uniri.

Item, *Philosophus* in *XVI De animalibus*:[101] ,Anima una est in corpore, et quodlibet membrum habet communicationem cum anima.'

Item, *Avicenna* in *IV Sexti De naturalibus*[102] dicit quod ex una anima secundum substantiam emanant diversae virtutes, quarum quaedam habent colligantiam cum corpore, ut sensus, et quaedam non, ut intellectus.

Item, *Philosophus* in *fine primi De anima*:[103] ,Si namque tota anima totum corpus continet, convenit et partium unamquamque continere quid corporis. Qualem autem partem aut quomodo intellectus continet, grave est et fingere.' Ex hoc accipitur quod Philosophus vult quod una est tota anima in homine, cuius partes sunt vegetabile, sensibile et rationale.

---

[100] Arist., De an. I 5 (411b6–10). Cf. Alb., De an. Ed. Colon. t.7,1 p.56 v.78–80, p.58 v.78–p.51 v.35.

[101] Arist., De gen. animal. II 1 (735a6–7); transl. Mich. Scoti: De animal. XVI 1 (ed. Van Oppenraaij p.68). Cf. Alb., De animal. 1.16 tr.1 c.8 n.48 (ed. Stadler p.1085 v.1sqq.).

[102] Avic., Liber VI Nat. I 3 (ed. Van Riet p.64 v.13–p.66 v.35).

[103] Arist., De an. I 5 (411b15–19). Cf. Alb., De an. Ed. Colon. t.7,1 p.61 v.73–75.64–p.62 v.21.

geschieht das nur wegen ihrer verschiedenen Tätigkeiten. Im Vegetativen findet man aber verschiedene Tätigkeiten; ähnlich im Sinnenhaften und Vernunfthaften; folglich sind jene aus demselben Grund viele Substanzen.

Außerdem: Gemäß dem Philosophen am Schluß des ersten Buches *Über die Seele* wird folgendes gefragt: Wenn diese viele sind, ‚was ist es, das die Seele zusammenhält, wenn sie fähig ist, ein Teilbares zu sein? Gewiß nicht der Körper. Vielmehr scheint eher das Gegenteil der Fall zu sein, nämlich daß die Seele den Körper zusammenhält. Denn mit dem Herausgehen der Seele gibt der Körper den Geist auf und erschlafft. Wenn also etwas anderes sie selbst als Eine bewirkt, ist dieses vielmehr doch die Seele.‘ Daraus wird abgeleitet, daß der Philosoph es für unstimmig hält, daß eine gewisse Vielheit, insofern sie eine Vielheit ist, eine einzige Seele sein könnte; daß es vielmehr notwendig ist, daß jene [Vielheit] geeint ist.

Ferner: Der Philosoph [sagt] im sechzehnten Buch *Über die Sinnenwesen*: ‚Nur eine Seele ist im Körper, und jedes beliebige [Körper-]Glied ist mit der Seele in Verbindung.‘

Ferner: Avicenna sagt im vierten Teil des *Sechsten Buches über die Naturdinge*, daß aus der Seele, die der Substanz nach nur eine ist, verschiedene Kräfte hervorströmen, von denen manche mit dem Körper verbunden sind, wie das Sinnesvermögen, manche nicht, wie der Intellekt.

Ferner: Der Philosoph [sagt] am Schluß des ersten Buches *Über die Seele*: ‚Wenn nämlich die ganze Seele den ganzen Körper zusammenhält, ist es entsprechend, daß auch jeder ihrer Teile etwas vom Körper zusammenhält. Welchen Teil aber oder auf welche Weise der Intellekt zusammenhält, ist schwer, sich vorzustellen.‘ Daraus wird abgeleitet, daß der Philosoph [sagen] will, daß die ganze Seele des Menschen eine einzige ist, deren Teile Vegetatives, Sinnenhaftes und Vernunfthaftes sind.

Ferner: Averroes sagt im Kommentar ebendort, daß die

Item, *Averroes* in *Commento ibidem*[104] dicit quod anima est una secundum substantiam et diversa agit diversis virtutibus. In hoc enim anima distinguitur a natura, quia natura est ad unum per unam virtutem, anima vero ad plura per plures virtutes.

Ex his omnibus patet quod sententia omnium philosophorum est quod vegetabile, sensibile et rationale in homine sint una substantia. Et hoc etiam *Augustinus* expresse dicit in libro *De spiritu et anima*.[105]

Sed contra:

(1) Rei corruptibilis et incorruptibilis numquam est eadem essentia et substantia; sed sola anima rationalis incorruptibilis est, ceterae vero corruptibiles; ergo numquam est earum substantia una. Maior patet, quia si corruptibilis et incorruptibilis esset substantia eadem, oporteret quod idem numero esset corruptibile et incorruptibile. Minor vero ponitur in *secundo De anima*, ubi dicit *Philosophus*[106] quod anima rationalis sola separatur ab aliis sicut perpetuum a corruptibili.

(2) Item, separabilis a corpore et inseparabilis a corpore numquam erit substantia una, quia aliter idem esset separabile et inseparabile; sed rationalis est separabilis a corpore, vegetabilis vero et sensibilis non; ergo non sunt unius substantiae.

(3) Item, si rationalis et sensibilis sunt idem in substantia, ergo ubicumque est invenire sensum, est invenire et rationem; sed in oculo est sensus; ergo in oculo est ratio, quod falsum est.

---

[104] Averr., De an. I comm. 93 (CCAA 6,1 p.125 v.33sqq.).

[105] Ps.-Aug., De spir. et an. IV (PL 40, 782).

[106] Arist., De an. II 2 (413b24–29). Cf. Alb., De an. Ed. Colon. t.7,1 p.76 v.79–81.6sqq.

Seele der Substanz nach nur eine ist und Verschiedenes durch verschiedene Kräfte bewirkt. Darin wird die Seele nämlich von der Natur unterschieden, daß die Natur auf Eines durch nur eine Wirkkraft, die Seele hingegen auf Mehreres durch mehrere Wirkkräfte hingeordnet ist.

Aus all diesem ist offenkundig, daß es die Ansicht aller Philosophen ist, daß Vegetatives, Sinnenhaftes und Vernunfthaftes im Menschen nur eine Substanz sind. Und dies sagt auch ausdrücklich Augustinus im Buch *Über den Geist und die Seele*.

Dagegen aber [steht folgendes]:

(1) Bei einer vergänglichen und einer unvergänglichen Sache gibt es niemals ein und dieselbe Wesenheit und Substanz. Doch einzig die vernunfthafte Seele ist unvergänglich, die übrigen hingegen sind vergänglich. Folglich ist deren Substanz niemals ein und dieselbe. Der Obersatz ist offenkundig, denn wenn es bei einer vergänglichen und unvergänglichen [Sache] ein und dieselbe Substanz wäre, müßte das, was der Zahl nach dasselbe ist, [zugleich] vergänglich und unvergänglich sein. Der Untersatz steht indes im zweiten Buch *Über die Seele*, wo der Philosoph sagt, daß einzig die vernunfthafte Seele von den anderen [Seelen] wie das Beständige vom Vergänglichen abgetrennt wird.

(2) Ferner: Was vom Körper abtrennbar und unabtrennbar ist, wird niemals ein und dieselbe Substanz sein, weil sonst Abtrennbares und Unabtrennbares dasselbe wäre. Die vernunfthafte [Seele] ist aber vom Körper abtrennbar, die vegetative und sinnenhafte hingegen nicht. Folglich sind sie nicht eine einzige Substanz.

(3) Ferner: Wenn die vernunfthafte und sinnenhafte [Seele] in der Substanz dasselbe sind, wird folglich überall dort, wo ein Sinnesvermögen gefunden wird, auch die Vernunft gefunden. Im Auge gibt es aber ein Sinnesvermögen. Folglich gibt es im Auge Vernunft, was falsch ist.

(4) Item, sicut differunt operationes, ita potentiae, a quibus egrediuntur operationes illae; et sicut differunt potentiae, ita et essentiae respondentes potentiis illis; sed potentiae multae sunt; ergo et essentiae et substantiae.

(5) Item, *Aristoteles* in *XVI De animalibus*:[107] ‚Ex eo quod diximus in libro De anima, sciet qui voluerit quod necessario erit in concepto prius anima cibativa, et tunc erit in eo anima sensibilis, per quam dicitur animal. Et non erit animal et vivum simul neque equus et animal, sed complementum erit in ultimo, quia quodlibet complementum habet proprium suae generationis.' Ex hoc accipitur quod vegetabile et sensibile praecedunt se invicem tempore in bruto; et quae praecedunt se invicem tempore, non sunt eiusdem substantiae; ergo sensibile et vegetabile non sunt eiusdem substantiae; ergo multo minus haec ulterius erunt eiusdem substantiae cum rationali.

(6) Item, ens ab agente extrinseco, qui est extra materiam, et ens ab intrinseco eductum de materia non sunt eiusdem substantiae, quia aliter idem secundum substantiam esset a duobus agentibus non coniunctis in operatione. Sed intellectus est ens ab agente extrinseco, sensibilis autem et vegetabilis ab intrinseco, ut dicitur in *XVI De animalibus*;[108] ergo non sunt eiusdem substantiae.

(7) Item, actus eductus de materia ens in potentia in illa non est idem in substantia cum actu, qui nec educitur de

---

107 Arist., De gen. animal. II 3 (736a36–b4); transl. Mich. Scoti: De animal. XVI 3 (ed. Van Oppenraaij p.73). Cf. Alb., De animal. l.16 tr.1 c.10 n.58 (ed. Stadler p.1090 v.36sqq.).

108 Vide notam sequentem.

(4) Ferner: Wie sich Tätigkeiten unterscheiden, so unterscheiden sich die Vermögen, aus denen jene Tätigkeiten hervorgehen. Und wie sich Vermögen unterscheiden, so auch [unterscheiden sich] die Wesenheiten, die jenen Vermögen entsprechen. Vermögen sind es aber viele; folglich [sind] auch Wesenheiten und Substanzen [viele].

(5) Ferner: Aristoteles im sechzehnten Buch *Über die Sinnenwesen*: ,Aus dem, was wir im Buch *Über die Seele* gesagt haben, wird jeder wissen, der es will, daß im Gezeugten notwendigerweise die ernährende Seele früher, und dann die sinnenhafte Seele in ihm sein wird, durch die es Sinnenwesen heißt. Und es wird weder Sinnenwesen und Belebtes noch Pferd und Sinnenwesen gleichzeitig sein, sondern die Vollendung erfolgt im letzten, weil jedes beliebige [Lebewesen] eine eigene Vollendung seiner Zeugung besitzt.' Daraus wird angenommen, daß Vegetatives und Sinnenhaftes sich in einem vernunftlosen Tier zeitlich einander vorausgehen; welche aber zeitlich einander vorausgehen, sind nicht von ein und derselben Substanz. Folglich sind Sinnenhaftes und Vegetatives nicht von ein und derselben Substanz. Folglich werden diese letztgenannten viel weniger von ein und derselben Substanz mit dem Vernunfthaften sein.

(6) Ferner: Ein Seiendes, das von einem äußeren Wirkenden, das außerhalb der Materie ist, und ein Seiendes, das von innen her aus der Materie herausgeführt wird, sind nicht von derselben Substanz, weil sonst dasselbe der Substanz nach von zwei Wirkenden her wäre, die in der Tätigkeit nicht miteinander verbunden sind. Der Intellekt ist aber ein Seiendes, das von einem äußeren Wirkenden kommt; Sinnenhaftes und Vegetatives sind von innen her, wie es in *Über die Sinnenwesen*, Buch XVI, heißt. Folglich sind sie nicht von derselben Substanz her.

(7) Ferner: Der aus der Materie herausgeführte Akt, der dem Vermögen nach in jener existiert, ist hinsichtlich der

materia nec est in potentia in illa; sed vegetabilis et sensibilis sunt eductae de materia et existentes in potentia in illa, rationalis autem non; ergo non sunt idem in substantia.

(8) Hoc autem probat *Philosophus* in *XVI De animalibus*[109] sic: ‚Nos dicimus quod anima cibativa est in semine et in concepto animalis, quod est divisum ab animali. Et manifestum est quod illa anima est in eis in potentia, in actu autem non antequam adveniat cibus et faciat operationem animae, quoniam videtur quod omne quod est conceptum, vivit in principio sicut vivunt arbores. Et sequitur dicere de dispositione animae sensibilis, quoniam necessarium est, ut istae animae sint prius in potentia,‘ aut ‚non sint‘ prius in potentia, et ‚aut quod nullum eorum sit extra, aut quaedam sint et quaedam non. Et manifestum est quod impossibile est dicere quod omnia sint ante in semine ex ipsis rationibus, quas diximus‘ supra in libro De anima, ‚quoniam quando operatio principiorum fuerit corporalis, non possunt esse illa principia sine corpore, verbi gratia quoniam ambulatio non potest esse sine pedibus; est ergo impossibile quod intrent in corpus ab extrinseco‘, scilicet vegetabilis et sensibilis, ‚quoniam corpus est superfluitas cibi alterati. Et sequitur dicere quod intellectus tantum intrat ab extrinseco et quod ipse solus est divinus, quoniam operatio eius non habet communicationem cum operatione corporali aliquo modo.‘ Ex hoc accipitur quod sensibilis et vegetabilis sunt actus materiales educti de mate-

---

[109] Arist., De gen. animal. II 3 (736b8–29); transl. Mich. Scoti: De animal. XVI 3 (ed. Van Oppenraaij p.73–74). Cf. Alb., De animal. l.16 tr.1 c.12 n.66–67 (ed. Stadler p.1095 v.25–p.1096 v.42).

Substanz nicht derselbe mit dem Akt, der weder aus der Materie herausgeführt wird noch dem Vermögen nach in jener existiert. Die vegetative und die sinnenhafte Seele sind aber aus der Materie herausgeführt und existieren in ihr dem Vermögen nach, die Vernunftseele hingegen nicht. Folglich sind sie nicht dasselbe hinsichtlich der Substanz.

(8) Dieses beweist nämlich Aristoteles im sechzehnten Buch von *Über die Sinnenwesen* auf folgende Weise: ‚Wir sagen, daß die ernährende Seele im Samen und im Gezeugten des Sinnenwesens [das] ist, was vom Sinnenwesen getrennt ist. Und es ist offensichtlich, daß jene Seele in ihnen dem Vermögen nach ist, dem Akt nach hingegen nicht bevor die Nahrung hinzukommt und die Tätigkeit der Seele bewirkt, da es ja scheint, daß alles, was gezeugt ist, am Anfang so lebt, wie Bäume leben. Und es fügt sich etwas über die Veranlagung der sinnenhaften Seele zu sagen, da es ja notwendig ist, daß diese Seelen früher dem Vermögen nach sind, oder daß sie nicht früher dem Vermögen nach sind, und daß entweder nichts von diesen außerhalb ist, oder daß manche es [nämlich außerhalb] sind und manche nicht. Und es ist offensichtlich, daß es unmöglich ist zu behaupten, daß alle zuvor im Samen sind, aus den Gründen, die wir oben im Buch *Über die Seele* genannt haben, da ja, wenn die Tätigkeit der Prinzipien körperlich wäre, jene Prinzipien nicht ohne den Körper sein könnten, wie ja z.B. ein Spaziergang nicht möglich ist ohne Füße; folglich ist es unmöglich, daß sie, nämlich die vegetative und die sinnenhafte Seele, in den Körper von außen her hineintreten, da ja der Körper ein Überschuß an verdauter Nahrung ist. Es fügt sich auch zu sagen, daß nur der Intellekt von außen hineintritt, und daß allein er göttlich ist, da ja seine Tätigkeit in keiner Weise mit einer körperlichen Tätigkeit in Verbindung steht.‘ Von daher wird angenommen, daß die sinnenhafte und die vegetative [Seele] materielle Akte sind, die aus der Materie herausgeführt wur-

ria, et ideo operationes earum non possunt expleri sine instrumentis corporalibus. Intellectus autem eo quod operatio eius expletur sine instrumentis corporis, non erit eductus de materia nec actus materialis.

(9) Praeterea, si sunt unum, oporteret quod aliquo modo unirentur. Et de hoc sunt tres sententiae diversae. Prima est *Philosophi*,[110] qui dicit quod sicut trigonum unitur tetragono, cum est in ipso.

Sed contra:

(10) Trigonum est pars tetragoni, quando est in ipso, et corrupto trigono corrumpitur tetragonum; ergo videtur quod corrupto sensitivo corrumpatur intellectivum, quod falsum est.

(11) Item, secundum hoc intellectiva anima componitur ex vegetativo, sensitivo et rationali. Quaeratur ergo de ipsis componentibus, nihil enim componitur ex uno. Cum igitur anima bruti habeat sensibile et vegetabile, et vegetabile sit unum componentium, sensibile erit aliud componens; illud ergo sensibile aut est idem cum vegetabili aut omnino diversum ab ipso aut in se habens vegetabile et quiddam aliud. Si primo modo, tunc unum tantum esset componens, quod falsum est. Si secundo modo, tunc inveniretur sensitivum sine vegetativo, quod est contra *Philosophum*.[111] Si tertio modo, sequuntur duo inconvenientia, quorum unum est quod componens non differt a composito; aliud est, quia de illo quod est ibi praeter vegetativum, est eadem quaestio, utrum in illo

[110] Vide supra p.84 notam 98.

[111] Arist., De an. II 3 (415a1–2). Cf. Alb., De an. Ed. Colon. t.7,1 p.80 v.76–77, p.81 v.81sqq.

den, weshalb auch ihre Tätigkeiten nicht ohne körperliche Werkzeuge vollzogen werden können. Der Intellekt wird hingegen weder aus der Materie herausgeführt noch ein körperlicher Akt werden, weil seine Tätigkeit ohne Werkzeuge des Körpers vollzogen wird.

(9) Darüber hinaus: Wenn sie Eines sind, dann müßte es sein, daß sie auf irgendeine Weise vereinigt würden. Und diesbezüglich gibt es drei verschiedene Ansichten. Die erste ist die des Philosophen, der sagt, daß [es sich so verhält] wie ein Dreieck mit einem Viereck vereinigt wird, wenn es in ihm selbst ist.

Dagegen aber [steht folgendes]:

(10) Ein Dreieck ist Teil eines Vierecks, wenn es in ihm selbst ist. Durch die Zerstörung des Dreiecks wird auch das Viereck zerstört. Folglich scheint es, daß durch die Zerstörung des Sinnenhaften das Intellektive zerstört wird, was falsch ist.

(11) Ferner: Demnach ist die Vernunftseele aus dem Vegetativen, dem Sinnenhaften und dem Vernunfthaften zusammengesetzt. Folglich soll nach diesen Bestandteilen selbst gefragt werden, denn nichts wird aus einem einzigen Teil zusammengesetzt. Wenn also die Seele eines vernunftlosen Tieres Sinnenhaftes und Vegetatives besitzen würde, und Vegetatives eines der Bestandteile wäre, dann wird Sinnenhaftes ein anderer Bestandteil sein. Folglich ist jenes Sinnenhafte entweder identisch mit dem Vegetativen, oder völlig von diesem verschieden, oder es enthält in sich Vegetatives und ein gewisses anderes. Wenn es auf die erste Weise wäre, dann gäbe es nur einen einzigen Bestandteil, was falsch ist. Wenn es auf die zweite Weise wäre, dann fände man Sinnenhaftes ohne Vegetatives, was gegen den Philosophen ist. Wenn es auf die dritte Weise wäre, dann ergäben sich zwei Unstimmigkeiten, deren erste ist, daß ein Bestandteil sich vom Gesamtbestand nicht unterscheidet; die andere [Unstimmigkeit] ist, daß sich dieselbe Frage in bezug darauf stellt, was es dort

scilicet sit vegetativum et quiddam aliud vel vegetativum solum vel sensitivum solum, et sic ibitur in infinitum.

(12) Propter hoc dicunt *quidam alii*[112] quod in homine anima rationalis sola est actus, sensibilis autem et vegetabilis sunt dispositiones, et in bruto sensibilis est actus et vegetabilis dispositio.

Sed contra:

Omnis actus per dispositionem ens in materia quaerit dispositionem ultimatam, per quam coniungatur materiae. Veritas huius patet per inductionem. Ignis enim actus non erit in materia ignis nisi per calidissimum et rarissimum, quae sunt dispositiones ultimatae. Si igitur anima sensibilis est dispositio ad rationalem, aut est ultimata aut non. Si primo modo, cum talis dispositio semper trahat secum formam in eandem materiam, oporteret necessario quod omne sensibile esset rationale, quod est contra sensum et contra *Philosophum*.[113] Si autem secundo modo, tunc oportet quod sensibili addatur alia dispositio, per quam fiat ultimata, et illa dispositio maiori ratione erit anima quam sensibilis, et sic habemus plures differentias animae quam vegetabile, sensibile et rationale. Eadem prorsus obiectio est de vegetabili in comparatione ad sensibile in bruto.

Item, nulla forma ens actu substantialis unius substantiae potest esse dispositio materialis ad actum substantialem alte-

---

112 Cf. Alex. Hal., Summa II, p.425a. Philipp. Canc., Summa de bono (ed. Wicki p.231 v.5sqq.).

113 Arist., De an. II 3 (415a7–12). Cf. Alb., De an. Ed. Colon. t.7,1 p.80 v.79–82, p.82 v.72–85.

außer dem Vegetativen gibt, ob nämlich in jenem Vegetatives und ein gewisses anderes oder einzig Vegetatives, oder einzig Sinnenhaftes sei, und so wird man ins Unendliche gehen.

(12) Deshalb behaupten einige andere, daß im Menschen einzig die vernunfthafte Seele der Akt ist, die sinnenhafte und die vegetative Seele hingegen Veranlagungen sind; im vernunftlosen Tier aber ist die sinnenhafte Seele der Akt und die vegetative die Veranlagung.

Dagegen aber [steht folgendes]:

Jeder Akt, der durch die Veranlagung in der Materie ist, strebt nach dem äußersten Zustand der Veranlagung, durch die er mit der Materie verbunden ist. Die Wahrheit dieser [Prämisse] ist offenkundig durch induktiven Beweis. Denn der Akt des Feuers wird in der Materie des Feuers nur durch äußerste Hitze und äußerste Dünne sein, welche die Veranlagungen in ihrem äußersten Zustand sind. Wenn folglich die sinnenhafte Seele die Veranlagung zur vernunfthaften [Seele] ist, ist sie entweder in ihrem äußersten Zustand oder nicht. Wenn es auf die erste Weise wäre – weil eine so beschaffene Veranlagung immer die Form in dieselbe Materie mit sich zieht –, würde sich notwendigerweise ergeben, daß jedes Sinnenhafte Vernunfthaftes wäre, was sinnwidrig und gegen den Philosophen ist. Wenn es aber auf die zweite Weise wäre, dann muß dem Sinnenhaften eine andere Veranlagung hinzufügt werden, durch die es seinen äußersten Zustand erlangt, und diese Veranlagung wird dann mit stärkerer Begründung die Seele sein als das Sinnenhafte, und so haben wir mehr Unterscheidungen der Seele als [nur] Vegetatives, Sinnenhaftes und Vernunfthaftes. Der gleiche Einwand gilt erst recht vom Vegetativen im Verhältnis zum Sinnenhaften im vernunftlosen Tier.

Ferner: Keine Form, die in verwirklichter Existenz substantiale Form einer Substanz ist, kann materielle Veranlagung zum substantialen Akt einer anderen Substanz sein. Die

rius substantiae. Veritas huius patet per inductionem. Forma enim substantialis ignis non est dispositio ad formam substantialem aquae. Cum igitur anima sensibilis sit actus substantialis in bruto, non potest esse dispositio materialis in homine.

Item, potentia et actus oppositionem quandam habent. Igitur sicut potentia materialis nullius est actus, ita actus substantialis nullius debet esse potentia materialis; sed sensibilis est actus substantialis bruti; ergo non potest esse dispositio materialis ad animam rationalem, quia omnis dispositio materialis est potentia et ad materiam reducitur.

Item, anima secundum se diffinitur quod est ‚actus potentia vitam habentis;‘[114] ergo convenit omni animae; ergo nulla videtur esse actus potentiae quae est anima, sed potius potentiae quae est corpus, et sic iterum una non erit dispositio nec potentia ad alteram.

Item, si forte dicatur quod sensitiva non disponit ad hoc quod anima rationalis sit in corpore, sed quod operetur in ipso, eo quod intellectus humanus non intelligit sine phantasmate, ut videtur dicere *Philosophus*,[115] contra: Operatio animae in corpore reducitur ad actum secundum, esse autem animam in corpore reducitur ad actum primum; sed secundum ordinatur ad primum; ergo si est dispositio ad operationes, erit dispositio ad esse, quod improbatum est; ergo nullo modo erit dispositio.

Praeterea, sicut se habet operatio ad operationem, sic virtus ad virtutem et essentia ad essentiam; ergo si operatio

[114] Arist., De an. II 1 (412a27–28). Cf. Alb., De an. Ed. Colon. t.7,1 p.66 v.91, p.67 v.37–39.

[115] Arist., ibid. III 7 (431a14–17). Cf. Alb., ibid. p.211 v.82–83, p.212 v.28sqq.

Wahrheit dieser Prämisse ist offenkundig durch den induktiven Beweis. Die substantiale Form des Feuers ist nämlich nicht Veranlagung zur substantialen Form des Wassers. Weil also die sinnenhafte Seele substantialer Akt im vernunftlosen Tier ist, kann sie nicht materielle Veranlagung im Mensch sein.

Ferner: Vermögen und Akt weisen gewisse Entgegensetzung [zueinander] auf. Wie also ein materielles Vermögen keiner Sache Akt ist, so vermag ein substantialer Akt keiner Sache materielles Vermögen sein. Die sinnenhafte [Seele] ist aber der substantiale Akt des vernunftlosen Tieres; folglich kann sie nicht die materielle Veranlagung für die Vernunftseele sein, denn jede materielle Veranlagung ist ein Vermögen und wird auf die Materie zurückgeführt.

Ferner: Die Seele an sich wird definiert als ‚Akt dessen, das dem Vermögen nach Leben hat‘; folglich trifft das auf jede Seele zu; folglich scheint keine [Seele] Akt des Vermögens zu sein, das Seele ist, sondern vielmehr des Vermögens, welches der Körper ist, und so wiederum wird eine [Seele] weder eine Veranlagung noch ein Vermögen für eine andere sein.

Ferner: Wenn man etwa behauptete, die sinnenhafte [Seele] disponierte nicht dazu, daß die Vernunftseele im Körper ist, sondern daß sie in ihm tätig ist, weil der menschliche Intellekt ohne ein Vorstellungsbild nicht erkennt, wie es der Philosoph zu sagen scheint, [steht folgendes] dagegen: Die Tätigkeit der Seele im Körper wird auf den zweiten Akt zurückgeführt; daß aber die Seele im Körper ist, wird auf den ersten Akt zurückgeführt; das Zweite wird aber auf das Erste hingeordnet; wenn es folglich eine Veranlagung zu Tätigkeiten gibt, wird es eine Veranlagung zum Sein geben, was zurückgewiesen worden ist; folglich wird [die Seele] auf keine Weise Veranlagung sein.

Außerdem: Wie sich Tätigkeit zur Tätigkeit verhält, so [verhalten sich] Wirkkraft zur Wirkkraft und Wesenheit zur

disponit ad operationem, et virtus ad virtutem et essentia ad essentiam, et hoc improbatum est; ergo nihil est dictu quod disponat ad operationem et non ad esse.

(13) Propter hoc venit *tertia opinio*[116] et dicit quod in veritate tres substantiae sunt in homine: vegetabilis, sensibilis et rationalis. Et vegetabilis est substantia quae est ex traduce, per quam vivit homo vita, qua communicat cum plantis. Sensibilis autem est substantia, quae est ex virtute activa masculi et stellis et orbe declivi. Intellectus vero sive anima rationalis est substantia, quae est immediate a deo et ad imaginem dei creata. Et istae tres uniuntur in actu illo qui est perficere corpus humanum, et ideo sunt unius actus.

Et isti ponunt exemplum quod bene contingit tria uniri in actu uno, quae sunt diversa secundum substantiam et naturam, sicut radius ignis et radius stellae et radius solis uniuntur in illuminando, cum tamen radius ignis corruptibilis sit, radius autem stellae et solis non. Et sic dicunt quod licet vegetabilis et sensibilis corruptibiles sint, uniuntur tamen intellectuali in perfectione humani corporis.

(14) Ponunt etiam rationem pro se sic: Si vegetabilis et sensibilis non essent nisi potentiae rationalis et non substantiae diversae ab ipsa, aut essent naturales aut accidentales. Si primo modo, cum naturalis potentia semper sequatur id cuius est potentia, anima rationalis exuta a corpore retineret po-

---

[116] Vide Philipp. Canc., Summa de bono (ed. Wicki p.233 v.73sqq. cum nota 73). Ps.-Rob. Gross., Tract. de an. VIII (ed. Baur p.270 v.4sqq., imprimis p.271 v.3–16).

Wesenheit; folglich wenn Tätigkeit zur Tätigkeit disponiert, dann [disponieren] auch Wirkkraft zur Wirkkraft und Wesenheit zur Wesenheit, und dies ist zurückgewiesen worden; folglich ist es nichtig zu behaupten, daß [die Seele] zur Tätigkeit disponiere, nicht aber zum Sein.

(13) Aus diesem Grund tritt eine dritte Lehrmeinung auf, die besagt, daß es in Wahrheit drei Substanzen im Menschen gibt: die vegetative, sinnenhafte und vernunfthafte. Und die vegetative ist Substanz, die vom Fortpflanzenden her ist, durch die der Mensch ein Leben lebt, das er gemeinsam mit Pflanzen teilt. Die sinnenhafte [Seele] ist aber Substanz, die aus der aktiven Wirkkraft des männlichen Geschlechts und der Sterne sowie des geneigten Himmelskreises herrührt. Der Intellekt bzw. die Vernunftseele ist hingegen Substanz, die unmittelbar von Gott und auf Gottes Bild hin geschaffen ist. Und diese drei [Seelen] werden in jenem Akt vereinigt, der die Vollendung des menschlichen Körper bewirkt, und deshalb sind sie Akte eines Einzigen.

Und diese [Vertreter der dritten Lehrmeinung] bringen ein Beispiel, daß es [sehr] wohl zutrifft, daß dreierlei in einem Akt vereinigt wird, was der Substanz und Natur nach verschieden ist, so wie der Strahl des Feuers und des Sterns und der Sonne beim Leuchten vereinigt werden, obwohl doch der Strahl des Feuers vergänglich ist, der Strahl des Sterns und der Sonne hingegen nicht. Und so behaupten sie, daß obgleich die vegetative und die sinnenhafte [Seele] vergänglich sind, sie dennoch mit der Geistseele in der Vollendung des menschlichen Körpers vereinigt werden.

(14) Sie geben auch für ihre Auffassung folgende Begründung an: Wenn die vegetative und die sinnenhafte [Seele] bloß Vermögen der Vernunftseele und keine von ihr selbst verschiedenen Substanzen wären, dann wären sie entweder natürliche oder akzidentelle [Vermögen]. Wären sie auf die erste Weise, würde die vom Leib gelöste Vernunftseele jene

tentias illas, et sic anima post mortem sentiret, quod absur-
dum est dicere. Et si diceretur quod haberet quidem potentiam, sed non egredientem in actum, sequeretur quod illa
potentia esset vana.

Praeterea, hoc esset contra *Philosophum*[117] qui dicit quod
intellectus solus separatur sicut perpetuum a corruptibili.

Sed contra:

Quaeratur de illo sensibili quod secundum substantiam divisum est a vegetabili, utrum in intellectu eius claudatur vegetabile, aut non. Si sic, tunc sequitur quod in sensitivo semper est vegetabile, et redibit quaestio eadem de illo vegetativo
et sensitivo, utrum sint distincta per substantiam, aut non, et
sic procedetur in infinitum. Si autem non est in ipso vegetativum, ergo sensibile non ponit de necessitate vivum, quia
vivere est vegetabilis primo, ut dicit *Philosophus*,[118] et sic non
valet processus ille: est sensibile, ergo vivum.

Praeterea, *Philosophus* in *Libro de causis* in *prima pro-
positione* dicit in *commento*[119] quod causa secunda habet a
prima quod est et quod causa est. Et dicit *ibidem*[120] quod
vegetabile est ut causa prima et sensibile ut causa secunda. Et
ita videtur quod sensibile non possit abstrahi per intellectum
a vegetabili, licet possit fieri e converso.

Praeterea, *Boethius* in *Libro divisionum*[121] dicit quod
potentia inferior semper est in superiori, et quicquid potest

[117] Arist., De an. II 2 (413b24–27). Cf. Alb., De an. Ed. Colon. t.7,1
p.76 v.79–80.6–p.77 v.18. Philipp. Canc., Summa de bono (ed. Wicki
p.234 v.91–93).

[118] Arist., De an. II 4 (415a23–25). Cf. Alb., De an. Ed. Colon. t.7,1
p.83 v.61–62, p.84 v.16–20.

[119] Liber de causis § 1 (ed. Pattin p.46 v.3–p.47 v.15). Cf. Alb., De
causis et proc. univ. Ed. Colon. t.17,2 p.67 v.73–78.30–45, p.65 v.57–
59.68–69.

[120] Liber de causis § 1 (p.47 v.17–p.48 v.38), ad sensum. Cf. Alb.,
ibid., p.67 v.78sqq., v.46sqq.

[121] Boeth., De divis. (PL 64,888C; ed. Magee p.40 v.20–27). Cf. Alb.,

Vermögen behalten, da ein natürliches Vermögen immer dem folgt, dessen Vermögen es ist, und so würde die Seele nach dem Tode empfinden, was zu behaupten sinnlos ist. Auch wenn man sagte, daß die [Vernunftseele] zwar ein Vermögen habe, das aber nicht zur Verwirklichung gelange, würde daraus folgen, daß jenes Vermögen leer ist.

Darüber hinaus: Dies wäre gegen den Philosophen, der sagt, daß einzig der Intellekt wie Ewiges vom Vergänglichen getrennt wird.

Dagegen aber [steht folgendes]:

Es sei in bezug auf jenes Sinnenhafte, das der Substanz nach vom Vegetativen getrennt ist, gefragt, ob in dessen Verständnis das Vegetative eingeschlossen ist oder nicht. Wenn ja, dann folgt daraus, daß im Sinnenhaften immer das Vegetative ist; und dieselbe Frage wird sich erneut in bezug auf jenes Sinnenhafte und Vegetative stellen, ob sie der Substanz nach voneinander getrennt seien oder nicht, und auf diese Weise würde man ins Unendliche fortschreiten. Wenn aber in ihm das Vegetative nicht ist, setzt folglich das Sinnenhafte nicht notwendig Belebtes voraus, weil Leben zuerst [die Funktion] des Vegetativen ist, wie der Philosoph sagt, und so gilt jene Folgerung nicht: ‚Es ist Sinnenhaftes, folglich Belebtes.'

Außerdem: Der Philosoph sagt im Kommentar zu der ersten Proposition des Buches *Über die Ursachen*, daß die Zweitursache der Ersten Ursache verdankt, daß es sie gibt und daß sie Ursache ist. Und er sagt ebendort, daß das Vegetative wie die Erste Ursache und das Sinnenhafte wie die Zweitursache ist. Und so scheint es, daß das Sinnenhafte nicht vom Verständnis des Vegetativen abstrahiert werden kann, wenngleich es umgekehrt geschehen kann.

Außerdem: Boethius sagt im *Buch der Einteilungen*, daß ein niederes Vermögen immer im höheren enthalten ist, und was ein niederes [Vermögen] vermag, das vermag auch ein

inferior, potest et superior, sed non convertitur. Ergo videtur quod in eadem substantia numero sit potentia ad opera vegetativae et sensitivae, quia quicquid potest vegetabilis, potest sensibilis, sed non convertitur.

Solutio: Dicendum secundum omnes sanctos et philosophos et naturales quod vegetabile, sensibile et rationale sunt in homine substantia una et anima una et actus unus.

(1) Ad primum autem quod contra hoc est, dicendum quod rei corruptibilis et incorruptibilis per se et in se et secundum idem numquam est substantia una, et sic non est anima rationalis corruptibilis et incorruptibilis. Anima enim rationalis est substantia una incorruptibilis tantum existens, ex qua fluunt quaedam potentiae operantes in instrumentis corporalibus, et quaedam operantes sine instrumentis corporalibus. Unde corruptio non est ex parte animae, sed ex parte organorum, et est corruptio operationis, non potentiae operantis. Aliter enim oporteret nos ipsam rationalem animam dicere diversas substantias. In motu enim processivo hominis movent intellectus et voluntas, quorum utrumque rationalis animae est, et cum operatio illa non sit absoluta a corpore, eo quod ‚ambulatio non possit esse sine pedibus,' principia illius operationis erunt operantia in instrumentis corporalibus. Et si potentia animae corrumperetur propter corruptionem operationis, oporteret nos dicere quod aliqua pars animae rationalis corrumperetur, et ita una pars animae cum alia esset diversae substantiae.

Praeterea, secundum omnes philosophos intellectus practicus sive actualis totus innititur corpori, et praecipue in mechanicis, eo quod actuale bonum non acquiritur sine opera-

De divis. tr.4 c.2 (ed. de Loë p.79 v.14–24); De IV coaeq. tr.4 q.60 a.1 (Ed. Paris. t.34 p.631b), a.4 (p.639b). H. Anzulewicz, Aspekte der Sinnespsychologie Alberts des Großen und Dietrichs von Freiberg, n.79–81.

höheres, aber nicht umgekehrt. Folglich scheint es, daß es in der numerisch selben Substanz das Vermögen zu Tätigkeiten der vegetativen und sinnenhaften [Seele] gäbe, weil was auch immer die vegetative vermag, dies die sinnenhafte vermag, aber nicht umgekehrt.

Lösung: Man muß gemäß der Auffassung aller Heiligen, Philosophen und Naturforscher sagen, daß Vegetatives, Sinnenhaftes und Vernunfthaftes im Menschen *eine* Substanz, *eine* Seele und *ein* Akt sind.

(1) Zum ersten aber, was diesbezüglich eingewendet wird, muß man sagen, daß eine vergängliche und eine unvergängliche Sache an und für sich und in sich und demselben nach niemals *eine* Substanz ist; und so ist nicht die Vernunftseele vergänglich *und* unvergänglich. Die Vernunftseele ist nämlich nur eine unvergänglich existierende Substanz, aus der gewisse Vermögen fließen, die in körperlichen Werkzeugen wirken, und gewisse [Vermögen], die ohne körperliche Werkzeuge tätig sind. Daher kommt das Vergehen nicht von seiten der Seele, sondern von seiten der Organe; und es ist ein Vergehen des Wirkens und nicht des wirkenden Vermögens. Andernfalls müßten wir nämlich behaupten, daß die Vernunftseele selbst verschiedene Substanzen sei. Denn bei einer fortschreitenden Bewegung des Menschen bewegen der Intellekt und der Wille, die beide der Vernunftseele eignen; und da jene Tätigkeit nicht vom Körper losgelöst ist, weil das Gehen ohne Füße nicht möglich wäre, werden die Wirkprinzipien dieser Tätigkeit in den körperlichen Werkzeugen sein. Wenn aber das Vermögen der Seele auf Grund des Vergehens der Tätigkeit vergehen würde, dann müßten wir behaupten, daß ein gewisser Teil der Vernunftseele vergeht, und so wäre ein Teil der Seele mit einem anderen verschiedene Substanzen.

Außerdem: Nach Ansicht aller Philosophen lehnt sich der praktische bzw. aktuelle Intellekt ganz an den Körper an, und insbesondere im Bereich des Mechanischen, weil ein aktuelles

tione corporis, nec tamen ideo dicimus ipsum secundum substantiam corrumpi corrupto corpore vel esse diversae substantiae ab aliis partibus animae rationalis. Corruptio enim
haec accidit ex parte corporis et non ex parte partium animae, sicut etiam debilitas operationis accidit ex debilitate
organi et non ex debilitate virtutis organi. Dicit enim *Philosophus*[122] quod ‚si senior accipiat iuvenis oculum, videbit utique sicut iuvenis.‘ Hoc tamen magis patebit *infra*,[123] cum de
immortalitate animae rationalis disputabitur.

(2) Ad aliud dicendum eodem modo quod potentiae animae rationalis separantur quidem, secundum quod sunt in
substantia animae, sed secundum operationes ex organis defi-
cientibus corrumpuntur.

(3) Ad aliud dicendum quod non sequitur quod si sensibilis
et rationalis sunt idem in substantia, quod ubi sit sensus quod
etiam ibi sit ratio. Sed sequitur quod ubi est sensus in homine,
quod ibi est substantia animae rationalis, quia sensus et ratio
uniuntur in homine in substantia una.

(4) Ad aliud dicendum quod haec est falsa quod sicut differunt operationes, quod ita differunt virtutes, a quibus sunt
opera, nisi intelligatur hoc modo quo virtutes per opera diffi-
niuntur. Verum enim est quod diversa opera in specie diversas
ponunt virtutes in specie, sed non oportet quod sicut diversa
opera specie non reducuntur ad unam virtutem, quod sic
diversae virtutes non reducantur ad unam substantiam. Aliter

---

[122] Arist., De an. I 4 (408b21–22). Cf. Alb., De an. Ed. Colon. t.7,1
p.41 v.86, p.42 v.72–81.
[123] Alb., De homine: Ann Arbor 201 f.81rb–83rb.

Gut nicht ohne körperliche Tätigkeit erworben wird. Und dennoch behaupten wir nicht, daß er selbst der Substanz nach mit dem Untergang des Körpers untergeht oder daß er eine von den anderen Teilen der Vernunftseele verschiedene Substanz ist. Dieser Untergang nämlich tritt ein seitens des Körpers und nicht seitens der Seelenteile, so wie auch die Wirkschwäche eintritt auf Grund der Organschwäche und nicht auf Grund der Wirkkraftschwäche des Organs. Denn der Philosoph sagt, daß ‚wenn ein Greis das Auge eines Jünglings annehmen könnte, er durchaus so wie der Jüngling sähe.‘ Dies wird jedoch weiter unten offenkundiger werden, wenn die Unsterblichkeit der Vernunftseele diskutiert werden wird.

(2) Zum anderen muß man auf dieselbe Weise sagen, daß die Vermögen der Vernunftseele gewiß [vom Körper] getrennt werden, insofern sie in der Substanz der Seele sind; gemäß den Tätigkeiten aber gehen sie unter auf Grund des Fehlens der Organe.

(3) Zum anderen muß man sagen, daß, wenn die sinnenhafte und die vernunfthafte Seele dasselbe in der Substanz sind, daraus nicht folgt, daß es dort, wo es Sinneswahrnehmung gibt, auch Vernunft gibt. Es folgt aber, daß es dort, wo es Sinneswahrnehmung im Menschen gibt, auch die Substanz der Vernunftseele gibt, weil Sinneswahrnehmung und Vernunft im Menschen in *einer* Substanz vereinigt werden.

(4) Zum anderen muß man sagen, daß die Prämisse ‚Wie sich Tätigkeiten unterscheiden, so unterscheiden sich die Wirkkräfte, von denen her die Werke sind,‘ falsch ist, es sei denn, man verstehe sie in der Weise, in der die Wirkkräfte durch Werke definiert werden. Denn es ist wahr, daß verschiedenartige Werke verschiedenartige Kräfte voraussetzen; es ist aber nicht nötig, daß so, wie die verschiedenartigen Werke nicht auf ein und dieselbe Wirkkraft zurückgeführt werden, so verschiedene Wirkkräfte nicht auf ein und die-

enim oporteret tot esse substantias animae, quot sunt virtutes particulares et potentiae. Et hoc fuit error *quorundam antiquorum Pythagoricorum*[124] dicentium quod in quolibet corpore animato sunt infinitae animae, quarum quaedam sedent in cerebro, ut intellectus et ratio, quaedam in hepate, ut nutritiva, et quaedam in membris genitalibus, ut generativa, et sic de aliis. Et iste error improbatus est ab *Avicenna* in *VI De naturalibus*.[125]

(5) Ad aliud dicendum quod Philosophus non intendit dicere quod anima vegetabilis et sensibilis sint in semine sicut actus in potentia, sed sunt in ipso, ut *ibidem*[126] dicit, ut artificium in artifice; nec intendit dicere quod anima vegetabilis sit ante sensibilem in homine tempore, sed quod prius manifestantur operationes eius. Et hoc nihil prohibet quod anima rationalis sit substantia una cum sensibili et vegetabili, et tamen prius tempore sint opera vegetabilis quam sensibilis, et sensibilis quam rationalis. Utrum autem anima vegetabilis et sensibilis sint in semine vel ex semine, et quomodo sint et quomodo non, quaeretur *infra*,[127] cum disputabitur de potentia generativa.

(6) Ad aliud dicendum quod haec propositio vera est quod ens ab agente extrinseco etc.; sed haec falsa est quod anima vegetabilis et sensibilis in homine sint ab agente intrinseco. Substantia enim animae rationalis secundum se totam est per creationem, quae infunditur corpori organizato, et in quibusdam partibus eius operatur opera vegetativae et in quibusdam

---

[124] Vide Alb., De an. Ed. Colon. t.7,1 p.7 v.65–69 cum nota 65. Cf. H. Anzulewicz, Die platonische Tradition bei Albertus Magnus, 245–246 cum notis 130–138.

[125] Avic., Liber VI Nat. V 7 (ed. Van Riet p.156 v.70–p.157 v.84).

[126] Vide supra p.92 notam 109.

[127] Alb., De homine: Ann Arbor 201 f.22vb-26rb.

selbe Substanz zurückgeführt werden. Andernfalls müßte es nämlich so viele Substanzen der Seele geben, als es einzelne Wirkkräfte und Vermögen gibt. Und dies war der Irrtum mancher alten Pythagoreer, die behaupteten, daß es in jedem beliebigen belebten Körper unendlich viele Seelen gibt, von denen einige im Gehirn sitzen, wie der Intellekt und die Vernunft, manche in der Leber, wie die ernährende Kraft, und manche in Geschlechtsorganen, wie die Zeugungskraft, usw. Dieser Irrtum wurde aber von Avicenna im *Sechsten Buch Über die Naturdinge* zurückgewiesen.

(5) Zum anderen muß man sagen, daß der Philosoph nicht beabsichtigt zu sagen, daß die vegetative und die sinnenhafte Seele im Samen wie der Akt im Vermögen sind, sondern daß sie im Samen, wie er ebendort sagt, wie eine Kunstfertigkeit im Künstler sind. Er beabsichtigt auch nicht zu sagen, daß die vegetative Seele im Menschen zeitlich früher als die sinnenhafte ist, sondern daß sich deren Tätigkeiten früher offenbaren. Und dies hindert nichts daran, daß die Vernunftseele mit der sinnenhaften und der vegetativen *eine* Substanz ist, und daß die Werke der vegetativen dennoch zeitlich früher als die der sinnenhaften und die der sinnenhaften früher als die der Vernunftseele sind. Ob die vegetative und die sinnenhafte Seele aber im Samen oder aus dem Samen sind, und auf welche Weise sie sind und auf welche nicht, wird weiter unten untersucht, wenn über das Zeugungsvermögen diskutiert wird.

(6) Zum anderen muß man sagen, daß der Satz ‚Ein Seiendes, das von einem äußeren Wirkenden usw.‘ wahr ist; falsch hingegen ist der Satz, daß die vegetative und die sinnenhafte Seele im Menschen von einem inneren Wirkenden her sind. Denn die Substanz der Vernunftseele ist in ihrer Ganzheit durch die Schöpfung; sie wird einem organisch ausgebildeten Körper eingegossen, und sie erfüllt in manchen seiner Teile die vegetativen und in manchen die sinnenhaften

sensitivae. Et ad hoc quod obicitur de Philosopho, dicendum quod ipse ibi intendit reddere causam maris et feminae et ostendere quod in plantis sufficit ad vegetabile materia seminis cum virtute caelesti sine operatione masculi. In brutis autem oportet in materia esse semen masculi, quod substantificat et movet materiam, quia aliter non egrederetur animal sensibile. Sed in hominibus propter divinam virtutem ipsius intellectus exigitur dator extrinsecus ipsius animae. Et haec omnia patebunt *infra*,[128] cum disputabitur de generativa.

(7–8) Per hoc etiam patet solutio ad duo sequentia.

(9) Ad id quod obicitur de modo unionis istorum trium, dicendum quod triplex est modus unionis eorum, scilicet ut potentiae et actus et ut causae primae et consequentium et ut partium virtualium in toto. Dico autem ut potentiae et actus non quod materia dicatur potentia et forma actus, sed secundum quod genus dicitur potentia et differentia constituens actus. Relatio enim differentiae ad genus est relatio actus ad potentiam et propter hoc immediate unitur ei ad constituendam speciem. Et sicut differentia potestate est in genere, actu autem non nisi quando cum genere constituit speciem, sic sensitivum est in vegetativo et rationale in sensitivo. Et istam unionem tangit *Avicenna*,[129] qui dicit quod vegetabile tribus modis consideratur, scilicet ut genus et ut species et ut poten-

[128] Ibid.
[129] Avic., Liber VI Nat. I 3 (ed. Van Riet p.61 v.70-p.64 v.12).

Funktionen. Zu dem aber, was unter Bezugnahme auf Aristoteles eingewendet wird, muß man sagen, daß er selbst dort versucht, die Ursache für das männliche und weibliche Geschlecht wiederzugeben und zu zeigen, daß bei den Pflanzen für die vegetative Lebensform die Materie des Samens mit himmlischer Kraft ohne eine Wirkung des männlichen Geschlechts ausreicht. Bei den vernunftlosen Tieren hingegen bedarf es in der Materie des männlichen Samens, der die Materie substantiiert und bewegt, weil anders kein sinnenhaftes Lebewesen hervorginge. Bei den Menschen aber wird wegen der göttlichen Kraft des Intellekts selbst ein äußerer Geber der Seele selbst gefordert. Und all dieses wird weiter unten offenkundig werden, wenn über die Zeugungskraft diskutiert werden wird.

(7–8) Dadurch ist auch die Lösung zu den beiden nachfolgenden Fragen offenkundig.

(9) Zu dem, was bezüglich der Art und Weise der Vereinigung dieser drei eingewendet wird, muß man sagen, daß es eine dreifache Weise der Vereinigung dieser gibt, nämlich eine wie des Vermögens und des Aktes, eine wie der Erstursache und des [auf sie] Folgenden und eine wie der Kräfteteile in einem [Kräfte-]Ganzen. Ich sage aber ‚wie des Vermögens und des Aktes‘, nicht weil die Materie [als] Vermögen und die Form [als] Akt bezeichnet werden, sondern insofern die Gattung Vermögen heißt und die konstitutierende Differenz Akt. Das Verhältnis der Differenz zur Gattung ist nämlich [wie] das Verhältnis des Aktes zum Vermögen, und deshalb wird [die Differenz] unmittelbar mit [der Gattung] vereinigt, um die Wesensart zu konstituieren. Und so wie die Differenz dem Vermögen nach in der Gattung ist, dem Akt nach aber nicht, es sei denn, sie begründet mit der Gattung die Wesensart, so ist Sinnenhaftes in Vegetativem und Vernunfthaftes in Sinnenhaftem. Und diese Vereinigung erwähnt Avicenna, der sagt, daß Vegetatives auf dreifache Weise betrachtet wird,

tia. Ut genus secundum quod habet contrahi per sensibile et rationale ad constituendam speciem bruti vel hominis, et tunc vegetabile non habet subiectum nisi generale non plantae corpus vel bruti vel hominis; ut species secundum quod constituit speciem plantae; ut potentia autem secundum quod est pars virtualis consequens secundum naturam substantiam animae sensibilis vel rationalis.

Secundus modus unionis istorum est ut causae primae et consequentium, et iste modus unionis tangitur in *principio De causis*.[130] Cum enim causa prima sit, quae influit non influente secunda causalitatem suam, secunda autem quae non influit sine prima, sed quae substituit rem magis quam prima, patet quod vegetabile est ut causa prima, et sensibile unitur ei ut causa secunda, et rationale unitur sensibili ut causa tertia. Potest enim per intellectum vegetabile abstrahi a sensibili et influere causalitatem sine ipso, sed sensibile non potest abstrahi a vegetabili; et eadem est comparatio rationalis ad sensibile.

Tertius autem modus unionis istorum est ut partium virtualium in toto. Et hunc modum unionis tangit *Boethius* in *Divisionibus*[131] et videtur innui in exemplo *Philosophi*[132] de trigono et tetragono. Trigonum enim non est in tetragono secundum esse proprium, sed secundum esse tetragoni, distinguibile tamen est trigonum per divisionem tetragoni. Et est ibi similitudo duplex et uno modo dissimilitudo. Est enim

---

[130] Liber de causis § 1 (ed. Pattin p.46 v.1sqq.). Cf. Alb., De causis et proc. univ. Ed. Colon. t.17,2 p.67 v.73sqq., v.28sqq.

[131] Vide supra p.102 notam 121.

[132] Vide supra p.84 notam 98.

nämlich als Gattung, als Wesensart und als Vermögen. Als Gattung, insofern es durch Sinnenhaftes und Vernunfthaftes auf die zu begründende Wesensart des vernunftlosen Tieres oder des Menschen zusammengezogen werden muß; und Vegetatives hat dann nur ein allgemeines Zugrundeliegendes, [also] keinen Körper einer Pflanze, eines vernunftlosen Tieres oder eines Menschen. Als Wesensart, insofern es die Wesensart der Pflanze begründet. Als Vermögen aber, insofern es ein Kräfteteil ist, der naturgemäß auf die Substanz der sinnenhaften und der vernunfthaften Seele folgt.

Die zweite Weise der Vereinigung dieser [drei] ist wie die der Erstursache und des [auf sie] Folgenden; und dieser Vereinigungsmodus wird am Anfang [des Buches] *Über die Ursachen* erwähnt. Weil aber die Erstursache [die Ursache] ist, die einflößt, ohne daß die Zweitursache ihre Ursächlichkeit einflößt, die Zweitursache aber [die Ursache ist], die nicht ohne die Erstursache einflößt, die aber mehr als die Erstursache eine Sache substituiert, ist es offenkundig, daß das Vegetative wie die Erstursache ist und daß das Sinnenhafte mit ihr als Zweitursache vereinigt wird und das Vernunfthafte mit dem Sinnenhaften als Drittursache vereinigt wird. Vegetatives kann nämlich vom Verständnis des Sinnenhaften abstrahiert werden und ohne dieses die Ursächlichkeit einflößen. Sinnenhaftes kann hingegen nicht vom Vegetativen abstrahiert werden. Und dasselbe gilt vom Verhältnis des Vernunfthaften zum Sinnenhaften.

Die dritte Weise der Vereinigung dieser ist aber wie die der Kräfteteile in einem [Kräfte-]Ganzen. Diesen Vereinigungsmodus streift auch Boethius in den *Einteilungen*, und es scheint im Beispiel des Philosophen vom Dreieck und Viereck angedeutet zu sein. Ein Dreieck ist nämlich in einem Viereck nicht gemäß dem eigenen Sein, sondern gemäß dem Sein des Vierecks; dennoch ist das Dreieck unterscheidbar durch die Teilung des Vierecks. Und es gibt dort eine zweifache Ähn-

similitudo quantitatis continuae et partium eius ad totum potestativum et partes eius, in hoc quod sicut in toto continuo includuntur partes secundum essentiam et habent actum in ipso et esse et non per se, ita in toto potestativo sunt partes potestatum particularium, quae partes vires vel virtutes dicuntur, et non secundum esse et speciem propriam, sed secundum esse et speciem sui totius. Vegetabile enim quod est pars rationalis animae, non est species animae, sed pars huius totius, quod est anima rationalis. Et haec similitudo sumitur ex comparatione totius ad totum secundum continentiam partium, secundum quam semper minus est in maiore, et attenditur a *Philosopho* in *secundo De anima*.[133] Secunda similitudo est in modo divisionis. Sicut enim continuum dividitur in plura, sic et totum potentiale dividitur in plura secundum ea in quae potest. Sed in hoc est differentia quod continuum dividitur per intranea et ideo non manet unum quando divisum est, potestativum autem dividitur per extranea, scilicet obiecta potentiae, secundum quod potest in duo vel tria vel quattuor, et ideo manet unum respectu illorum. Dissimilitudo vero est in hoc quod partes continui non possunt signari nisi per divisionem continui, sed partes potestativi signantur per operationes.

Secundum autem primos duos modos unionis vegetabile per intellectum est ante sensibile et sensibile ante rationale, sed secundum tertium modum vegetabile per naturam se-

---

[133] Arist., De an. II 3 (414b28–32). Cf. Alb., De an. Ed. Colon. t.7,1 p.80 v.73–75, p.81 v.59–p.82 v.56.

lichkeit und in einer Weise eine Unähnlichkeit. Es gibt nämlich eine Ähnlichkeit der kontinuierlichen Größe und ihrer Teile mit dem Kräfteganzen und seinen Teilen darin, daß wie in einem Kontinuierlich-Ganzen Teile der Wesenheit nach eingeschlossen werden und Verwirklichung sowie Sein in ihm selbst und nicht an und für sich haben, so gibt es in einem Kräfteganzen Teile einzelner Vermögen, welche als Kräfte bzw. Fähigkeiten bezeichnet werden, jedoch nicht gemäß dem Sein und der eigenen Wesensart, sondern gemäß dem Sein und der Wesensart ihres Ganzen. Denn Vegetatives, das ein Teil der Vernunftseele ist, ist keine Wesensart der Seele, sondern ein Teil dieses Ganzen, das die Vernunftseele ist. Und diese Ähnlichkeit wird abgeleitet aus dem Verhältnis des Ganzen zum Ganzen hinsichtlich des Bestandes der Teile, demgemäß ein Minderes immer im Größerem [enthalten] ist; auf diesen Umstand richtet Aristoteles seine Aufmerksamkeit im zweiten Buch *Über die Seele*. Die zweite Ähnlichkeit besteht in der Weise der Teilung. Denn so wie Kontinuierliches in vieles geteilt wird, so wird auch ein Vermögensganzes in vieles gemäß jenem geteilt, hinsichtlich dessen es im Vermögen ist. Doch gibt es darin den Unterschied, daß Kontinuierliches durch Inneres geteilt wird und deshalb nicht mehr [als] Eines bleibt, wenn es geteilt ist. Ein Wirkmächtiges wird hingegen durch Äußeres geteilt, nämlich durch Gegenstände des Vermögens, insofern es wirkmächtig hinsichtlich von zwei oder drei oder vier [Gegenständen] ist, und deshalb bleibt es auch im Verhältnis zu jenen Eines. Eine Unähnlichkeit aber besteht darin, daß Teile des Kontinuierlichen nicht anders als nur durch dessen Teilung bezeichnet werden können; die Teile des Kräfteganzen hingegen werden durch Tätigkeiten bezeichnet.

Gemäß den zwei ersten Weisen der Vereinigung ist aber Vegetatives dem Verständnis nach vor dem Sinnenhaften und Sinnenhaftes vor dem Vernunfthaften; gemäß der dritten

quitur sensibile et sensibile per naturam consequitur rationale ut pars suum totum, licet tempore operationes vegetabilis praecedant operationes sensibilis et sensibilis operationes praecedant operationes rationalis.

(10) Ad id ergo quod videtur contra obici, dicendum quod sensibile, quod est pars rationalis, secundum quod est pars eius non corrumpitur, ut patet ex supra dictis.

(11) Ad aliud dicendum quod sensibile non est compositum ex vegetabili et aliquo alio, nec rationale compositum est ex sensibili et aliquo alio, nulla enim differentia composita est. Si enim esset composita, non posset esse composita nisi ex genere et differentia, et ad hoc sequuntur tria inconvenientia. Quorum primum est quod omnis differentia esset species, quia hoc est species quod compositum est ex genere et differentia. Secundum est, quia eadem quaestio esset de differentia quae componit differentiam, et iretur in infinitum. Tertium est quod genus bis poneretur in diffinitione speciei, scilicet per se secundum quod cum differentia constituit speciem, et secundum quod cum differentia constituit differentiam. Et adhuc sequeretur ulterius quod differentia esset diffinibilis per differentiam, et sic differentia esset prior differentia et posterior. Quae quia omnia inconvenientia valde sunt et absurda, non potest dici quod differentia sit composita.

Dicendum igitur quod sensibilis anima species animae est et composita, ut supra dictum est, et similiter rationalis. Sed

Weise aber folgt Vegetatives naturgemäß auf Sinnenhaftes und Sinnenhaftes folgt naturgemäß auf Vernunfthaftes wie ein Teil auf sein Ganzes, wenngleich die Tätigkeiten des Vegetativen zeitlich den Tätigkeiten des Sinnenhaften und die Tätigkeiten des Sinnenhaften den Tätigkeiten des Vernunfthaften vorausgehen.

(10) Zu dem folglich, was eingewendet zu werden scheint, muß man sagen, daß Sinnenhaftes, das ein Teil des Vernunfthaften ist, insofern es dessen Teil ist, nicht untergeht, wie aus dem oben Gesagten offenkundig ist.

(11) Zum anderen muß man sagen, daß weder Sinnenhaftes aus dem Vegetativen und einem anderen, noch Vernunfthaftes aus dem Sinnenhaften und einem anderen zusammengesetzt sind. Denn keine Differenz ist zusammengesetzt. Wenn sie nämlich zusammengesetzt wäre, könnte sie nur aus Gattung und Differenz zusammengesetzt sein, und diesbezüglich ergeben sich drei Unstimmigkeiten. Die erste von diesen ist, daß jede Differenz Wesensart wäre, weil Wesensart das ist, was aus Gattung und Differenz zusammengesetzt ist. Die zweite [Unstimmigkeit] ist, daß dieselbe Frage sich hinsichtlich der Differenz stellen würde, welche die Differenz zusammensetzt, und man würde ins Unendliche gehen. Die dritte [Unstimmigkeit] ist, daß man die Gattung zweimal in der Definition der Wesensart setzen würde, nämlich an und für sich, insofern sie mit der Differenz die Wesensart begründet, und insofern sie mit der Differenz die Differenz begründet. Und außerdem würde daraus letztlich folgen, daß Differenz durch Differenz definierbar wäre; und auf diese Weise wäre die Differenz früher als Differenz und später. Weil all dieses sehr unstimmig und sinnlos ist, kann nicht behauptet werden, daß die Differenz zusammengesetzt ist.

Man muß also sagen, daß die sinnenhafte Seele die Wesensart der Seele und zusammengesetzt ist, wie es oben gesagt worden ist, und ähnlich die Vernunftseele. Das Sinnenhafte

sensibile et rationale constituentia has species simplicia sunt, et tamen ab intellectu vegetabilis non potest abstrahi sensibile, quia vegetabile semper intelligitur in sensibili, sed non intelligitur in ipso ut pars essentialis quae est genus, sicut pars essentialis speciei est genus, sed intelligitur in ipso ut potentia, a qua educitur actus et sine qua actus talis non potest educi. Differentiae enim potestate sunt in genere et educuntur ex ipso, et non possunt educi nisi ex tali potentia, et ideo comparatio differentiae ad genus est comparatio actus ad potentiam quae praecedit ipsum secundum rationem et naturam, et in hoc differt a forma naturali et a propria passione. Forma enim naturalis educitur de materia ut de potentia quae praecedit ipsam tempore, non natura et ratione. Sed convenit in hoc cum eadem quod sicut materia non est pars formae, ita genus non est pars differentiae. Propria vero passio comparatur ad subiectum constitutum et completum ut ad id quod est prius causa et ratione; et in hoc convenit cum differentia in comparatione ad genus, sed differt in hoc quod ipsum diffinit propriam passionem, secundum quod dicimus quod impar est numerus medium habens; sed genus non diffinit differentiam. Convenit tamen iterum in hoc quod subiectum non est pars essentialis passionis, sed est id sine quo passio non intelligitur, sicut etiam genus non est pars differentiae, sed differentia sine ipso non intelligitur.

und Vernunfthafte aber, die diese Wesensarten begründen, sind ein Einfaches; und dennoch kann nicht vom Verständnis des Vegetativen das Sinnenhafte abstrahiert werden, weil das Vegetative immer im Sinnenhaften erkannt wird, es aber in ihm nicht wie ein wesenhafter Teil erkannt wird, welcher die Gattung ist, so wie ein wesenhafter Teil der Art die Gattung ist, sondern es wird in ihm als Vermögen erkannt, aus dem ein Akt herausgeführt wird und ohne welches ein solcher Akt nicht herausgeführt werden kann. Denn Differenzen sind dem Vermögen nach in der Gattung und werden aus ihr herausgeführt; und sie können nur aus einem solchen Vermögen herausgeführt werden, weshalb auch das Verhältnis der Differenz zur Gattung das Verhältnis des Aktes zum Vermögen ist, welches dem Akt gemäß dem Wesensgrund und der Natur vorausgeht und sich darin von der natürlichen Form und von dem eigentümlichen Affekt unterscheidet. Die natürliche Form wird nämlich aus der Materie wie aus dem Vermögen herausgeführt, das dieser zeitlich vorausgeht, nicht aber der Natur und dem Wesensgrund nach. Es stimmt aber darin mit derselben überein, daß wie die Materie kein Teil der Form ist, so die Gattung kein Teil der Differenz ist. Die eigentümliche Affektion aber wird auf das konstituierte und vollständige Subjekt wie auf das, was der Ursache und dem Wesensgrund nach früher ist, bezogen. Darin stimmt sie [d.h. die Affektion] mit der Differenz im Verhältnis zur Gattung überein, unterscheidet sich aber darin, daß diese [d.h. die Gattung] die eigentümliche Affektion definiert, demgemäß wir sagen, daß das Ungerade eine Zahl ist, die ein Mittleres hat; die Gattung aber definiert nicht die Differenz. Dennoch stimmt sie wiederum darin überein, daß das Subjekt kein wesenhafter Teil der Affektion, sondern das ist, ohne das die Affektion nicht erkannt wird, so wie auch die Gattung kein Teil der Differenz ist, die Differenz aber ohne die Gattung nicht erkannt wird.

(12) Ad id autem quod dicitur una esse dispositio ad alteram, dicimus quod simpliciter falsum est, ut bene probatum est in obiciendo.

(13) Ad id quod dicitur de tribus substantiis in homine, quarum una sit ex traduce, alia ex stellis, tertia a deo creante, dicimus quod non est verum nec secundum philosophiam est dictum, quia philosophia contradicit et *Aristoteles*[134] et *Avicenna*[135], et sancti contradicunt, ut *Augustinus*[136] et *Bernardus*.[137] Nec valet simile inductum duabus rationibus. Quarum una est quod illuminantia conveniunt in actu illuminandi et idcirco uniri possunt in opere, quae diversa sunt secundum substantiam. Sed vegetabilis, sensibilis et rationalis in opere non conveniunt, sicut patet inspicienti opera vegetabilis, sensibilis et rationalis. Unde secundum eos manebunt diversae secundum opera et secundum substantias, et sic nullo modo unitae. Alia ratio est, quare non valet simile, quia propter hoc conveniunt ignis, stella et sol in illuminando, quia aliquid unum ratione generatur ab ipsis, quod facit actu esse perspicuum, verbi gratia lumen quod est actus lucidi secundum quod lucidum, ut dicitur in *secundo De anima*.[138] Sed nihil unum tale generatur a vegetabili, sensibili et rationali, quae differunt substantia et ratione secundum istos, quod faciat actu hominem vel corpus humanum.

(14) Ad aliud dicendum quod in veritate vegetabile et sensibile non sunt nisi potentiae animae rationalis naturaliter consequentes ipsam. Qualiter autem maneant vel qualiter

---

[134] Vide supra ex. gr. notas 98, 101, 103.

[135] Vide supra p.84 notam 99, p.86 notam 102.

[136] Vide supra p.88 notam 105.

[137] Fortasse Guill. de S. Theodorico (Ps.-Bern.), Epistula ad fratres de Monte Dei n.85 (ed. Davy p.130 v.1–3); De natura corporis et an. II 87 (ed. Lemoine p.175).

[138] Arist., De an. II 7 (418b9–10). Cf. Alb., De an. Ed. Colon. t.7,1 p.110 v.87–88.70–72.

(12) Zu dem aber, daß behauptet wird, eine [Seele] sei die Veranlagung zur anderen, sagen wir, daß dies schlicht falsch ist, wie es in den Einwänden hinreichend bewiesen wurde.

(13) Zu dem, was über drei Substanzen im Menschen behauptet wird, deren eine vom Fortpflanzenden, die andere von den Sternen und die dritte von Gott dem Schöpfer sei, sagen wir, daß es weder wahr noch gemäß der Philosophie gesagt worden ist, weil die Philosophie und Aristoteles sowie Avicenna dem widersprechen, ebenso die Heiligen, wie Augustinus und Bernhard. Auch das angeführte Gleichnis hat keine Aussagekraft aus zwei Gründen: Der eine ist, daß die Lichtspender im Akt des Erleuchtens zusammentreffen und deshalb im Werk vereinigt werden kann, was der Substanz nach verschieden ist. Die vegetative, sinnenhafte und vernunfthafte [Seele] treffen aber im Werk nicht zusammen, wie es dem offenkundig wird, der die Werke der vegetativen, sinnenhaften und vernunfthaften [Seele] eingehend beobachtet. Von daher werden sie diesen [Denkern] zufolge den Werken und den Substanzen nach verschieden bleiben und [werden] so auf keine Weise vereinigt. Der andere Grund, warum das Gleichnis nichts taugt, besteht darin, daß Feuer, Stern und Sonne beim Erleuchten deshalb zusammentreffen, weil von ihnen ein gewisses dem Wesensgrund nach Eines erzeugt wird, was Durchsichtiges in die Verwirklichung überführt, z.B. Licht, das die Verwirklichung der Helligkeit als solcher ist, wie es im zweiten Buch der Schrift *Über die Seele* heißt. Nichts derart Eines wird aber von der vegetativen, der sinnenhaften und der vernunfthaften [Seele] erzeugt, welche sich der Auffassung dieser Denker zufolge der Substanz und dem Wesensgrund nach unterscheiden, was den Menschen oder den menschlichen Körper verwirklichte.

(14) Zum anderen muß man sagen, daß in Wahrheit Vegetatives und Sinnenhaftes nur Vermögen der Vernunftseele sind, die naturgemäß auf sie selbst folgen. Wie sie aber fort-

corrumpantur post mortem hominis, partim patet ex praehabitis, sed subtilius *infra*[139] discutietur.

139 Alb., De homine: Ann Arbor 201 f.81rb sqq.

bestehen oder nach dem Tode des Menschen untergehen, ist teilweise aus dem schon dargelegten ersichtlich; eingehender wird darüber aber [weiter] unten erörtert werden.

[H.A.]

Consequenter transeundum est ad quaerendum de corpore hominis quantum pertinet ad theologum.

Et quaeruntur tria de corpore ipsius Adae. Quorum primum est de compositione corporis eius; secundum de immortalitate eius; tertium de edulio et generatione eius, si perstitisset sine peccato.

1. De compositione corporis Adae

Ad primum proceditur sic:

(1) Omne corpus habens membra diversarum complexionum secundum calidum et frigidum et humidum et siccum est compositum ex contrariis; corpus Adae fuit huiusmodi; ergo fuit compositum ex contrariis. Prima patet per se. Secunda probatur per hoc quod corpus Adae habuit cerebrum et cor et hepar, quae sunt membra diversarum complexionum secundum calidum et frigidum et humidum et siccum.

Hoc etiam habetur per litteram *Genesis*,[140] ubi dicitur quod formavit dominus hominem de limo terrae; limus autem terrae sonat quiddam commixtum ex contrariis; ergo primus homo compositus fuit ex contrariis.

Inde sic: Omne compositum ex contrariis corruptibile est;

---

[140] Gen. 2,7.

Im folgenden wollen wir dazu übergehen, den Körper des Menschen zum Gegenstand der Untersuchung zu machen, sofern er für den Theologen relevant ist.

Es ergeben sich drei Fragen bezüglich des Körpers Adams selbst: [1] die erste bezüglich der Zusammensetzung seines Körpers, [2] die zweite in bezug auf seine Unsterblichkeit, [3] die dritte, wie es mit Ernährung und Fortpflanzung gestanden hätte, wenn er ohne Sünde geblieben wäre.

1. Die Zusammensetzung des Körpers Adams

In bezug auf die erste Frage gehen wir folgendermaßen vor:

(1) Jeder Körper, der Glieder aus Komplexionen besitzt, die nach warm, kalt, feucht und trocken verschieden sind, ist aus Gegensätzlichem zusammengesetzt. Adams Körper war dieser Art. Folglich war er aus Gegensätzlichem zusammengesetzt. Die erste Prämisse ist durch sich selbst klar. Die zweite läßt sich dadurch beweisen, daß Adams Körper Gehirn, Herz und Leber besaß, welches Glieder aus Komplexionen sind, die nach warm, kalt, feucht und trocken verschieden sind.

Dieses Ergebnis läßt sich auch aus dem *Genesis*-Text gewinnen, wo es heißt: ‚Der Herr formte den Menschen aus dem Erdschlamm.‘ ‚Erdschlamm‘ klingt nach etwas, das aus Gegensätzlichem zusammengemischt ist. Folglich war der erste Mensch aus Gegensätzlichem zusammengesetzt.

Von da aus wird auf folgende Weise weiterargumentiert: Alles, was aus Gegensätzlichem zusammengesetzt ist, ist ver-

primus homo fuit compositus ex contrariis; ergo primus homo fuit corruptibilis.

Item probatur in *tertio De caelo et mundo*[141] quod omne compositum ex gravi et levi corrumpetur hac de causa, quia distabunt componentia levi ascendente et gravi descendente; sic compositum fuit corpus Adae; ergo fuit corruptibile de necessitate per naturam. His rationibus et similibus probatur quod Adam a natura suae compositionis non habuit immortalitatem.

Hoc etiam dicit *Augustinus* in *Glossa super Genesim*,[142] scilicet quod Adam mortalis fuit a natura suae condicionis, sed immortalis beneficio conditoris.

Sed ad hoc *quidam*[143] volunt dicere quod duplex fuit natura corporis Adae. Una quae est a natura quae dicitur materia, et haec est a componentibus, et ab hac non habuit immortalitatem. Alia quae est a natura quae dicitur forma, et ab hac habuit immortalitatem. Et haec forma est triplex. Et prima est actus et forma mixta, quae talis fuit quod adeo reduxit contraria ad aequalitatem quod etiam agere et pati non potuerunt ad invicem. Secunda est organizatio corporis, quae talis fuit in Adam quod perpetuo debuit et potuit moveri ab anima rationali. Tertia est anima, quae talis fuit quod perpetuo potuit influere vitam corpori.

Sed contra est, quod dicit *Glossa super X Lucae*[144] super illud: ‚Qui etiam despoliaverunt eum,‘ scilicet quod despoliaverunt eum in gratuitis et vulneraverunt in naturalibus.

---

[141] Arist., De caelo III 1 (298a24–b9). Cf. Alb., De caelo et mundo. Ed. Colon. t.5,1 p.202 v.57–69.8–p.203 v.15; Super Dion. De div. nom. Ed. Colon. t.37 p.90 v.54–58 cum nota; De morte et vita tr.2 c.2 (Ed. Paris. t.9 p.352a–353b).

[142] Aug., De Gen. ad litt. VI 25 (CSEL 28,1 p.197 v.15–16).

[143] Cf. Phil. Canc., Summa de bono, ed. Wicki p.300 v.15sqq., p.302 v.72sqq., ad sensum.

[144] Glossa super Luc. 10,30.

gänglich; der erste Mensch war aus Gegensätzlichem zusammengesetzt; folglich war der erste Mensch vergänglich.

Ferner: Im dritten Buch *Über den Himmel und die Welt* wird bewiesen, daß alles, was aus Schwerem und Leichtem zusammengesetzt ist, aus dem Grund vergeht, weil die Bestandteile auseinanderstreben, wenn das Leichte aufsteigt und das Schwere absinkt. Adams Körper war auf diese Weise zusammengesetzt. Folglich war er mit Notwendigkeit von Natur aus vergänglich.

Mit diesen und ähnlichen Argumenten wird bewiesen, daß Adam auf Grund der Natur seiner Zusammensetzung nicht die Unsterblichkeit besaß.

Das sagt auch Augustinus in der *Erläuterung zu Genesis*: daß nämlich Adam ‚sterblich war auf Grund der Natur seiner Beschaffenheit, unsterblich aber durch den Gnadenerweis des Schöpfers.‘

Aber zu diesem Punkt wollen bestimmte Leute sagen, daß die Natur von Adams Körper eine doppelte war: Eine, die aus der Natur besteht, die Materie genannt wird; diese besteht aus [verschiedenen] Bestandteilen, und von ihr hatte er nicht die Unsterblichkeit; eine andere, die aus der Natur besteht, die Form genannt wird, und von dieser hatte er die Unsterblichkeit. Diese Form ist dreifacher Art: Die erste besteht im Akt und in der [mit Materie] gemischten Form; sie war so beschaffen, daß sie die Gegensätze so sehr auf Gleichheit zurückführte, daß sie weder aktiv noch passiv aufeinander wirken konnten. Die zweite besteht in der Organisation des Körpers; sie war bei Adam so beschaffen, daß er dauernd von der Vernunftseele bewegt werden konnte und mußte. Die dritte besteht in der Seele; sie war so beschaffen, daß sie dem Körper dauernd Leben einflößen konnte.

Aber dagegen steht, was die *Glosse zu Lukas* X sagt: ‚«die ihn auch ausraubten», nämlich weil sie ihn in den zusätzlich zugestandenen Gütern ausraubten und in den natür-

Cum igitur homo primus immortalitate exspoliatus sit, immortalitas fuit de gratuitis et non de naturalibus; ergo neque est a natura quae dicitur materia, neque a natura quae dicitur forma.

Item, homo in casu suo non est magis punitus quam daemon; sed de daemonibus dicit *Dionysius*[145] quod ‚data illis naturalia dona nequaquam mutata esse dicimus‘; ergo et in homine naturalia per peccatum non sunt immutata. Cum ergo immortalitas mutata sit, immortalitas non fuit de naturalibus.

Item, *Augustinus* in libro *De bono coniugali*:[146] ‚Non corpus spirituale illis hominibus factum erat, sed primo animale, ut oboedientiae merito postea fieret spirituale ad immortalitatem capessendam.‘ Ex hoc habetur quod immortalia fuerunt prima corpora ex merito oboedientiae et non ex natura.

Item, *ibidem*:[147] ‚Primorum corpora mortalia fuisse intelligamus prima conformatione, et tamen non moritura nisi pecassent, sicut minatus erat deus tamquam si vulnus minaretur, quia vulnerabile corpus erat, quod tamen non accidisset, nisi fieret quod ille vetuisset.‘ Ex hoc sequitur idem.

Item, *Augustinus ibidem*:[148] ‚Si vestibus Israelitarum praestitit deus per annos quadraginta sine ullo detrimento proprium statum, quanto magis praestaret corporibus oboedientium praecepto suo felicissimum quoddam temperamentum

---

145 Ps.-Dion., De div. nom. IV (ed. Suchla p.172 v.3–4); transl. Sarr.: Alb., Super Dion. De div. nom. Ed. Colon. t.37 p.275 v.77–78.61–62; dt.: Ps.-Dion. Areopagita, Die Namen Gottes, 61.
146 Aug., De bono coniug. II (CSEL 41/V,3 p.189 v.5–7).
147 Ibid. p.189 v.12–16.
148 Ibid. p.189 v.21–p.190 v.6.

lichen verwundeten.' Wenn demnach der erste Mensch der Unsterblichkeit beraubt ist, dann zählte die Unsterblichkeit zu den zusätzlich zugestandenen Gütern und nicht zu den natürlichen. Folglich besteht sie weder aus der Natur, die Materie genannt wird, noch aus der Natur, die Form genannt wird.

Ferner: Der Mensch im gefallenen Zustand ist nicht mehr gestraft als der Dämon. Von den Dämonen aber sagt Dionysius: ,Wir behaupten, daß die natürlichen Gaben, die ihnen verliehen wurden, auf keine Weise geändert wurden.' Folglich wurden auch beim Menschen die natürlichen Gaben durch die Sünde nicht verändert. Wenn also die Unsterblichkeit geändert wurde, zählte die Unsterblichkeit nicht zu den natürlichen Gaben.

Ferner: Augustinus sagt im Buch *Vom Gut der Ehe*: ,Jenen Menschen wurde nicht ein geistiger Leib anerschaffen, sondern zuerst ein sinnlich-seelischer, damit er durch das Verdienst des Gehorsams später zu einem geistigen würde, um die Unsterblichkeit zu erlangen.' Hieraus geht hervor, daß die ersten Körper auf Grund des Verdienstes des Gehorsams unsterblich waren und nicht auf Grund der Natur.

Ferner: An derselben Stelle heißt es: ,Daß die Körper der ersten Menschen sterblich waren, können wir aus der ursprünglichen Zusammenformung erkennen, und dennoch hätten sie nicht sterben müssen, wenn sie nicht gesündigt hätten, wie Gott ja gewarnt hatte, gleich wie man vor einer Verwundung warnt, denn verwundbar war der Leib. Dennoch wäre [das Sterbenmüssen] nicht eingetreten, wenn nicht geschehen wäre, was jener verboten hatte.' Hieraus folgt dasselbe.

Ferner: Augustinus sagt an derselben Stelle: ,Wenn Gott dafür sorgte, daß die Kleider der Israeliten vierzig Jahre lang völlig schadlos in dem ihnen eigenen Zustand blieben, um wieviel mehr würde er dafür sorgen, daß die Körper derer, die seinem Gebot gehorchen, solange in der glücklichsten,

certi status, donec in melius converterentur, non morte hominis, qua corpus ab anima deseritur, sed beata commutatione a
mortalitate ad immortalitatem, ab animali ad spiritualem
qualitatem.‘ Et ex hoc iterum habetur quod immortalitas fuit
ex oboedientiae merito et non a natura.

Item, *Augustinus* in *III Super Genesim ad litteram*:[149]
‚Nec quisquam dicere audebit ciborum indigentiam, quibus
reficiantur nisi mortalibus corporibus esse non posse.‘ Ex hoc
accipitur quod prima corpora per naturam fuerunt mortalia.

Sed contra:

(2) Ex eisdem generamur et nutrimur;[150] ergo cuicumque
cibus affert immortalitatem, illud per principia componentia
erit immortale; sed primis hominibus per cibum erat immortalitas; ergo primi homines per principia componentia erant
immortales. Prima probatur per hoc quod ipsa est principium
in physicis. Secunda scribitur ab *Augustino* in *VI Super
Genesim ad litteram*,[151] ubi dicit quod immortalitas Adae
praestabatur ex esu ligni vitae.

(3) Item, eadem est potentia ad actum aliquem et ad con-
tinuationem ipsius; sed immortalitas non est nisi continuatio
vitae; ergo eadem potentia est ad immortalitatem, quae est ad
vitam; potentia autem ad vitam fuit naturalis; ergo et potentia
quae fuit ad immortalitatem.

---

[149] Aug., De Gen. ad litt. III 21 (CSEL 28,1 p.88 v.17–18).

[150] Arist., De gen. et corr. II 8 (335a10–11); transl. vetus: Arist. Lat.
IX,1 p.71 v.5–6. Cf. Alb., De gen. et corr. Ed. Colon. t.5,1 p.199 v.78–79,
p.200 v.42–43.

[151] Aug., De Gen. ad litt. VI 25 (CSEL 28,1 p.197 v.12–13).

wohlbestimmten Mischung eines sicheren Zustandes blieben, bis sie in etwas Besseres verwandelt würden, nicht etwa durch den Tod des Menschen, bei dessen Eintritt die Seele den Körper verläßt, sondern durch die glückliche Umwandlung von der Sterblichkeit in die Unsterblichkeit, von der sinnlich-seelischen Beschaffenheit in die geistige.' Und hieraus geht wiederum hervor, daß die Unsterblichkeit auf Grund des Verdienstes des Gehorsams und nicht von Natur aus zugestanden war.

Ferner: Augustinus sagt im dritten Buch der *Erklärung der Genesis dem Wortsinn nach*: ,Es wird wohl keiner zu behaupten wagen, daß das Nötigsein von Speisen, womit [die Körper] gestärkt und erhalten werden, Körpern zukommen könne, wenn sie nicht sterblich sind.' Hieraus ergibt sich, daß die ersten Körper von Natur aus sterblich waren.

Aber dagegen spricht:

(2) Aus denselben [Stoffen] werden wir erzeugt und genährt; folglich wird all das, dem die Speise Unsterblichkeit verleiht, auf Grund der Prinzipien der Zusammensetzung unsterblich sein. Den ersten Menschen aber kam durch die Speise Unsterblichkeit zu; folglich waren die ersten Menschen durch die Prinzipien der Zusammensetzung unsterblich. Die erste Prämisse wird dadurch bewiesen, daß sie Prinzip in der Physik ist. Die zweite steht bei Augustinus im sechsten Buch der *Erklärung der Genesis dem Wortsinn nach*, wo er sagt, daß sich die Unsterblichkeit Adams dem Essen vom Baum des Lebens verdankte.

(3) Ferner: Das Vermögen zu irgendeinem Akt und das Vermögen, diesen Akt fortzusetzen, ist dasselbe. Die Unsterblichkeit aber ist nichts anderes als die Fortsetzung des Lebens. Folglich dient dasselbe Vermögen, das zum Leben dient, zur Unsterblichkeit. Das Vermögen aber zum Leben war natürlich; folglich auch das Vermögen, das zur Unsterblichkeit diente.

(4) Item, differentia est inter hominem et cetera animantia
in generatione et vita in hoc quod homo habet animam per-
petuam et incorruptibilem, cetera vero animantia corruptibi-
lem. Cum igitur in operibus dei optima debeat esse proportio,
oportuit servari proportionem mobilis ad movens et formae
ad materiam; ergo sicut animae corruptibili corpus dedit corruptibile per naturam, ita animae incorruptibili corpus debuit
aptare incorruptibile per naturam; et ita primorum hominum
immortalitas fuit a natura.

(5) Ulterius quaeritur iuxta hoc specialiter de formatione corporis Adae, utrum hoc dominus per seipsum forma-
verit, vel per angelos.

(6) Et videtur quod per angelos. Est enim lex divinitatis, ut
dicit *Dionysius*,[152] per prima media et per media ultima
reducere. Cum ergo corpus hominis in ultimo gradu stet
rationalis naturae, videtur quod per primam rationalem naturam ad esse debuit reduci.

Praeterea, tria sunt opera ad perfectionem mundi perti-
nentia, scilicet creatio, formatio et propagatio. Propagatio-
nem autem commisit deus naturae; creationem autem per-
fecit ipse; ergo secundum congruitatem ordinis formationem,
quae medium opus est, debuit committere angelo, qui supra
naturam est et citra deum.

Sed contra hoc est quod habetur in *Isaia LXV*:[153] ,Opera
manuum tuarum omnes nos,' et *Ieremiae XVIII*,[154] ubi dicit
dominus: ,Sicut lutum in manu figuli, ita omnes vos in manu
mea.'

---

[152] Ps.-Dion., De div. nom. IV (ed. Suchla p.144 v.16–17); dt.: Ps.-
Dion. Areopagita, Die Namen Gottes, 42. Cf. Alb., Super Dion. De div.
nom. Ed. Colon. t.37 p.126 v.57–58, p.129 v.23–26; Super Dion. De cael.
hier. Ed. Colon. t.36,1 p.2 v.19–20, p.69 v.60–61, p.165 v.20–21. E.P.
Mahoney, Pseudo-Dionysius's Conception of Metaphysical Hierarchy
and Its Influence on Medieval Philosophy, 454 mit Anm. 105 u. 106.

[153] Recte: Is. 64,8.

[154] Ier. 18,6.

(4) Ferner: Der Unterschied zwischen dem Menschen und den übrigen Lebewesen liegt bei Zeugung und Leben darin, daß der Mensch eine unvergänglich fortdauernde Seele besitzt, die übrigen Lebewesen jedoch eine vergängliche. Wenn also in den Werken Gottes die bestmögliche Hinordnung aufeinander angenommen werden muß, dann müßte die Hinordnung des Beweglichen auf das Bewegende und die der Form auf die Materie gewahrt werden. Folglich mußte Gott ebenso, wie er der vergänglichen Seele einen von Natur aus vergänglichen Körper gab, der unvergänglichen Seele einen von Natur aus unvergänglichen Körper anpassen; und demnach war die Unsterblichkeit der ersten Menschen von Natur aus.

(5) Hierauf stellt sich ferner die Frage nach der Formung von Adams Körper im besonderen, ob der Herr ihn selbst formte oder durch Engel formen ließ.

(6) Es scheint, daß durch Engel. Das Gesetz der Gottheit besteht nämlich, wie Dionysius sagt, darin, durch die Ersten die Mittleren und durch die Mittleren die Letzten zu führen. Wenn also der Körper des Menschen auf der untersten Stufe der vernunfthaften Natur steht, scheint es, daß er durch die oberste vernunfthafte Natur zum Sein geführt werden mußte.

Außerdem: Es gibt drei Tätigkeiten, die sich auf die Vollendung der Welt erstrecken: Schöpfung, Formung und Vermehrung. Die Vermehrung überließ Gott der Natur, die Schöpfung vollendet er selbst. Folglich mußte er um der Symmetrie der Ordnung willen die Formung, die eine mittlere Tätigkeit ist, dem Engel anheimgeben, der über der Natur steht und unter Gott.

Aber dagegen spricht, was bei *Jesaja* LXV steht: ‚Wir alle sind Werk deiner Hände,‘ und bei *Jeremia* XVIII, wo der Herr spricht: ‚Wie der Lehm in der Hand des Töpfers, so seid ihr alle in meiner Hand.‘

Außerdem: Wenn es heißt: ‚Laßt uns den Menschen machen nach unserem Bild und Gleichnis,‘ dann beziehen die

Praeterea, cum *dicitur*[155] ‚Faciamus hominem ad imaginem et similitudinem nostram,‘ *sancti*[156] referunt ‚faciamus‘ ad trinitatem personarum et culpant eos qui dicunt quod referatur ad angelos; ergo deus per seipsum fecit corpus hominis.

(7) Ulterius etiam propter haereticos quaeritur de verbo quod dicitur in *Genesi I*:[157] ‚Creavit deus hominem ad imaginem et similitudinem suam, ad imaginem dei creavit illum, masculum et feminam creavit eos.‘ Et adhuc nihil dixerat de formatione mulieris; ergo videtur quod quaedam mulier creata fuerit ante Evam. Hoc etiam videtur per modum loquendi, quo in *secundo capitulo*[158] utitur Adam dicens: ‚Hoc nunc os ex ossibus meis.‘ Per hoc ipsum enim ‚nunc‘ videtur innuere aliam ante fuisse factam.[159]

(8–9) Item, hoc probatur ex *praecepto Legis*,[160] ubi praecipitur quod quisque ducat uxorem de stirpe sua. Et ibi dicit *Gamaliel*[161] quod hoc praecepit dominus propter concordiam, quae debet esse inter virum et mulierem. Si enim de alia stirpe esset, non ita concordaret, sicut nec Lili[162] concordavit cum Adam, quae ante Evam non de corpore Adae fuit facta.

Sed contra:

In *primo Genesis*[163] antequam aliquid dicatur de formatione mulieris dicitur: ‚Crescite et multiplicamini et replete

---

[155] Gen. 1,26.

[156] Aug., De Gen. ad litt. III 19 (CSEL 28,1 p.85 v.17–p.86 v.4). Ioh. Dam., De fide orth. II 3 (PTS 12 p.48 v.82–86); transl. Burg. c.27 (ed. Buytaert p.74 v.102–106). Petr. Comestor, Hist. schol. Gen. IX (PL 198, 1063C).

[157] Gen. 1,27.

[158] Gen. 2,23.

[159] Cf. Petr. Comestor, Hist. schol. Gen. XVII (PL 198, 1070C).

[160] Num. 36,1–13. Cf. Exod. 34,16; Deut. 7,3.

[161] Cf. Vincent. Bellov., Spec. nat. l.30 c.15 (Ed. Duaci 1626 col. 2224).

[162] Cf. H. Lamberty-Zielinski, Lilit, in: Lexikon für Theologie und Kirche, VI (³1997), 933. G. Wanke und G. Stemberger, Dämonen (II. Altes Testament u. III. Judentum), in: Theologische Realenzyklopädie (Studienausg.), VIII (1981), 276, 278.

[163] Gen. 1,28.

Heiligen das ‚laßt uns machen‘ auf die Dreiheit der Personen und schelten jene schuldig, die behaupten, es bezöge sich auf Engel. Folglich hat Gott selbst den Körper des Menschen gemacht.

(7) Auch stellt sich ferner wegen der Häretiker die Frage nach [der Bedeutung] des Wortes, das in *Genesis* I gesagt wird: ‚Es schuf Gott den Menschen nach seinem Bild und Gleichnis, nach dem Bild Gottes schuf er ihn, als Mann und Frau schuf er sie.‘ Bis dahin war noch gar nichts von der Formung der Frau gesagt worden. Folglich scheint es, daß irgendeine Frau bereits vor Eva erschaffen worden war. Das scheint auch aus der Sprechweise hervorzugehen, derer sich im zweiten Kapitel Adam bedient, wenn er sagt: ‚Dies ist nun Gebein von meinem Gebein.‘ Durch dieses ‚nun‘ nämlich scheint er anzudeuten, daß vorher eine andere Frau gemacht worden war.

(8–9) Ferner: Dies wird bewiesen aus dem Gebot des Gesetzes, wo geboten wird, ein jeder solle eine Frau aus seinem Stamme heiraten. Und an dieser Stelle sagt Gamaliel, daß dies der Herr um der Eintracht willen gebietet, die zwischen Mann und Frau herrschen soll. Wenn die Frau nämlich aus einem anderen Stamme wäre, würde sie nicht so einträchtig [mit dem Mann] zusammenleben, wie ja auch Lilit nicht einträchtig mit Adam zusammenlebte, die vor Eva gemacht worden war, [und zwar] nicht aus dem Körper Adams.

Aber dagegen spricht:

In *Genesis* I, noch bevor etwas über die Formung der Frau gesagt wird, heißt es: ‚Wachset und vermehret euch, erfüllet die Erde und macht sie euch untertan.‘ Dieses Wort fand nur in Eva seine Erfüllung. Folglich scheint, daß vor ihr keine andere Frau war.

(10) Hierauf stellt sich wiederum die Frage nach der Formung Evas im besonderen. Von ihr heißt es in *Genesis* II: ‚Der Herr ließ einen tiefen Schlaf über Adam kommen und

terram et subicite eam.' Istud verbum effectum non habuit nisi in Eva; ergo videtur quod non fuit alia mulier ante eam.

(10) Iuxta hoc iterum quaeritur specialiter de formatione Evae, de qua dicitur *Genesis II*[164] quod ,immisit dominus deus soporem in Adam et tulit unam de costis eius et replevit carnem pro ea. Et aedificavit dominus deus costam, quam tulerat de Adam, in mulierem.' Et quaeritur de modo illius aedificationis, utrum fuerit naturalis vel miraculosus. Et videtur quod naturalis.

(11) Tunc enim, ut dicit *Augustinus*,[165] intendit dominus naturam constituere; natura autem non nisi modo naturali constituitur, quod patet per oppositum, quia modus innaturalis destruit naturam.

(12) Item, *Augustinus*[166] dicit quod in primis operibus non quaeritur, qualiter ad miraculum deus creaturis suis utatur, sed potius quid secundum naturam rei possit fieri. Cum ergo formatio mulieris sit de primis operibus, non debet referri ad miraculum, sed potius ad naturam.

Praeterea, quandocumque res procedit a suo efficiente et materiali, tunc videtur procedere secundum naturam; sed in Adam fuit principium efficiens et materiale Evae; ergo Eva secundum naturam processit de Adam. Prima probatur per hoc quod causae secundum naturam praecipue sunt efficiens et materia. Secunda probatur per hoc quod in masculo est ratio efficientis respectu omnium sui generis. Similiter costa, ex qua mulier facta est Eva, fuit in Adam.

(13) Praeterea, *Augustinus* in *IX Super Genesim ad litteram*[167] movet quaestionem, ,utrum ratio quam mundi primis operibus concreavit deus atque concrevit, id habebat, ut secundum eam iam necesse esset ex viri latere feminam fieri,

---

164 Gen. 2,21–22.
165 Aug., De Gen. ad litt. IX 3 (CSEL 28,1 p.271 v.10–20).
166 Aug., De Gen. ad litt. II 1 (CSEL 28,1 p.33 v.2–5).
167 Aug., De Gen. ad litt. IX 17 (CSEL 28,1 p.290 v.25–p.291 v.4).

nahm eine seiner Rippen und füllte an ihrer Statt die Stelle mit Fleisch. Und es bildete Gott, der Herr, die Rippe, die er von Adam genommen hatte, zu einer Frau.' Es stellt sich die Frage nach dem Wie dieser Bildung, ob sie natürlich oder durch ein Wunder vor sich ging. Und es scheint, daß sie natürlich vor sich ging.

(11) An dieser Stelle beabsichtigte der Herr nämlich, wie Augustinus sagt, die Natur zu konstituieren. Die Natur aber wird nur auf natürliche Weise konstituiert, was aus der [hypothetischen] gegenteiligen Annahme klar hervorgeht, denn eine unnatürliche Weise zerstört die Natur.

(12) Ferner: Augustinus sagt, daß bei den ersten Werken sich nicht die Frage stellt, wie Gott seine Geschöpfe für ein Wunder gebraucht, sondern eher, was gemäß der Natur der Sache geschehen könnte. Wenn also die Formung der Frau zu den ersten Werken zählt, darf sie nicht auf ein Wunder zurückgeführt werden, sondern eher auf die Natur.

Außerdem: Welche Sache auch immer aus ihrer Wirk- und Materialursache hervorgeht, sie scheint unter diesem Umstand gemäß der Natur hervorzugehen. Aber in Adam lag das Wirk- und Materialprinzip für Eva. Folglich ging Eva gemäß der Natur aus Adam hervor. Die erste Prämisse wird dadurch bewiesen, daß Ursachen gemäß der Natur hauptsächlich das Wirkende und die Materie sind. Die zweite Prämisse wird dadurch bewiesen, daß im Mann der Wirkgrund hinsichtlich aller Exemplare seiner Gattung liegt. Auf ähnliche Weise war die Rippe, aus der Eva, die Frau, gemacht worden war, in Adam.

(13) Außerdem: Augustinus behandelt im neunten Buch der *Erklärung der Genesis dem Wortsinn nach* die Frage, ,ob die Wesensbestimmtheit, die Gott zusammen mit den ersten Werken der Welt erschuf und entstehen ließ, so beschaffen war, daß es ihr zufolge notwendig war, daß die Frau aus der Seite des Mannes entsteht, oder ob sie so war, daß es

aut hoc tantum habebat, ut fieri posset, ut autem ita fieri necesse esset, non ita iam conditum, sed in deo erat absconditum.' Et solvit[168] per longa verba, quorum ista est sententia quod omnis res naturalis, quam in primordio mundi condidit deus, habet suos determinatos fines processus et leges in seminalibus causis, quas in primordio mundi naturae indidit deus, ut secundum determinatum tempus unumquodque sui generis sumat progressum et discessum. Et secundum hoc fit, ut triticum de tritico et faba de faba et homo de homine procedat determinato tempore, et illa aetas pereat et altera convalescat. ,Ut autem lignum excisum de terra aridum et perpolitum repente sine terra et radice floreat et fructum faciat, dedit quidem naturis, quas creavit, ut ex eis haec fieri possunt. Primorum autem causas condidit deus in natura, sed secundorum habet absconditas in seipso, quas rebus conditis non inseruit.'[169] Ex hoc accipitur quod omnium miraculorum causae sunt in natura quantum ad hoc quod ex natura fieri possunt, licet non ex necessitate fiant. Et ita formatio Evae quoad hoc fuit in Adam et costa quod ex hoc fieri potuit. Quicquid autem in potentia est in aliquo, si educatur in actum, non erit miraculosum. Quod probatur per diffinitionem miraculi, quae est ,arduum et insolitum praeter spem et facultatem admirantis apparens.'[170] Insolitum autem non est, ut potentia procedat in actum. Ergo formatio mulieris ex costa non erat miraculosa.

[168] Ibid. 17–18 (p.291 v.9–p.292 v.16).
[169] Ibid. (p.292 v.4–16).
[170] Aug., De util. cred. XVI (CSEL 25/VI,1 p.43 v.16–17).

geschehen konnte; angenommen aber, es war notwendig, daß es so geschähe: so war es noch nicht erschaffen, sondern in Gott verborgen.' Und er löst sie durch eine lange Erörterung, deren Sinn folgender ist: Jede natürliche Sache, die Gott im Anfang der Welt schuf, hat ihre genau bestimmten Grenzen des Entwicklungsprozesses und Gesetzmäßigkeiten in den keimhaft wirkenden Ursachen, die Gott im Anfang der Welt der Natur einpflanzte, damit gemäß der genau bestimmten Zeit ein jedes den seiner Gattung eigenen Aufstieg und Niedergang nimmt. Und demgemäß geschieht es, daß zur genau bestimmten Zeit der Weizen aus Weizen, die Bohne aus der Bohne, der Mensch aus dem Menschen hervorgeht, und daß jenes Alter vergeht und ein anderes erstarkt. Aber die Eigenschaft, daß von der Erde abgeschnittenes, trockenes und gehörig geglättetes Holz plötzlich ohne Erde und Wurzel blüht und Frucht ansetzt, gab er freilich Naturen, die er erschuf, damit aus ihnen genau dies geschehen kann. Die Ursachen der Erstgenannten legte Gott in der Natur an, die der Zuletztgenannten aber hielt er in sich verborgen und pflanzte sie nicht den geschaffenen Dingen ein. Hieraus geht hervor, daß die Ursachen aller Wunder insofern in der Natur liegen, als daß jene auf der Grundlage der Natur geschehen können, obgleich sie nicht aus Notwendigkeit geschehen. Und diesbezüglich geschah die Formung Evas in Adam und der Rippe so, daß Eva hieraus entstehen konnte. Was aber im Zustand des Möglichseins in einem anderen ist, das hat, wenn es ins Wirklichsein überführt wird, nichts Wundersames an sich. Dies wird durch die Definition von ‚Wunder' bewiesen; sie lautet: ‚eine herausragende, ungewöhnliche Erscheinung, die außerhalb des Erwartungshorizonts und der Machbarkeit dessen liegt, der sie staunend zu Gesicht bekommt.' Ungewöhnlich aber ist nicht, daß das Möglichsein ins Wirklichsein übergeht. Folglich hatte die Formung der Frau aus der Rippe nichts Wundersames an sich.

(14) Sed contra:

Chrysostomus[171] distinguit triplicem cursum, scilicet naturae et voluntatis creatae et voluntatis divinae. Et dicit quod ille qui tantum subiacet voluntati divinae miraculosus est; sed formatio mulieris tantum fuit secundum voluntatem divinam; ergo fuit miraculosa.

Item, quicquid formatur a natura, transmutatur calido, frigido, humido et sicco; talis non fuit transmutatio costae in Evam; ergo non fuit naturalis.

Item videtur falsum dicere *Augustinus*[172] cum dicit mulierem in ratione causali fuisse in costa; ratio enim causalis aut est secundum efficientem vel materiam vel formam vel finem; et constat quod secundum efficientem vel formam vel finem non fuit ibi. Quod autem nec secundum materiam, sic probatur: Uniuscuiusque materia est determinata ad receptionem suae formae, et est similis materiae eorum quae sunt eiusdem speciei; talis materia non fuit costa in comparatione ad Evam; ergo Eva materialiter non fuit in costa. Prima probatur per hoc quod materia asinorum in specie similis est in specie et leonum, et sic de aliis. Secunda probatur per hoc quod alii homines non fiunt ex costis sicut ex materia.

Item, *Commentator super VII Metaphysicae*[173] dicit quod quicquid est in aliquo sicut in potentia materiali, uno motore educitur de ipso et semper, quando motor appropinquat materiae movendo ipsam, et propter hoc idolum non est in terra

---

[171] Ioh. Chrys., In Gen. hom.2 n.2 (PG 53,28sq.), hom.15 n.2 (121). Cf. Alb., II Sent. d.18 a.4 (Ed. Paris. t.27 p.317b); Super Is. Ed. Colon. t.19 p.616 v.60–61. Petr. Lomb., II Sent. d.18 c.6 (Ed. Grottaferr. p.419 v.24–p.420 v.10). Alex. Hal., Summa II p.621b n.3.

[172] Aug., De Gen. ad litt. IX 17–18 (CSEL 28,1 p.290 v.22–p.293 v.27).

[173] Averr., Metaph. IX comm.12 (Venetiis 1560 f.270vE).

(14) Aber dagegen spricht:

Chrysostomus unterscheidet einen dreifachen Lauf, den der Natur, des geschaffenen Willens und des göttlichen Willens. Und er behauptet, daß jener Lauf, der einzig dem göttlichen Willen unterliegt, wundersam ist. Die Formung der Frau aber geschah einzig gemäß dem göttlichen Willen. Folglich war sie wundersam.

Ferner: Was immer von Natur aus Form erhält, wird durch Warmes, Kaltes, Feuchtes und Trockenes umgewandelt. Von solcher Art war die Umwandlung der Rippe zu Eva nicht. Folglich war sie nicht natürlich.

Ferner: Augustinus scheint Falsches zu behaupten, wenn er sagt, daß die Frau der ursächlichen Bestimmtheit nach in der Rippe war; ursächliche Bestimmtheit gibt es nämlich entweder hinsichtlich des Wirkenden, der Materie, der Form oder des Zieles. Fest steht aber, daß dies damals nicht hinsichtlich des Wirkenden, der Form oder des Ziels geschah. Daß es aber auch nicht hinsichtlich der Materie geschah, wird folgendermaßen bewiesen: Eines jeden Materie ist genau auf die Aufnahme der jeweils eigenen Form hin bestimmt und ist ähnlich der Materie jener Exemplare, die zur selben Art gehören. Von solcher Materie war die Rippe in ihrer Bezogenheit auf Eva nicht. Folglich war Eva der Materie nach nicht in der Rippe. Die erste Prämisse wird dadurch bewiesen, daß die Materie der Esel, der Art nach betrachtet, auch jener der Löwen, der Art nach betrachtet, ähnlich ist, und so auch bei den anderen Dingen. Die zweite wird dadurch bewiesen, daß andere Menschen nicht aus Rippen, gleichsam als ihrem materiellen Grund, entstehen.

Ferner: Im *Kommentar* zum siebten Buch der *Metaphysik* sagt der Kommentator: Was immer in einem anderen wie in einem materiellen Vermögen angelegt ist, wird aus diesem durch einen einzigen Beweger herausgeführt, und zwar immer, wenn der Beweger sich der Materie nähert und sie bewegt.

sicut in potentia materiali, sed in cupro, quia a statuario motu artis educitur de cupro et non de terra. Similiter herba in potentia est in faba et non in terra, quia uno motu naturae educitur de ipsa et non de terra, et sic de aliis. Cum igitur non semper educatur homo de costa uno motore, non potuit homo materialiter esse in costa.

(15) Praeterea quaeritur, quare potius de costa quam de pede vel alio membro formata est mulier.

Item, quare replevit dominus carnem pro ea et non sumpsit carnem de Adam?

(16) Praeterea quaeritur de verbo *Augustini*[174] in communi de Adam et Eva. Dicit enim quod illud verbum quod habetur in *primo Genesis*:[175] ‚Masculum et feminam creavit eos,‘ intelligitur de creatione viri et mulieris in ratione causali. Illa enim ratio causalis nec fuit in costa nec in alia parte hominis, sed in ipsis elementis, ut videtur; et ita videtur quod homo possit fieri de ipsis elementis sicut factus est de costa.

(17) Praeterea, *Augustinus*[176] ponit in quaestione, utrum mulier sit formata per angelos vel per deum. Et videtur quod per angelos. Mulier enim significat ecclesiam de latere Christi reparatam.[177] Cum ergo tota dispensatio futurae significationis ordinata sit per angelos, ut dicit *Augustinus*,[178] formatio mulieris, quae primum signum fuit huius reparationis, debuit fieri per angelos.

---

174 Aug., De Gen. ad litt. IX 17–18 (CSEL 28,1 p.290 v.22–p.293 v.27).

175 Gen. 1,27.

176 Aug., De Gen. ad litt. IX 15 (CSEL 28,1 p.288 v.15–17).

177 Cf. Aug., In Ioh. tr.120 n.2 (CCL 36 p.661 v.6–17). Petr. Lomb., II Sent. d.18 c.3 (Ed. Grottaferr. p.417 v.13–17).

178 Aug., De Gen. ad litt. IX 15 (CSEL 28,1 p.288 v.6–15).

Deshalb steckt das Kultbild nicht in der Erde wie in einem materiellen Vermögen, sondern im Kupfer, denn es wird vom Statuengießer durch die Bewegung der Kunst aus dem Kupfer und nicht aus der Erde herausgeführt. Ähnlich ist die ganze Pflanze dem Vermögen nach in der Bohne angelegt und nicht in der Erde, denn durch eine einzige Bewegung der Natur wird sie aus ihr herausgeführt, und so auch bei den anderen Dingen. Wenn also nicht immer der Mensch durch einen einzigen Beweger aus einer Rippe herausgeführt wird, dann konnte der Mensch nicht materiell in der Rippe angelegt sein.

(15) Des weiteren stellt sich die Frage, aus welchem Grund die Frau denn aus der Rippe und nicht aus dem Fuß oder einem anderen Körperglied geformt wurde.

Ferner, aus welchem Grund ‚der Herr an Stelle der Rippe Fleisch einfügte' und nicht Fleisch von Adam nahm.

(16) Des weiteren stellt sich die Frage, wie es mit dem Wort Augustins über Adam und Eva im allgemeinen steht. Er behauptet nämlich, daß jenes Wort, das im ersten Kapitel der *Genesis* steht: ‚Als Mann und Frau erschuf er sie,' von der Erschaffung des Mannes und der Frau in ihrer ursächlichen Bestimmtheit zu verstehen ist. Jene ursächliche Bestimmtheit nämlich fand sich weder in der Rippe noch in einem anderen Teil des Menschen, sondern, wie es scheint, in den Elementen selbst. Und so scheint es, daß der Mensch ebenso, wie er aus der Rippe gemacht worden ist, aus den Elementen selbst gemacht werden könnte.

(17) Außerdem: Für Augustinus ist es eine Frage, ob die Frau durch Engel oder durch Gott geformt wurde. Und es scheint, daß durch Engel. Die Frau nämlich weist hin auf die Kirche, die aus der Seite Christi erneuert wird. Wenn demnach die gesamte Zumessung von Zukunftshinweisen durch Engel geordnet wird, wie Augustinus sagt, dann mußte auch die Formung der Frau, die das erste Zeichen einer derartigen Erneuerung darstellte, durch Engel geschehen.

Sed contra:

Dicit *Augustinus* in *IX Super Genesim ad litteram*:[179]
‚Certissime dico supplementum illud carnis in costae locum
ipsiusque feminae corpus et animam conformationemque
membrorum, omnia viscera, sensus omnes et quicquid erat,
quo illa et creatura et homo et femina erat, non nisi illo opere
dei factum, quo deus non per angelos, sed per semetipsum
modo operatus est et dimisit, sed ita continuanter operatur, ut
nec ullarum aliarum rerum nec ipsorum angelorum natura
subsistat, si non operetur.‘

(18.19) Praeterea quaerunt *Basilius*[180] et *Bernardus*,[181]
quare homo inter cetera animantia factus sit erecte staturae,
et quare femina hominis de latere sit sumpta et non feminae
aliorum animalium.

Solutio: (1) Dicendum ad primum sine praeiudicio quod
secundum opinionem *Augustini*[182] homo per naturam mortalis creatus est, sed immortalis beneficio gratiae conditoris.
Sicut enim anima in gratia innocentiae stans in ordine suo
per omnia fuit ad imperium dei, ita corpus stans sub anima
per omnia fuit ad imperium animae. Unde voluntas cohibuit
contraria componentia corpus, ne per actionem et passionem
mutuam dissolverentur.

(2) Ad id quod contra obicitur, dicendum quod alimentum
ostendit corruptibilitatem inesse corpori per naturam componentium, sicut probat obiectio; sed ad actum non fuisset

---

[179] Aug., De Gen. ad litt. IX 15 (CSEL 28,1 p.288 v.17–25).

[180] Basil., Hom.9 in Hexaem. n.2 (PG 29,192A); transl. Eustathii
Afri: PG 30,960A.

[181] Guill. de S. Theodorico (Ps.-Bern.), Epist. ad fratres de Monte Dei
n.90 (ed. Davy p.132 v.3sqq., p.133 v.9sqq.).

[182] Vide supra notam 142.

Aber dagegen spricht folgendes:

Augustinus sagt im neunten Buch der *Erklärung der Genesis dem Wortsinn nach*: ‚Mit größter Sicherheit behaupte ich, daß die Ergänzung jenes Fleisches an Stelle der Rippe, daß Körper und Seele der Frau selbst, daß die Gestaltung der Glieder, alle Eingeweide, alle Sinne und was es sonst noch gab, wodurch jene Geschöpf, Mensch, Frau ward, einzig und allein durch das Werk Gottes geworden ist, ein Werk, bei dem Gott nicht etwa durch Engel, sondern durch sich selbst nicht nur tätig war und die Frau entstehen ließ, sondern in eben solcher Weise immer noch fortdauernd tätig ist, denn ohne sein Tätigsein könnte keine Natur irgendeiner anderen Sache, ja nicht einmal die der Engel selbst bestehen.‘

(18.19) Außerdem: Basilius und Bernhard stellen die Frage, warum unter allen übrigen Lebewesen nur der Mensch von aufrechter Statur gemacht worden sei und warum die Frau des Menschen der Seite entnommen sei, nicht aber die Weibchen der anderen Sinnenwesen.

Lösung: (1) Zum ersten Punkt ist – ohne daß wir einer endgültigen Entscheidung vorgreifen wollen – zu sagen, daß Augustins Ansicht nach der Mensch seiner Natur nach sterblich erschaffen wurde, unsterblich aber durch den Gnadenerweis des Schöpfers. Wie nämlich die in der Gnade der Unschuld stehende Seele in der ihr angemessenen Ordnung in allem dem Befehl Gottes untertan war, so war der der Seele unterstehende Körper in allem dem Befehl der Seele untertan. Demnach hielt der Wille die gegensätzlichen Bestandteile, aus denen der Körper besteht, zusammen, so daß sie sich nicht durch wechselseitiges Tätigsein und Erleiden auflösten.

(2) Zu dem Punkt, der hiergegen eingewendet wird, ist zu sagen: Die Nahrungsaufnahme zeigt tatsächlich, wie der Einwand beweist, daß die Vergänglichkeit dem Körper durch die Natur seiner Bestandteile zukommt. Aber die Vergänglichkeit hätte sich nicht wirklich ausgewirkt, wenn es nicht die

reducta nisi affuisset peccatum inoboedientiae contra aliquod praeceptorum sibi datorum, quae fuerunt tria, scilicet: ‚ex omni ligno paradisi comede,'[183] contra quod venisset, si non comedisset. Aliud praeceptum fuit: ‚Crescite et multiplicamini,'[184] contra quod venisset, si non generasset. Et haec duo dicuntur esse praecepta naturae, eo quod unum fuit ad salutem naturae in se, et aliud ad salutem in alio et in specie. Tertium fuit: ‚De ligno scientiae boni et mali ne comedas',[185] quod pro tanto dicitur esse praeceptum disciplinae, quia id quod praecipiebatur, indifferens fuit in se, sed ex ratione praecepti tantum probatio fuit oboedientiae.

(3) Ad aliud dicendum quod ratio illa procedit bene de potentia activa, in qua non est permutatio, sicut est potentia vivificandi in anima. Sed ex parte suscipientis non est ita, corpus enim permutatur secundum naturam. Unde nisi affuisset gratia prohibens permutationem corporis, non fuisset susceptibile vitae perpetuae.

(4) Ad aliud dicendum quod in corpore secundum naturam non potuit homo esse incorruptibilis propter rationem componentium, sed in hoc excessit alia animantia quod aequalioris et nobilioris factus est complexionis, non tamen incorruptibilis nisi per gratiam conditoris.

(5) Ad id quod ulterius quaeritur, dicendum quod deus per seipsum formavit corpus hominis, sicut omnes res formavit, ut probatum est per auctoritatem inductam ab Augustino *supra*[186] de Eva.

---

[183] Gen. 2,16. Cf. Philipp. Canc., Summa de bono, ed. Wicki p.298 v.9–12.

[184] Gen. 1,28. Cf. Philipp. Canc., ibid. p.298 v.13–14.

[185] Gen. 2,17. Cf. Philipp. Canc., ibid. p.298 v.16–p.299 v.3.

[186] Vide supra notam 174.

Sünde des Ungehorsams gegen eines der Gebote gegeben hätte, die dem Menschen erteilt worden waren. Deren gab es drei, nämlich: ‚Eßt von jedem Baum des Paradieses' – hiergegen hätte der Mensch verstoßen, wenn er nicht gegessen hätte. Das nächste Gebot lautete: ‚Wachset und vermehret euch' – hiergegen hätte er verstoßen, wenn er sich nicht fortgepflanzt hätte. Diese beiden heißen Gebote der Natur, denn das eine bestand zum Wohl der Natur in sich, das andere zum Wohl im anderen und in der Art. Das dritte Gebot lautete: ‚Vom Baum der Erkenntnis des Guten und Schlechten sollst du nicht essen,' was soviel bedeutet wie ein Gebot der Zucht, denn das, was hierdurch geboten wurde, war in sich betrachtet indifferent, wurde aber allein auf Grund des Gebotenseins zum Prüfstein des Gehorsams.

(3) Zum nächsten Punkt ist zu sagen, daß jene Argumentation gut voranschreitet, wenn sie ihren Ausgang von einem aktiven Vermögen nimmt, bei dem es keine Veränderung gibt, wie es beim lebenspendenden Vermögen in der Seele der Fall ist. Aber auf seiten eines aufnehmenden [Vermögens] ist es nicht so: Der Körper verändert sich nämlich naturgemäß. Wenn es daher nicht die Gnade gegeben hätte, die die Veränderung des Körpers hinderte, dann wäre er nicht fähig gewesen, das fortdauernde Leben aufzunehmen.

(4) Zum nächsten Punkt ist zu sagen, daß der Mensch im Körper wegen des Charakters der Zusammengesetztheit naturgemäß nicht unvergänglich sein konnte. Aber in dem einen Punkt übertraf er die anderen Lebewesen, daß er in ausgewogenerer und vornehmerer Zusammensetzung erschaffen war, freilich nicht unvergänglich, es sei denn durch die Gnade des Schöpfers.

(5) Zu dem, was ferner gefragt wird, ist zu sagen, daß Gott selbst den Körper des Menschen formte, wie er alle Dinge formte, wie durch die oben von Augustinus angeführte Autorität bezüglich Eva erwiesen ist.

(6) Ad id quod contra obicitur, dicendum quod angelus in potentia operativa non est supra naturam, ita quod ipse naturam creet vel formet vel instauret, sed est supra naturam substantiae nobilitate. Per hoc etiam patet solutio ad auctoritatem Dionysii. Hoc enim intelligitur de illuminationibus, de quibus in *tractatu de angelis*[187] est expeditum.

(7) Ad id quod ulterius quaeritur, dicendum dupliciter. Uno scilicet modo quod id quod in *I Genesis*[188] dicitur, per anticipationem dicitur et intelligitur de Eva, et similiter id quod sequitur: ‚Crescite et multiplicamini.'[189] Alio modo dicitur secundum *Augustinum* in *IX Super Genesim ad litteram*,[190] scilicet quod homo tunc intelligitur factus secundum causalem rationem, quam deus primae materiae inseruit, ut ex ipsa corpus hominis fieri posset. Et quia haec causalis ratio communiter respicit virum et mulierem, propter hoc dicitur: ‚Masculum et feminam creavit eos.'[191] Et similiter intelligitur quod sequitur: ‚Crescite et multiplicamini.'[192] Postea vero de limo terrae formavit virum et de costa mulierem.

(8) Ad aliud dicendum quod causa praecepti non fuit quod Eva sumpta fuit de corpore Adae, sed duplex alia causa assignatur a *sanctis*.[193] Quarum una est, ne sortes confunderentur, si mulier de tribu in tribum transiret et pars suae hereditatis eam sequeretur. Secunda est, ne fieret error in promisso semine; promissio enim tribui Iudae facta est, quae si per-

---

187 Alb., De IV coaeq. tr.4 q.32–34 (Ed. Paris. t.34 p.507–p.526).
188 Gen. 1,27.
189 Gen. 1,28.
190 Aug., De Gen. ad litt. IX 17 (CSEL 28,1 p.290 v.22sqq.).
191 Gen. 1,27.
192 Gen. 1,27.
193 Num. 36,1–13. Cf. Alb., Super Matth. Ed. Colon. t.21 p.283 v.57–64, p.15 v.17sqq.

(6) Zu dem, was hiergegen eingewendet wird, ist zu sagen: Der Engel steht hinsichtlich des Tätigsein-Könnens nicht so über der Natur, daß er selbst die Natur erschaffen, formen oder erneuern könnte, sondern er steht über der Natur hinsichtlich der Vornehmheit der Substanz. Hierdurch ist auch die Lösung bezüglich des Autoritätswortes des Dionysius klar: Dieses ist nämlich zu verstehen in bezug auf die Erleuchtungen, die in der Abhandlung über die Engel erläutert wurden.

(7) Zu dem, was ferner gefragt wird, kann auf zweifache Weise geantwortet werden: Einmal nämlich dahingehend, daß das, was in *Genesis* I gesagt wird, im Vorgriff über Eva gesagt und verstanden wird, und ähnlich auch das daran anschließende Wort ‚Wachset und vermehret euch.‘ Zum anderen wird in Übereinstimmung mit Augustinus, 9. Buch der *Erklärung der Genesis dem Wortsinn nach*, geantwortet, daß nämlich der damalige Mensch verstanden wird als gemäß der ursächlichen Bestimmtheit gemacht, welche Gott so in die Erste Materie hineinlegte, daß aus ihr der Körper des Menschen gemacht werden konnte. Und weil diese ursächliche Bestimmtheit gleichermaßen Mann und Frau betrifft, deswegen heißt es ‚Als Mann und Frau erschuf er sie.‘ Und ähnlich wird das daran anschließende Wort verstanden: ‚Wachset und vermehret euch.‘ Erst später aber formte [Gott] aus dem Erdschlamm den Mann und aus der Rippe die Frau.

(8) Zum anderen ist zu sagen, daß der Grund des Gebots nicht darin lag, daß Eva aus dem Körper Adams entnommen worden war, sondern die Heiligen weisen dem einen doppelten anderen Grund zu: Zum einen, damit nicht die jeweiligen Vermögensbestände miteinander vermengt würden, wenn eine Frau aus einem Stamm in einen anderen [durch Heirat] überwechselte und der Anteil ihres Erbes ihr folgte. Zum anderen, damit bei der verheißenen Nachkommenschaft ein Irrtum ausgeschlossen wäre; die Verheißung erging nämlich an den Stamm Juda, für den es, wenn er sich mit anderen

mixta fuisset aliis tribubus, non fuisset certa veritas in promissione.

(9) Ad aliud dicendum quod Gamaliel mentitur et sequitur fabulam Iudaeorum dicentium quod Lili creata fuit ante Evam, quae nolens consentire Adae assignata est daemoni et genuit ex daemone illos daemones qui dicuntur Asmodaei et Asmodaei filii et nepotes.

(10) Ad id quod ulterius quaeritur de formatione Evae, dicendum quod formatio sua miraculosa fuit vel mirabilis.

(11) Ad id quod contra obicitur, dicendum quod deus tunc instauravit naturam in primis naturae principiis, et propter hoc illa principia per naturam instaurari non potuerunt.

(12) Ad aliud dicendum quod dictum *Augustini*[194] intelligitur de consequentibus naturas creatas, sicut sunt locus et motus. Unde etiam ipse dicit verbum hoc de aquis, quae super caelos sunt.

(13) Ad aliud dicendum quod secundum *Augustinum*[195] inveniuntur tria differentia secundum rationem, scilicet causae seminales, et rationes causales, et causae simpliciter. Et causae seminales proprie referuntur ad naturam seminantem, sive in generatione univoca vel aequivoca, sive per putrefactionem. Rationes vero causales simpliciores sunt et sunt in materia quoad ea quae quoad aliquam rationem finis educantur ex ipsa sive operante intrinseco, scilicet natura, sive extrinseco, ut arte vel voluntate divina. Causae autem simpliciter sunt materiales, formales et efficientes et finales. *Augustinus*[196] tamen quandoque ponit unum pro altero et dicit

---

[194] Vide supra p. 136 notam 166.
[195] Vide notam sequentem.
[196] Vide supra p. 136 et 138 notas 167–169.

Stämmen vermischt haben würde, keine sichere Wahrheit bei der Verheißung gegeben hätte.

(9) Zum andern ist zu sagen, daß Gamaliel lügt und einer Märchengeschichte der Juden folgt, die sagen, daß Lilit vor Eva erschaffen worden war, und weil sie nicht mit Adam in Eintracht leben wollte, wurde sie einem Dämon überantwortet und zeugte mit dem Dämon jene Dämonen, die Asmodaeus und Söhne und Enkel des Asmodaeus heißen.

(10) Zum dem, was ferner hinsichtlich der Formung Evas gefragt wird, ist zu sagen, daß ihre Formung wundersam oder wunderbar war.

(11) Zu dem, was dagegen erwidert wird, ist zu sagen, daß Gott damals die Natur in den ersten Naturprinzipien einrichtete, und deshalb jene Prinzipien nicht durch die Natur eingerichtet werden konnten.

(12) Zum anderen ist zu sagen, daß das Augustinuszitat von dem her zu verstehen ist, was den erschaffenen Naturen folgt, etwa Ort und Bewegung. Und so sagt auch er selbst dieses Wort von den Wassern, die über den Himmeln sind.

(13) Zum anderen ist zu sagen: Augustinus zufolge finden sich drei Dinge, die gemäß ihrer inhaltlichen Bestimmtheit unterschieden sind, nämlich keimhafte Ursachen, ursächliche Bestimmtheiten und Ursachen schlechthin. Keimhafte Ursachen beziehen sich in eigentümlicher Weise auf eine hervorbringende Natur, sei es in univoker oder äquivoker Erzeugung, sei es durch Fäulnisvorgänge. Ursächliche Bestimmtheiten dagegen sind einfacher und sind in der Materie auf jene [Wirkungen] hin angelegt, welche auf irgendeine Zielbestimmtheit hin aus der Materie herausgeführt werden, sei es durch innerliches Wirken oder durch Natur, sei es durch von außen kommendes [Wirken], wie zum Beispiel durch Kunst oder durch den göttlichen Willen. Ursachen schlechthin aber sind Material-, Formal-, Wirk- und Zielursachen. Dennoch gebraucht Augustinus manchmal das eine an Stelle des anderen und sagt,

haec inserta et concreta esse materiae. Similiter vim facit *Augustinus*[197] inter hoc quod aliquid sit in materia, ut ex ipsa fiat, et quod aliquid sit in ipsa non quod ex ipsa fiat, sed quod fieri possit. Primo modo in materia est, cuius causas sufficientes ad actum materia habet in seipsa sive in naturalibus, sive in artificiatis. Dico autem causas efficientes, formales, materiales, finales, et hoc modo naturalia sunt in materia. Secundo vero modo est in materia, cuius causas sufficientes ad actum non habet materia, sed oboedientes; efficiens enim est extra in virtute divina, quali modo, ut dicit *Augustinus*,[198] de quinque panibus satiata sunt quinque milia hominum et de aqua factum est vinum. Et hoc modo dicit mulierem fuisse in latere viri. Sic ergo mulier fuit in costa non sicut in causa seminali, sed sicut in ratione causali, non ut de ipsa fieret, sed ut de ipsa fieri posset. Et hoc modo dicit *Anselmus*[199] quod in trunco est vitulus, non ut de ipso fiat, sed ut de ipso fieri possit. Et hic tamen processus non est contra naturam, quam deus instituit, eo quod in prima constitutione naturae, ut dicit *Augustinus*,[200] deus naturae inseruit causales rationes illorum operum, quae postea secundum suam voluntatem ad effectum eduxit.

(14) Per hoc patet solutio ad totum quod de hoc obicitur.

(15) Ad id quod quaeritur, quare potius sit sumpta mulier de costa quam de pede vel de capite, respondent *sancti*[201]

---

[197] Ibid.

[198] Cf. Petr. Lomb., II Sent. d.18 c.4 (Ed. Grottaferr. p.417 v.19–p.418 v.3).

[199] Recte: Alanus ab Insulis, Reg. cael. iuris 58 (ed. Häring p.165sq.). Cf. Alb., II Sent. d.18 a.6 (Ed. Paris. t.27 p.321b).

[200] Aug., De Gen. ad litt. IX 17 (CSEL 28,1 p.291 v.9sqq.).

[201] Cf. Hugo de S. Vict., De sacram. I 6 35 (PL 176,284B–C). Petr. Lomb., II Sent. d.18 c.2 (Ed. Grottaferr. p.416 v.26–p.417 v.5). Alex. Hal., Summa II p.616b n.4, p.617a cum notis 6–11, p.618a–b.

diese seien der Materie eingepflanzt und hafteten ihr an. Auf ähnliche Weise macht Augustinus den Unterschied geltend zwischen dem [Fall], daß etwas in der Materie liegt, so daß es aus ihr entsteht, und dem, daß etwas in ihr liegt, das nicht aus ihr entsteht, aber aus ihr entstehen könnte. Auf die erste Weise liegt etwas in der Materie, dessen hinreichende Ursachen zur Verwirklichung die Materie in sich selbst beinhaltet, sei es bei Dingen der Natur oder der Kunst. Ich aber spreche von den Wirk-, Formal-, Material- und Zielursachen, und unter dieser Perspektive sind in der Materie die Dinge der Natur. Auf die zweite Weise jedoch liegt etwas in der Materie, dessen hinreichende Ursachen zur Verwirklichung die Materie nicht beinhaltet, sondern [sie beinhaltete nur] gehorchende; die Wirkursache nämlich liegt außerhalb, in der Kraft Gottes. Auf solche Weise wurden, wie Augustinus sagt, mit fünf Broten fünftausend Menschen gesättigt und Wasser wurde zu Wein. Und auf diese Weise, sagt er, sei die Frau in der Seite des Mannes gewesen. Demnach war die Frau in der Rippe nicht wie in einer keimhaften Ursache, sondern wie in einer ursächlichen Bestimmtheit, nicht daß sie aus ihr entstünde, sondern daß sie aus ihr entstehen könnte. Und auf diese Weise sagt Anselm, daß im Baumstumpf das Kalb stecke, nicht in dem Sinn, daß es aus diesem entsteht, sondern daß es aus diesem entstehen könnte. Und dennoch ist dieses Hervorgehen [des einen aus dem anderen] nicht gegen die Natur, die Gott in der Weise eingerichtet hat, daß bei der ersten Grundlegung der Natur – wie Augustinus sagt – Gott der Natur die ursächlichen Bestimmtheiten jener Werke einpflanzte, die er später seinem Willen gemäß zur Wirkung brachte.

(14) Hierdurch ist die Lösung zu dem ganzen Komplex der Entgegnungen in diesem Punkt klar.

(15) Auf die Frage, weshalb die Frau denn eher von der Rippe genommen wurde als vom Fuß oder vom Kopf, antworten die Heiligen, daß sie wegen der in der Ehe geltenden

quod propter aequalitatem iuris in matrimonio et aequalitatem meriti sumpta est de media parte hominis. Et si sumpta esset de capite, crederetur esse domina et nobilior; si vero de pede, crederetur esse ancilla et vilior.

(16) Ad aliud dicendum quod Augustinus intelligit de ratione causali, quae fuit in elementis ad corpus hominis secundum modum dictum, scilicet ut ex ipsis fieri posset, non quod ex ipsis fieret.

(17) Ad aliud dicendum quod deus per seipsum formavit mulierem. Quod vero dicit Augustinus quod significatio futurorum facta est per angelos, intelligitur de significatione, quae facta est per apparitiones, quae exhibitae sunt patribus veteris testamenti.

(18) Ad id quod quaeritur de statura corporis, dicendum quod moraliter loquendo est ad indicandam rectitudinem mentis, finaliter autem est ad contemplandum caelestia. Unde *dicitur*:[202] ‚Os homini sublime dedit, caelumque videre iussit.‘ Naturaliter autem propter calorem in nobilissima complexione. Si enim homo haberet inclinatum corpus, sanguis multum subtilis flueret ad cerebrum et impediret virtutes animales. Calor enim licet in quibusdam aliis fortior sit, tamen illa non sunt adeo delicatae complexionis quod erigi possint.

(19) Ad ultimum dicendum secundum *Damascenum*[203] quod in quolibet genere animalium creatae sunt duae hypostases, masculus et femina, praeterquam in homine, eo quod ipse est in hoc deo similis quod est principium totius sui generis unus existens, sicut deus unus existens principium est universorum.

---

202 Ovid., Metamorph. I 85–86 (ed. Merkel p.3). Cf. Alb., De an. Ed. Colon. t.7,1 p.86 v.49–51. Isid., Etymol. XI 1 5. Philipp. Canc., Summa de bono, ed. Wicki p.314 v.138–140. P. Simon, Albertus Magnus und die Dichter, 88 cum nota 19.

203 Ioh. Dam., De fide orth. II 11 (PTS 12 p.71 v.2–5); transl. Burg. c.25 (ed. Buytaert p.106 v.3–7); cf. II 12 (PTS 12 p.75 v.7–p.76 v.36); transl. Burg. c.26 (ed. Buytaert p.112 v.9–p.114 v.43).

Rechtsgleichheit und der Gleichheit des Verdienstes vom mittleren Teil des Menschen genommen wurde. Denn wäre sie vom Kopf genommen, glaubte man, sie sei Herrin und vornehmer; wäre sie aber vom Fuß genommen, glaubte man, sie sei Magd und wäre von geringerem Wert.

(16) Zum anderen ist zu sagen, daß Augustinus an die ursächliche Bestimmtheit denkt, die in den Elementen im Blick auf den Körper des Menschen in der beschriebenen Weise lag, nämlich daß er aus ihnen werden könnte, nicht daß er aus ihnen wird.

(17) Zum anderen ist zu sagen, daß Gott selbst die Frau formte. Was aber Augustins Aussage anbelangt, daß die Hinweisung auf Zukünftiges durch Engel geschah, so ist sie von der Hinweisung zu verstehen, die durch Erscheinungen geschah, die den Vätern des Alten Testaments kundgetan wurden.

(18) Zu dem, was hinsichtlich der Körperstatur gefragt wird, ist zu sagen, daß sie im Blick auf die Moral dazu da ist, die Rechtheit des Geistes anzuzeigen, im Blick auf den Zweck aber zur Betrachtung des Himmlischen. Deshalb heißt es: ‚Ein nach oben schauend Gesicht gab er dem Menschen und den Himmel zu sehen befahl er.‘ Im Blick auf die Natur aber ist sie da wegen der Wärme in der vornehmsten Komplexion. Hätte der Mensch nämlich einen gebeugten Körper, flösse das sehr dünne Blut zum Gehirn und behinderte die Lebenskräfte. Obgleich nämlich die Wärme bei einigen anderen [Sinnenwesen] stärker ist, sind jene dennoch nicht von so feiner Komplexion, daß sie aufgerichtet werden könnten.

(19) Zum letzen Punkt ist Damascenus zufolge zu sagen, daß in jeder beliebigen Gattung der Sinnenwesen zwei Exemplare erschaffen wurden, ein männliches und ein weibliches, nur nicht beim Menschen. Dieser nämlich ist darin Gott ähnlich, daß ein einziger existierender Mensch Ursprung der ganzen Gattung ist, wie Gott, einzig existierend, Ursprung aller Dinge ist. [J.R.S.]

De coniunctione animae
et corporis

Utrum per medium vel sine medio anima
corpori coniungatur

Consequenter quaeritur de coniunctione animae et corporis.

(1) Et quaeritur, utrum per medium vel sine medio anima corpori coniungatur.

Et videtur quod sine medio.

‚Anima enim est actus corporis physici potentia vitam habentis;‘[204] omnis autem actus suae potentiae immediate coniungitur; ergo anima immediate coniungitur corpori.

Item probat *Aristoteles* in *secundo De anima*[205] quod anima est substantia et ratio corporis animati dans esse corpori animato; omnis autem talis substantia immediate coniungitur; ergo anima immediate coniungitur corpori.

Si forte dicatur quod anima non tantum est forma, sed etiam substantia per se existens et propter hoc indiget medio in coniunctione sui cum corpore, contra: Illud medium aut est substantia aut accidens; non accidens, eo quod accidens non potest esse ratio coniunctionis substantiae cum substantia. Si autem est substantia, aut est pars hominis, aut extrinsecum homini; non extrinsecum, quia iterum hoc non posset coniungere. Si autem est pars hominis, tunc erit pars mate-

<hr>

204 Arist., De an. II 1 (412a27–28); transl. vetus: Alb., De an. Ed. Colon. t.7,1 p.66 v.91, p.67 v.36–39.

205 Arist., ibid. II 2 (414a12–13). Cf. Alb., ibid. p.77 v.70–71.63–p.78 v.4.

Über die Verbindung der Seele
mit dem Körper

*Ob die Seele mit dem Körper mittels eines Mediums oder
ohne ein Medium verbunden wird?*

Im folgenden wird nach der Verbindung der Seele mit dem
Körper gefragt.

(1) Und man fragt, ob die Seele mit dem Körper mittels
eines Mediums oder ohne ein Medium verbunden wird.

Es scheint, daß sie ohne ein Medium verbunden wird.

‚Die Seele ist nämlich die Verwirklichung eines natürlichen
Körpers, der dem Vermögen nach Leben hat;‘ jede Verwirklichung wird aber unmittelbar mit ihrem Vermögen verbunden; folglich wird die Seele unmittelbar mit dem Körper
verbunden.

Ferner: Aristoteles beweist im zweiten Buch *Über die
Seele,* daß die Seele Substanz und Wesensgrund des belebten
Körpers ist, die dem belebten Körper das Sein verleiht; aber
jede so beschaffene Substanz wird unmittelbar verbunden;
folglich wird die Seele unmittelbar mit dem Körper verbunden.

Wenn man etwa behauptete, die Seele sei nicht nur Form,
sondern auch an und für sich existierende Substanz und
deshalb bedürfe sie in ihrer Verbindung mit dem Körper
eines Mediums, [steht folgendes] dagegen: Entweder ist jenes
Medium Substanz oder Akzidens; es ist kein Akzidens, weil
ein Akzidens kein Wesensgrund für die Verbindung der Substanz mit der Substanz sein kann. Wenn es aber Substanz ist,
ist es entweder ein Teil des Menschen oder dem Menschen
äußerlich; es ist dem Menschen nicht äußerlich, weil dieses
wiederum nicht verbinden könnte. Wenn es aber ein Teil des
Menschen ist, dann wird es ein Teil der Materie oder der

riae vel formae; non pars formae, eo quod forma simplex sit
et tales partes non habeat; ergo erit pars materiae; ergo si tota
materia medium habet coniungens cum forma, et pars medium habebit, et ita oportet ponere medii medium, et hoc in
infinitum; ergo anima sine medio coniungitur corpori.

Praeterea dicit *Aristoteles* in *secundo De anima*[206] quod
hoc quod est in partibus, oportet et in toto accipere; sicut
enim partes animae actus et perfectiones sunt partium corporis, ita tota anima immediate coniungitur partibus corporis;
ergo tota anima immediate coniungitur toti.

Sed contra:

(2) *Supra*[207] probatum est quod sensibile numquam invenitur in corpore sine vegetabili, et rationale numquam sine
vegetabili et sensibili; ergo sensibile et vegetabile media videntur, quibus coniungitur anima rationalis cum corpore.

(3) Item, corpus est quantum grossum corruptibile; anima
autem rationalis simplex est et incorporea et incorruptibilis.
Ista autem extrema cum sint opposita, coniungi non possunt
nisi per media participantia naturam utriusque extremorum,
scilicet quod sint incorporea et corruptibilia. Sed tales substantiae sunt vegetabilis et sensibilis; ergo vegetabilis et sensibilis media sunt coniunctionis animae rationalis et corporis.

(4) Iuxta hoc ulterius quaeritur, qualiter anima sit in
corpore, utrum tota sit in toto.

---

[206] Arist., ibid. II 1 (412b22–25). Cf. Alb., ibid. p.67 v.74–75, p.69
v.28–31.
[207] Alb., De homine: Ann Arbor 201 f.14va–b; f.15vb–16ra.

Form sein; es ist nicht ein Teil der Form, weil die Form einfach ist und keine solchen Teile aufweist; folglich wird es ein Teil der Materie sein; folglich wenn der ganzen Materie ein mit der Form verbindendes Medium eignet, wird auch einem Teil [der Materie] das Medium eignen, und so ist nötig ein Medium für ein Medium anzunehmen, und dies ins Unendliche. Folglich wird die Seele ohne ein Medium mit dem Körper verbunden.

Außerdem: Aristoteles sagt im zweiten Buch *Über die Seele*, daß es nötig ist anzunehmen, daß das, was in den Teilen präsent ist, auch im Ganzen präsent ist; denn so wie die Teile der Seele Verwirklichungen und Vollendungen der Teile des Körpers sind, so wird die ganze Seele unmittelbar mit den Teilen des Körpers verbunden; folglich wird die ganze Seele unmittelbar mit dem ganzen [Körper] verbunden.

Dagegen aber [steht folgendes]:

(2) Oben wurde bewiesen, daß Sinnenhaftes niemals ohne Vegetatives in einem Körper gefunden wird, und Vernunfthaftes niemals ohne Vegetatives und Sinnenhaftes; folglich scheinen Sinnenhaftes und Vegetatives Medien zu sein, durch welche die Vernunftseele mit dem Körper verbunden wird.

(3) Ferner: Ein Körper ist eine vergängliche, räumlich ausgedehnte Größe; die Vernunftseele hingegen ist einfach, unkörperlich und unvergänglich. Diese Extreme aber, da sie entgegengesetzt sind, können nicht miteinander verbunden werden, es sei denn durch Medien, die an der Natur beider Extreme teilhaben, nämlich daß sie unkörperlich und vergänglich sind. So beschaffene Substanzen sind aber Vegetatives und Sinnenhaftes. Folglich sind Vegetatives und Sinnenhaftes Medien der Verbindung der Vernunftseele mit dem Körper.

(4) In diesem Zusammenhang wird weiter gefragt, wie die Seele im Körper ist, ob nämlich die ganze Seele im ganzen Körper sei.

Et videtur quod sic.

Dicit enim *Augustinus*[208] quod anima est in corpore et tota in toto corpore.

Item, hoc idem dicit *Anselmus*.[209]

Item probatur hoc per rationem. Anima enim ad corpus habet comparationem formae. Cum igitur forma et perfectio in qualibet parte sui perfecti sit, anima erit in qualibet parte corporis.

Si forte dicatur quod anima per potentias suas est in toto corpore et non per seipsam, contra: Potentiae illae quae sunt in corpore, non sunt separatae ab anima. Ubicumque igitur est aliqua potentiarum, ibi est anima per substantiam; sed in toto corpore sunt potentiae; ergo in toto corpore est anima per substantiam.

Sed contra:

(5) Quicquid secundum se nullius corporis est actus, non est in corpore nec in parte corporis; anima intellectiva secundum se nullius corporis est actus; ergo nec in corpore nec in parte corporis. Prima patet per se. Secunda in *superioribus*[210] est probata.

(6) Praeterea, si esset in toto, ita quod in qualibet parte, aut ergo esset signabilis in qualibet parte, aut non. Si signabilis, contra: Quicquid signatur in pluribus locis actu, est in pluribus locis diffinitum in illis vel circumscriptum; anima sic signatur in pluribus locis, quia in omnibus membris corporis; ergo est in pluribus locis diffinita vel circumscripta in illis, quod est impossibile. Omne enim quod est finitae substantiae, si diffinitur vel circumscribitur in loco uno, non est in alio. Si

---

[208] Aug., De trin. VI 6 (CCL 50 p.237 v.24–25).

[209] Ans., Monol. c.21 (ed. Schmitt I p.36 v.24–p.37 v.15). Cf. Alb., De homine: Ann Arbor 201 f.16rb.

[210] Alb., De homine: Ann Arbor 201 f.15va; f.81rb–83rb.

Es scheint, daß es so ist.

Augustinus sagt nämlich, daß die Seele im Körper ist, und daß die ganze Seele im ganzen Körper ist.

Ferner: Dasselbe sagt Anselm.

Dies wird ferner durch Vernunftgründe bewiesen. Die Seele steht nämlich zum Körper im Verhältnis der Form. Wenn also die Form und die Vollendung in jedem beliebigen Teil des von ihr Vollendeten ist, wird die Seele in jedem beliebigen Teil des Körpers sein.

Wenn etwa behauptet wird, daß die Seele durch ihre Vermögen und nicht durch sich selbst im ganzen Körper ist, [steht folgendes] dagegen: Jene Vermögen, die im Körper sind, sind nicht von der Seele getrennt. Wo nur immer also irgendeines der Vermögen ist, dort ist die Seele durch ihre Substanz; die Vermögen sind aber im ganzen Körper; folglich ist die Seele durch ihre Substanz im ganzen Körper.

Dagegen aber [steht folgendes]:

(5) Was auch immer an sich Verwirklichung keines Körpers ist, ist weder im Körper noch in einem Teil des Körpers; die Geistseele an sich ist Verwirklichung keines Körpers; folglich ist sie weder im Körper noch in einem Teil des Körpers. Die erste Prämisse ist an sich offenkundig; die zweite wurde oben bewiesen.

(6) Außerdem: Wenn [etwas] in einem Ganzen wäre, so daß [es] in jedem beliebigen Teil [wäre], wäre es folglich entweder in jedem beliebigen Teil bezeichnungsfähig oder nicht. Wenn bezeichnungsfähig, [stünde dem folgendes] dagegen: Was auch immer an mehreren Orten [als] wirklich bezeichnet wird, ist an mehreren Orten in ihnen begrenzt oder umschrieben; die Seele wird in dieser Weise an mehreren Orten bezeichnet, weil sie in allen Körpergliedern ist; folglich ist sie an mehreren Orten begrenzt oder in ihnen umschrieben, was unmöglich ist. Alles nämlich, was hinsichtlich der Substanz begrenzt ist, wenn es an einem Ort be-

vero non potest signari in illis, tunc videtur etiam non esse in illis, quia quod est in aliquo, potest signari in illo.

(7) Iuxta hoc etiam quaeritur, utrum sit in corpore. Si enim contentum est in continente, potius videtur corpus esse in anima quam anima in corpore, eo quod anima contineat corpus et non contineatur ab ipso, ut dicit *Philosophus*.[211]

(8) Ulterius etiam quaeritur, utrum faciat unum cum corpore. Probatur enim in *VII Metaphysicae*[212] quod ex duobus actu existentibus et compositis non fit unum. Cum igitur corpus et anima talia duo sint, ut videtur, corpus et anima non faciunt aliquod unum. Et quia *supra*[213] multa de hoc quaesita sunt, sufficiant praedicta.

Solutio: Secundum nostram sententiam anima hominis una est substantia in vegetabili et sensibili et rationali. Et propter hoc dicimus, si de anima secundum se loquamur, quod ipsa immediate unitur corpori sicut forma materiae et sicut motor mobili. Corpus autem dico commixtum et complexionatum et organizatum et compositum. Est enim commixtio elementorum in humores, et commixtio humorum in complexiones. Compositio vero corporis organizati est ex membris diversis et solidis respondentibus viribus animae perficientibus ea.

Similiter animam est considerare tribus modis, scilicet prout est forma et efficiens et finis viventis corporis, ut *supra*[214] determinatum est.

---

[211] Arist., De an. I 5 (411b6–9). Cf. Alb., De an. Ed. Colon. t.7,1 p.56 v.78sqq., p.78 v.78sqq.

[212] Arist., Metaph. VII 13 (1039a3–11). Cf. Alb., Metaph. Ed. Colon. t.16 p.374 v.83–87, p.375 v.88–p.376 v.17.

[213] Alb., De homine: Ann Arbor 201 f.5vb–10va.

[214] Alb., De homine: Ann Arbor 201 f.9va–10va. Cf. Arist., De an. II 4 (415b9–12). Alb., De an. Ed. Colon. t.7,1 p.85 v.5sqq.

grenzt oder umschrieben wird, [dann] ist es nicht an einem anderen [Ort]. Wenn es jedoch an jenen [Orten] nicht bezeichnet werden kann, dann scheint es auch in jenen nicht zu sein, weil [das], was an irgendeinem [Ort] ist, in jenem bezeichnet werden kann.

(7) In dem Zusammenhang wird auch gefragt, ob [die Seele] im Körper ist. Wenn nämlich das Enthaltene in Enthaltendem ist, scheint eher der Körper in der Seele als die Seele im Körper zu sein, weil die Seele den Körper enthält und nicht vom diesem enthalten wird, wie der Philosoph sagt.

(8) Weiter wird auch gefragt, ob [die Seele] mit dem Körper ein Eines bewirkt. Im siebten Buch der *Metaphysik* wird nämlich bewiesen, daß aus der Zusammensetzung von zwei wirklich Seienden kein Eines wird. Wenn also der Körper und die Seele zwei so beschaffene Wirklichkeiten sind, wie es scheint, bewirken der Körper und die Seele nicht etwas Eines. Und weil oben darüber vieles untersucht wurde, soll das zuvor Gesagte genügen.

Lösung: Nach unserer Ansicht ist die Seele des Menschen nur eine Substanz im Vegetativen, Sinnenhaften und Vernunfthaften. Und deshalb sagen wir, wenn wir über die Seele an sich sprechen, daß sie selbst unmittelbar mit dem Körper wie die Form mit der Materie und wie der Beweger mit dem Bewegbaren verbunden wird. Den Körper bezeichne ich aber als vermischt, durch gewisse Komplexionen bestimmt, organisch ausgebildet und zusammengesetzt. Die Vermischung der Elemente bezieht sich nämlich auf die Feuchtigkeiten und die Vermischung der Feuchtigkeiten auf die Komplexionen. Die Zusammensetzung des organisch ausgebildeten Körpers besteht allerdings aus verschiedenen und festen Gliedern, die den sie vervollkommnenden Seelenkräften entsprechen.

Ähnlich ist die Seele auf dreifache Weise zu betrachten, nämlich sofern sie Form, Wirkursache und Ziel des belebten Körpers ist, wie es oben dargelegt wurde.

Si autem consideretur ut forma, tunc est in toto tota; perfectio enim in qualibet parte adest perfecto; non tamen est divisibilis divisione corporis ratione supra assignata.

Si autem consideretur ut efficiens operum ipsius animati, tunc consideratur duobus modis, scilicet per potentias, per quas efficit opus, et sic habet aliquas potentias in qualibet parte, ita quod in una unam, et in alia aliam; et aliquas habet quae nullius partis corporis sunt; cuiuslibet tamen potentiae organicae immediata est relatio ad suum organum.

Consideratur etiam per suam essentiam, et sic iterum est in toto tota, eo quod essentia animae omnibus viribus adest, sive sint organicae sive non.

Consideratur etiam in suis operationibus, et sic indiget medio duplici, scilicet generali et speciali.

Generale medium est spiritus, qui secundum *medicos*[215] medium est inter aërem et ignem, et est triplex, scilicet naturalis et vitalis et animalis. Naturalis autem est instrumentum trium virium animae vegetabilis; vitalis vero est ille, per quem anima a corde vitam et pulsum operatur in toto corpore; animalis vero deservit praecipue virtutibus existentibus in capite, sive sint apprehensivae sive motivae. Motus autem horum spirituum in corpore sunt sicut motus luminarium in mundo,[216] propter quod etiam *quidam*[217] dixerunt spiritus esse de natura quinti corporis, quod tamen non est verum. Motus enim ipsorum sunt ut luminarium propter hoc quod

---

[215] Constantinus Africanus, Pantegni, Theorica IV 19 (ed. Burnett p.114). Cf. Alb., Super Dion. De div. nom. Ed. Colon. t.37 p.65 v.38–41; De homine: Ann Arbor 201 f.28ra; f.33rb–va; f.56ra; f.58vb; f.81vb.

[216] Isaac Isr., De diff. (ed. Muckle p.318 v.18–23).

[217] Cf. Alfredus de Sareshel, De motu cordis X 5 (ed. Baeumker p.39 v.7–9), XI (p.46 v.4sqq.).

Wenn sie aber als Form betrachtet wird, dann ist sie als Ganzes im Ganzen; die Vollendung ist nämlich in jedem beliebigen Teil des Vollendeten zugegen; dennoch ist sie nicht teilbar durch die Teilung des Körpers aus dem oben genannten Grund.

Wenn man sie andererseits als Wirkursache der Werke des Belebten selbst betrachtet, dann wird sie auf zweifache Weise betrachtet, nämlich von ihren Vermögen her, durch die sie das Werk erwirkt; und so hat sie gewisse Vermögen in jedem beliebigen Teil in der Weise, daß sie in einem Teil ein [bestimmtes] Vermögen, in einem anderen [Teil] ein anderes [Vermögen hat]; und sie hat gewisse Vermögen, die keinem Körperteil eignen; dennoch bleibt jedes beliebige organische Vermögen in unmittelbarer Beziehung zu seinem Organ.

Man betrachtet sie auch von ihrer Wesenheit her, und so ist sie wiederum als Ganzes im Ganzen, weil die Wesenheit der Seele allen Seelenkräften zugegen ist, seien sie organisch oder nicht.

Man betrachtet sie auch in ihren Tätigkeiten, und so bedarf sie eines zweifachen Mediums, nämlich eines allgemeinen und eines besonderen.

Das allgemeine Medium ist das Pneuma, das den Medizinern zufolge ein Mittleres zwischen Luft und Feuer ist, und es ist ein Dreifaches, nämlich ein natürliches [Pneuma], ein belebendes und ein beseelendes. Das natürliche [Pneuma] aber ist das Werkzeug der drei Kräfte der vegetativen Seele; das belebende hingegen ist jenes, wodurch die Seele vom Herzen aus das Leben und den Pulsschlag im ganzen Körper erzeugt; das beseelende jedoch dient vornehmlich den im Kopf lokalisierten Kräften, seien sie aufnehmende oder bewegende [Kräfte]. Die Bewegungen dieser Pneumata im Körper entsprechen den Bewegungen der Leuchtkörper im Weltall, weshalb auch manche behaupteten, daß das Pneuma [seiner Art nach] von der Natur des ‚fünften Körpers‘ sei, was allerdings nicht wahr ist. Die Bewegungen dieser Pneumata

sunt instrumenta animae; ab ipsa enim digeritur spiritus, ita quod fit subtilior aëre, et cum sint calidi per naturam, sunt etiam calidiores, eo quod lucidi sunt.

Medium autem speciale est, quo una potentia indiget alia ad hoc quod operetur, secundum quod dicimus nutrimentum deservire augmentativae et generativae et sensum phantasiae et phantasiam rationi.

(1) Ad id ergo quod primo quaeritur, patet quod anima sine medio est in corpore, non tamen sine medio operatur.

(2) Ad id quod contra obicitur, dicendum quod anima vegetabilis et sensibilis in homine non sunt diversae in substantia ab anima rationali, sed sunt aliae potentiae, et propter hoc non sunt mediae, ut per quas anima rationalis sit in corpore, sed ut per quas operetur.

(3) Ad aliud dicendum quod anima sensibilis et vegetabilis corrumpuntur in suis operibus, eo quod sunt potentiae affixae organis, et non corrumpuntur per se secundum quod sunt in homine. Et hoc *supra* probatum est in *quaestione de immortalitate animae*.[218]

(4) Ad id quod ulterius quaeritur, qualiter anima sit in toto corpore tota, patet solutio per ante dicta.

(5) Ad id quod contra obicitur, dicendum quod intellectus qui nullius corporis est actus, est potentia animae; et non quamlibet potentiam animae contingit esse in toto totam, eo quod anima rationalis talis est substantia, a qua fluunt potentiae organicae et non organicae, ut *supra*[219] ex rationibus Avicennae probatum est.

---

[218] Alb., De homine: Ann Arbor 201 f.81rb–83rb.
[219] Alb., De homine: Ann Arbor 201 f.15ra; f.15va.

entsprechen nämlich deshalb den Bewegungen der Leucht-körper, weil sie Werkzeuge der Seele sind; denn von ihr wird das Pneuma abgesondert, so daß es feiner als die Luft wird; und da sie von Natur aus warm sind, sind sie auch wärmer dadurch, daß sie leuchtend sind.

Das besondere Medium ist aber [das], wodurch ein be-stimmtes Vermögen für seine Tätigkeit eines anderen bedarf; demnach sagen wir, daß die Nahrung der Wachstums- und der Zeugungskraft, die Wahrnehmung der Phantasie und die Phantasie der Vernunft dienen.

(1) Bezüglich der ersten Frage ist es offenkundig, daß die Seele im Körper ohne ein Medium ist, dennoch ist sie nicht ohne ein Medium tätig.

(2) Zu dem Einwand muß man sagen, daß die vegetative und die sinnenhafte Seele im Menschen in der Substanz von der Vernunftseele nicht verschieden sind, sondern sie sind unterschiedliche Vermögen; und deshalb sind sie nicht me-dial, damit durch sie die Vernunftseele im Körper ist, sondern damit diese durch sie tätig ist.

(3) Zum anderen muß man sagen, daß die sinnenhafte und die vegetative Seele in ihren Werken vergehen, weil sie an Organe gebundene Vermögen sind; sie vergehen aber nicht durch sich [selbst], insofern sie im Menschen sind. Und dies ist oben in der Untersuchung über die Unsterblichkeit der Seele bewiesen worden.

(4) Die Lösung der weiteren Frage, wie die ganze Seele im ganzen Körper ist, ist aus dem zuvor Gesagten ersichtlich.

(5) Zu dem Einwand muß man sagen, daß der Intellekt, der keines Körpers Akt ist, ein Vermögen der Seele ist; und es trifft nicht zu, daß ein beliebiges Seelenvermögen als Ganzes im Ganzen ist, weil die Vernunftseele eine so beschaffene Substanz ist, aus der Vermögen fließen, die organischer und nicht organischer Art sind, wie oben anhand der Argumente des Avicenna bewiesen worden ist.

(6) Ad aliud dicendum quod proprie loquendo nihil contingit signari nisi quod habet situm per se vel per accidens. Signatur enim punctum, eo quod ipsum habet positionem in continuo; et signatur albedo, eo quod inest secundum determinatam partem continui, quia secundum superficiem vel partem superficiei. Sed in formis substantialibus, quae secundum rationem ante situm et quantitatem assunt materiae, non est talis signatio, et praecipue in anima hominis, quae simplicior est omnibus formis substantialibus.

(7) Ad aliud dicendum quod anima est in corpore et non corpus in anima sicut forma in materia et sicut motor in mobili. Licet enim in corporalibus contentum sit in continente, tamen in spiritualibus est e converso, scilicet continens in contento. Et huius ratio est quod in istis continens est intrinsecum, in illis autem extrinsecum, et item in istis continens ut forma, in illis autem ut locus.

(8) Ad aliud quod ultimo quaeritur, dicendum quod ex corpore et anima rationali fit unus homo ea compositione, qua componitur potentia cum actu. Utrum autem corpus sit per se unum, et similiter anima, *supra*[220] est explanatum.

---

[220] Alb., De homine: Ann Arbor 201 f.9ra–b; 10va–11rb; f.14vb–17ra.

(6) Zum anderen muß man sagen, daß eigentlich gesprochen nur das bezeichnet werden kann, was eine Lage entweder an sich oder akzidentell hat. Ein Punkt wird nämlich bezeichnet, weil er selbst eine Position im Kontinuum hat; und es wird die Weiße bezeichnet, weil sie einem bestimmten Teil des Kontinuums inhäriert, nämlich der Oberfläche oder einem Teil der Oberfläche. Bei den substantialen Formen hingegen, die dem Begriff nach vor der Lage und Größe in der Materie sind, gibt es eine solche Bezeichnung nicht, und insbesondere bei der menschlichen Seele, die einfacher als alle substantialen Formen ist.

(7) Zum anderen muß man sagen, daß die Seele im Körper ist, und nicht der Körper in der Seele, wie die Form in der Materie und wie der Beweger im Bewegbaren. Mag es nämlich auch sein, daß im Bereich des Körperlichen das Enthaltene in Enthaltendem ist, dennoch ist es im Bereich der Geistwesen umgekehrt, nämlich das Enthaltende in Enthaltenem. Der Grund hierfür liegt darin, daß bei diesen das Enthaltende innerlich, in jenen hingegen äußerlich ist, und ferner ist das Enthaltende in diesen wie die Form, in jenen aber wie der Ort.

(8) Zu der letzten Frage muß man sagen, daß aus dem Körper und der Vernunftseele *ein* Mensch durch die Zusammensetzung entsteht, durch die das Vermögen mit dem Akt zusammengesetzt wird. Ob der Körper allerdings durch sich [selbst] ein Eines ist, und ähnlich die Seele, ist oben erläutert worden.

[H.A.]

LITERATURVERZEICHNIS

1. *Quellen*

Alanus ab Insulis, Regulae caelestis iuris, ed. N.M. Häring, in: Archives d'histoire doctrinale et littéraire du Moyen Âge 48 (1981), 121–226.

Albertus Magnus, Analytica posteriora, ed. A. Borgnet, Paris 1890 (Alberti Magni Opera Omnia, Ed. Paris. t.2), 1–232.

–, Analytica priora, ed. A. Borgnet, Paris 1890 (Alberti Magni Opera Omnia, Ed. Paris. t.1), 459–809.

–, De anima, ed. C. Stroick, Münster 1968 (Alberti Magni Opera Omnia, Ed. Colon. t.7,1).

–, De animalibus, ed. H. Stadler, Münster 1916 (libri I–XII), 1920 (libri XIII–XXVI) (Beiträge zur Geschichte der Philosophie des Mittelalters, XV–XVI).

–, De caelo et mundo, ed. P. Hoßfeld, Münster 1971 (Alberti Magni Opera Omnia, Ed. Colon. t.5,1).

–, De causis et processu universitatis a prima causa, ed. W. Fauser, Münster 1993 (Alberti Magni Opera Omnia, Ed. Colon. t.17,2).

–, Super Dionysium De caelesti hierarchia, ed. P. Simon † et W. Kübel, Münster 1993 (Alberti Magni Opera Omnia, Ed. Colon. t.36,1).

–, Super Dionysium De divinis nominibus, ed. P. Simon, Münster 1972 (Alberti Magni Opera Omnia, Ed. Colon. t.37,1).

–, Commentarii in librum Boethii De divisione, ed. P.M. de Loe, Bonn 1913.

–, De generatione et corruptione, ed. P. Hoßfeld, Münster 1980 (Alberti Magni Opera Omnia, Ed. Colon. t.5,2), 107–219.

–, Super Matthaeum, ed. B. Schmidt, Münster 1987 (Alberti Magni Opera Omnia, Ed. Colon. t.21,1–2).

–, Liber de natura et origine animae, ed. B. Geyer, Münster 1955 (Alberti Magni Opera Omnia, Ed. Colon. t.12), 1–44.

–, Metaphysica, ed. B. Geyer, Münster 1960 (libri I–V), 1964 (libri VI–XIII) (Alberti Magni Opera Omnia, Ed. Colon. t.16,1–2).

–, De morte et vita, ed. A. Borgnet, Paris 1890 (Alberti Magni Opera Omnia, Ed. Paris. t.9), 345a–371b.

–, Postilla super Isaiam, ed. F. Siepmann, Münster 1952 (Alberti Magni Opera Omnia, Ed. Colon. t.19), 1–632.

–, Super Porphyrium De V universalibus, ed. A. Borgnet, Paris 1890 (Alberti Magni Opera Omnia, Ed. Paris. t.1), 1–148.

–, De praedicamentis, ed. A. Borgnet, Paris 1890 (Alberti Magni Opera Omnia, Ed. Paris. t.1), 149–304.

–, De IV coaequaevis (Summa de creaturis, pars I), ed. S.C.A. Borgnet, Paris 1895 (Alberti Magni Opera Omnia, Ed. Paris. t.34), 307–761.

–, Super I Sententiarum, ed. A. Borgnet, Paris 1893 (Alberti Magni Opera Omnia, Ed. Paris. t.25–26).

–, Super II Sententiarum, ed. S.C.A. Borgnet, Paris 1894 (Alberti Magni Opera Omnia, Ed. Paris. t.27).

–, De somno et vigilia, ed. A. Borgnet Paris 1890 (Alberti Magni Opera Omnia, Ed. Paris. t.9).

–, Summa theologiae II, ed. S.C.A. Borgnet, Paris 1895 (Alberti Magni Opera Omnia, Ed. Paris. t.33).

–, Topica, ed. A. Borgnet, Paris 1890 (Alberti Magni Opera Omnia, Ed. Paris. t.2), 233–524.

Alexander de Hales, Summa theologica, II, studio et cura PP. Collegii S. Bonaventurae, Ad Claras Aquas (Quaracchi) 1928.

Alfredus de Sareshel, De motu cordis, ed. C. Baeumker, Münster 1923 (Beiträge zur Geschichte der Philosophie des Mittelalters, XXIII/1–2).

Algazel, Metaphysica, ed. J.T. Muckle, Toronto 1933.

Anonymus, De anima et potentiis eius, ed. R.A. Gauthier, in: Revue des Sciences philosophiques et théologiques 66 (1982), 3–55.

Anselmus Cantuariensis, Monologion, ed. F.S. Schmitt, Stuttgart – Bad Cannstatt 1968 (Anselmi Opera Omnia, I), 1–87.

Aristoteles Graece, ex recensione I. Bekkeri, Berlin 1831.

Aristoteles, Analytica posteriora, transl. antiqua, ed. L. Minio-Paluello et B.G. Dod, Brugge – Paris 1968 (Arist. Lat. IV,1–4).

–, De anima, transl. vetus, in: Albertus Magnus, De anima (s.o.).

–, De caelo, transl. vetus, in: Albertus Magnus, De caelo et mundo (s.o.).

–, De generatione animalium, transl. Mich. Scoti (De animal. 1.16), ed. A.M.I. Van Oppenraaij, Leiden – New York – Köln 1992 (Aristoteles Semitico-Latinus, 5).

–, De generatione et corruptione, transl. vetus, ed. J. Judycka, Leiden 1986 (Arist. Lat. IX,1).

–, Metaphysica nova, in: Aristotelis Stagiritae Opera (...) cum Averrois Cordubensis duplici expositione ..., t.8, Venetiis 1560.

–, Physica, transl. vetus, ed. F. Bossier et J. Brams, Leiden – New York 1990 (Arist. Lat. VII,1/2).

–, De sophisticis elenchis, transl. Boethii, ed. B.G. Dod, Leiden – Bruxelles 1975 (Arist. Lat. VI,1–3).

–, Topica, transl. Boethii, ed. L. Minio-Paluello, Leiden 1969 (Arist. Lat. V,1–3).

Augustinus, De bono coniugali, ed. I. Zycha, Prag – Wien – Leipzig 1900 (CSEL 41/V,3).

–, De Genesi ad litteram libri duodecim, ed. I. Zycha, Prag – Wien – Leipzig 1894 (CSEL 28,1).

–, In Iohannis Evangelium tractatus CXXIV, ed. R. Willems, Turnhout 1990 (CCL 36).

–, De trinitate, ed. W.J. Mountain et F. Glorie, Turnhout 1968 (CCL 50–50A)

–, De utilitate credendi, ed. I. Zycha, Prag – Wien – Leipzig 1891 (CSEL 25/VI,1).

Ps.-Augustinus, De spiritu et anima, in: Patrologia Latina 40, Paris 1887, 779–832.

Averroes, Commentarium magnum in Aristotelis De anima libros, rec. F.S. Crawford, Cambridge/Mass. 1953 (CCAA, VI/1).

–, Commetarii in Metaphysicam, in: Aristotelis Stagiritae Opera (...) cum Averrois Cordubensis duplici expositione ..., t.8, Venetiis 1560.

Avicenna, Liber De anima seu Sextus de Naturalibus, ed. S. Van Riet, Louvain – Leiden 1972 (pars I–III), 1968 (pars IV–V).

Bartholomaeus Anglicus, De proprietatibus rerum libri III et IV, ed. R.J. Long, Toronto 1979 (Toronto Medieval Latin Texts, 9).

Basilius, Homiliae in Hexaemeron, in: Patrologia Graeca 29, Paris 1886, 3–208; transl. Eustathii Afri, in: Patrologia Graeca 30, Paris 1888, 869–968.

Biblia Latina cum Glossa ordinaria, ed. princeps A. Rusch, t.1–4, Straßburg 1480/81 (Facsimile-Reprint: Turnhout 1992).

Biblia sacra iuxta vulgatam versionem, rec. R. Weber u.a., editio tertia emendata quam paravit B. Fischer u.a., Stuttgart 1983.

Boethius, In Categorias Aristotelis, in: Patrologia Latina 64, Paris 1891, 159–294.

–, De divisione, ed. J. Magee, Leiden – Boston – Köln 1998 (Philosophia Antiqua, 77).

–, In Isagogen Porphyrii, editio secunda, ed. S. Brandt, Wien – Leipzig 1906 (CSEL 49), 133–348.

–, De trinitate, ed. H.F. Stewart, E.K. Rand et S.J. Tester, Cambridge/Mass. – London 1973.

Claudianus Mamertus, De statu animae, ed. A. Engelbrecht, Wien 1885 (CSEL 11).

Constantinus Africanus, Pantegni, Theorica IV 19: De spiritibus, ed. Ch. Burnett, in: Ch. Burnett und D. Jacquart (Hg.), Constantine the African and ʿAlî ibn al-ʿAbbâs al-Magûsî. The «Pantegni» and Related Texts, Leiden – New York – Köln 1994 (Studies in Ancient Medicine, 10), 113–117.

Costa ben Luca, De differentia animae et spiritus, ed. C.S. Barach, Innsbruck 1878 (Bibliotheca Philosophorum Mediae Aetatis, II).

Pseudo-Dionysius Areopagita, De caelesti hierarchia, ed. G. Heil † und A.M. Ritter, Berlin – New York 1991 (Patristische Studien und Texte, 36); transl. Iohannis Eriugenae, in: Albertus Magnus, Super Dionysium De caelesti hierarchia (s.o.); dt.: Über die himmlische Hierarchie. Über die kirchliche Hierarchie. Eingeleitet, übersetzt und mit Anmerkungen versehen von G. Heil, Stuttgart 1986 (Bibliothek der Griechischen Literatur, 22).

–, De divinis nominibus, ed. B.R. Suchla, Berlin – New York 1990 (Patristische Texte und Studien, 33); transl. Iohannis Sarraceni, in: Albertus Magnus, Super Dionysium De divinis nominibus

(s.o.); dt.: Die Namen Gottes. Eingeleitet, übersetzt und mit Anmmerkungen versehen von B.R. Suchla, Stuttgart 1988 (Bibliothek der Griechischen Literatur, 26).

Dominicus Gundissalinus, De anima, ed. J.T. Muckle, in: Mediaeval Studies 2 (1940), 23–103.

Glossa ordinaria Bibliae s. Biblia Latina cum Glossa ordinaria.

Guillelmus de S. Theodorico, Epistula ad fratres de Monte Dei, ed. M.-M. Davy, Paris 1940 (Études de Philosophie Médiévale, XXIX).

–, De natura corporis et animae: Guillaume de Saint-Thierry, De la nature du corps et de l'âme. Texte établi, traduit et commenté par M. Lemoine, Paris 1988 (Collection A.L.M.A.).

Ps.-Hugo de S. Caro, De anima, ed. O. Lottin, Un petit traité sur l'âme de Hugues de Saint-Cher, in: Revue Neo-Scolastique de Philosophie 34 (1932), 468–475.

Hugo de S. Victore, De sacramentis, in: Patrologia Latina 176, Paris 1880, 183–618.

Iohannes Chrysostomus, In Genesim, in: Patrologia Graeca 53, Paris 1862.

Iohannes Damascenus, Ἔκδοσις ἀκριβὴς τῆς ὀρθοδόξου πίστεως. Expositio fidei [De fide orthodoxa], ed. B. Kotter, Berlin – New York 1973 (Patristische Studien und Texte, 12); transl. Burgundionis, ed. E.M. Buytaert, St. Bonaventure – Louvain – Paderborn 1955 (Franciscan Institute Publications, Text Series, 8).

Iohannes de Mechlinia, Tractatus de homine, ed. A. Pattin, Leuven 1977.

Iohannes de Rupella, Summa de anima, ed. J.G. Bougerol, Paris 1995 (Textes Philosophiques de Moyen Âge, XIX).

–, Tractatus de divisione multiplici potentiarum animae, ed. P. Michaud-Quantin, Paris 1964 (Textes Philosophiques de Moyen Âge, XI).

Isaac Israeli, De diffinitionibus, ed. J.T. Muckle, in: Archives d'histoire doctrinale et littéraire du Moyen Âge 11 (1937–1938), 299–340.

Isidorus Hispalensis, Etymologiarum sive originum libri XX, ed. W.M. Lindsay, t.1–2, Oxford 1911.

Liber de causis, ed. A. Pattin, Leuven 1966.

Nemesius Emesenus, De natura hominis, ed. M. Morani, Leipzig 1987 (Bibliotheca Scriptorum Graecorum et Romanorum Teubneriana); transl. Burgundionis Pisani, ed. G. Verbeke – J.R. Moncho, Leiden 1975 (Corpus Latinum Commentariorum in Aristotelem Graecorum, Suppl. 1).

Ovidius Naso, P., Metamorphoses, ed. R. Merkel, Leipzig 1909 (Bibliotheca Scriptorum Graecorum et Romanorum Teubneriana).

Petrus Comestor, Historia scholastica, in: Patrologia Latina 198, Paris, 1855, 1050–1722.

Petrus Lombardus, Sententiae in IV libris distinctae, ed. PP. Collegii S. Bonaventurae Ad Claras Aquas, t.1 (libri I–II), t.2 (libri III–IV), Grottaferrata (Roma) 1971, 1981.

Philippus Cancellarius, Summa de bono, ed. N. Wicki, Bern 1985 (Opera Philosophica Mediae Aetatis Selecta, II).

Plato, Timaeus, transl. Chalcidii, ed. J.H. Waszink, London 1962 (Plato Latinus, IV), 1–52.

Porphyrius, Isagoge, transl. Boethii, ed. L. Minio-Paluello, Bruges – Paris 1966 (Arist. Lat. I,6–7).

Pseudo-Robertus Grosseteste, Tractatus de anima, ed. L. Baur, in: ders., Die philosophischen Werke des Robert Grosseteste, Bischofs von Lincoln, Münster 1912 (Beiträge zur Geschichte der Philosophie des Mittelalters, IX), 242–274.

Vincentius Bellovacensis, Speculum naturale, Duaci 1624 (Photomechanischer Nachdruck: Graz 1964).

2. *Zu* De homine *und zur Anthropologie des Albertus Magnus*

Ansaldi, M., Natura, origine e importanza del sangue in Alberto Magno, in: Angelicum 21 (1944), 306–325.

Anzulewicz, H., Anthropologie des Albertus Magnus als Ort des Dialogs zwischen den *sancti* und *philosophi*, in: F. Prcela (Hg.), Dialog. Auf dem Weg zur Wahrheit und zum Glauben, Zagreb – Mainz 1996, 47–54.

–, Grundlagen von Individuum und Individualität in der Anthropologie des Albertus Magnus, in: J.A. Aertsen/A. Speer (Hg.), In-

dividuum und Individualität im Mittelalter, Berlin – New York 1996 (Miscellanea Mediaevalia, 24), 124–160.

–, Der Anthropologieentwurf des Albertus Magnus und die Frage nach dem Begriff und wissenschaftssystematischen Ort einer mittelalterlichen Anthropologie, in: J.A. Aertsen/A. Speer (Hg.), Was ist Philosophie im Mittelalter, Berlin – New York 1998 (Miscellanea Mediaevalia, 26), 756–766.

–, Mißlungene medizinhistorische Annäherung an Albertus Magnus. Bemerkungen zu einem Albert-Buch von Peter Theiss, in: Studia Mediewistyczne 33 (1998), 51–58.

–, Perspektive und Raumvorstellung in den Frühwerken des Albertus Magnus, in: J.A. Aertsen/A. Speer (Hg.), Raum und Raumvorstellungen im Mittelalter, Berlin – New York 1998 (Miscellanea Mediaevalia, 25), 249–286.

–, Zur Theorie des menschlichen Lebens nach Albertus Magnus. Theologische Grundlegung und ihre bioethischen Implikationen, in: Studia Medievistyczne 33 (1998), 35–49.

–, Die aristotelische Biologie in den Frühwerken des Albertus Magnus, in: C. Steel/G. Guldentops/P. Beullens (Hg.), Aristotle's Animals in the Middle Ages and Renaissance, Leuven 1999 (Mediaevalia Lovaniensia, Ser. I/Studia XXVII), 159–188.

–, Neuere Forschung zu Albertus Magnus. Bestandsaufnahme und Problemstellungen, in: Recherches de Théologie et Philosophie médiévales 66 (1999), 163–206.

–, De forma resultante in speculo des Albertus Magnus, Münster 1999 (Beiträge zur Geschichte der Philosophie und Theologie des Mittelalters, Neue Folge, 53/I).

–, Die theologische Relevanz des Bildbegriffs und des Spiegelbildmodells in den Frühwerken des Albertus Magnus, Münster 1999 (Beiträge zur Geschichte der Philosophie und Theologie des Mittelalters, Neue Folge, 53/II), bes. 48–52 u. 200–223.

–, Albertus Magnus – Der Denker des Ganzen, in: Wort und Antwort 41 (2000), 148–154.

–, Der Bildcharakter des Seinswirklichkeit im Denksystem des Albertus Magnus, in: Freiburger Zeitschrift für Philosophie und Theologie 47 (2000), 342–351.

–, Die Denkstruktur des Albertus Magnus. Ihre Dekodierung und ihre Relevanz für die Begrifflichkeit und Terminologie, in: J. Hamesse/C. Steel (Hg.), L'Élaboration du vocabulaire philosophiques au Moyen Âge, Turnhout 2000 (Rencontres de Philosophie Médiévale, 8), 369–396.

–, Pseudo-Dionysius Areopagita und das Strukturprinzip des Denkens von Albert dem Großen, in: T. Boiadjiev/G. Kapriev/ A. Speer (Hg.), Die Dionysius-Rezeption im Mittelalter, Turnhout 2000 (Rencontres de Philosophie Médiévale, 9), 251–295.

–, „Bonum" als Schlüsselbegriff bei Albertus Magnus, in: W. Senner u.a. (Hg.), Albertus Magnus. Zum Gedenken nach 800 Jahren: Neue Zugänge, Aspekte und Perspektiven, Berlin 2001 (Quellen und Forschungen zur Geschichte des Dominikanerordens, N.F., 10), 113–140.

–, Person und Werk des David von Dinant im literarischen Zeugnis Alberts des Grossen, in: Mediaevalia Philosophica Polonorum 34 (2001), 15–44, 45–58: Bibliographie.

–, Albert Wielki (ok. 1200–1280), in: K. Krauze-Błachowicz (Hg.), Wszystko to ze zdziwienia. Antologia tekstów filozoficznych z XIII wieku, Warszawa 2002, 3–12.

–, Konzeptionen und Perspektiven der Sinneswahrnehmung im System Alberts des Großen, in: Micrologus 10 (2002), 199–238.

–, Die platonische Tradition bei Albertus Magnus. Eine Hinführung, in: S. Gersh/M. Hoenen (Hg.), The Platonic Tradition in the Middle Ages and Early Modern Period. A Doxographic Approach, Berlin – New York 2002, 207–277.

–, *Ab eodem in idem.* Verständnis und hermeneutische Funktion der Kreislaufformel bei Albertus Magnus, in: P.J.J.M. Bakker/ E. Faye/Ch. Grellard (Hg.), Chemins de la pensée médiévale. Études offerts à Zénon Kaluza, Turnhout 2002 (Textes et études du Moyen Âge, 20), 323–350.

–, Zum anthropologischen Aspekt der Kontingenz im System des Albertus Magnus, in: Studia Warminskie 39 (2002), 177–195.

–, Zur kritischen Ausgabe der Werke des Albertus Magnus, in: Anuario de Historia de la Iglesia 11 (2002), 417–422.

–, Entwicklung und Stellung der Intellekttheorie im System des

Albertus Magnus, in: Archives d'histoire doctrinale et littéraire du Moyen Âge 70 (2003), 165–218.

–, Aspekte der Sinnespsychologie Alberts des Großen und Dietrichs von Freiberg, in: K.-H. Kandler/B. Mojsisch/F.-B. Stammkötter (Hg.), Dietrich von Freiberg – Eckpunkte seines Denkens. Internationale Tagung in Freiberg i.S., 12.–15. März 2001, Stuttgart (im Druck).

Anzulewicz, H./Rigo, C., *Reductio ad esse divinum*. Zur Vollendung des Menschen nach Albertus Magnus, in: J.A. Aertsen/M. Pickavé (Hg.), Ende und Vollendung. Eschatologische Perspektiven im Mittelalter, Berlin – New York 2002 (Miscellanea Mediaevalia, 29), 388–416.

Arendt, W., Die Staats- und Gesellschaftslehre Alberts des Großen. Nach den Quellen dargestellt, Jena 1929 (Deutsche Beiträge zur Wirtschafts- und Gesellschaftslehre, 8).

Auer, A., Ein neuaufgefundener Katalog der Dominikanerschriftsteller, Paris 1933 (Institutum Historicum F.F. Praedicatorum Romae, Ad S. Sabinam. Dissertationes Historicae, fasc. II).

Backes, A.J., Der Geist als höherer Teil der Seele nach Albert dem Großen. Ein Beitrag zur Psychologie Alberts unter besonderer Berücksichtigung der Summe über den Menschen, des Sentenzenkommentars und der theologischen Summe, in: H. Ostlender (Hg.), *Studia Albertina*. Festschrift für B. Geyer zum 70. Geburtstage, Münster 1952 (Beiträge zur Geschichte der Philosophie und Theologie des Mittelalters, Suppl. IV), 52–67.

Baldner, S., Is St. Albert the Great a Dualist on Human Nature?, in: Proceedings of the American Catholic Philosophical Association 67 (1993), 219–229.

–, St. Albert the Great on the Union of Human Soul and Body, in: American Catholic Philosophical Quarterly 70 (1996), 103–120.

Bazán, B.C., Introduction, in: Anonymi, magistri artium (c.1246–1247) sententia super II et III De anima (Oxford, Bodleian Libr., Lat. Misc. c.70, f.1ra–25b; Roma, Bibl. Naz. V. E. 828, f.46vb, 48ra–52ra). Édition, étude critique et doctrinale par B.C. Bazán. Texte du *De anima* Vetus établi par K. White, Louvain-la-Neuve – Louvain – Paris 1998 (Philosophes Médiévaux, 37), 3*–122*.

–, Was There Ever a „First Averroism"?, in: J.A. Aertsen/A. Speer (Hg.), Geistesleben im 13. Jahrhundert, Berlin – New York 2000 (Miscellanea Mediaevalia, 27), 31–53.

Birkenmajer, A., Zur Bibliographie Alberts des Großen, in: Philosophisches Jahrbuch 37 (1924), 270–272.

Böhner, Ph./Gilson, É., Christliche Philosophie von ihren Anfängen bis Nikolaus von Cues, Paderborn ³1954.

Bonné, J., Die Erkenntnislehre Alberts des Großen mit besonderer Berücksichtigung des arabischen Neuplatonismus, Bonn 1935.

Bormann, K., Wahrheitsbegriff und νοῦς-Lehre bei Aristoteles und einigen seiner Kommentatoren, in: A. Zimmermann/G. Vuillemin-Diem (Hg.), Studien zur mittelalterlichen Geistesgeschichte und ihren Quellen, Berlin – New York 1982 (Miscellanea Mediaevalia, 15), 1–24.

Brady, I., Two Sources of the *Summa de homine* of Saint Albert the Great, in: Recherches de Théologie ancienne et médiévale 20 (1953), 222–271.

–, Source or Extract? A Note on Saint Albert, in: Recherches de Théologie ancienne et médiévale 25 (1958), 142–143.

Busnelli, G., L'origine dell'anima razionale secondo Dante e Alberto Magno, in: Civiltà Cattolica 80 (1929), 229–237, 336–347.

Callus, D.A., Gundissalinus' *De anima* and the Problem of Substantial Form, in: The New Scholasticism 13 (1939), 338–355.

–, The Powers of the Soul. An Early unpublished Text, in: Recherches de Théologie ancienne et médiévale 19 (1952), 131–170.

Caparello, A., Senso e interiorità in Alberto Magno, Roma 1993.

Carruthers, M.J., The Book of Memory. A Study of Memory in Medieval Culture, Cambridge 1990 (Reprint 2001).

Casadei, E., La filosofia della natura di David di Dinant: edizione critica ed analisi dottrinale dei testi, ungedr. Diss. Università degli studi di Roma «La Sapienza», Roma 1998.

–, Una nuova edizione a stampa di testi di David di Dinant, in: Archives Internationales d'Histoire des Sciences 49 n.143 (1999), 221–239.

Castagnoli, P., La vita e gli scritti di Sant'Alberto Magno, in: Divus Thomas (Piacenza), 37 (1934), 129–144.

Chenu, M.-D., Les „philosophes" dans la philosophie chrétienne médiévale, in: Revue des Sciences philosophiques et théologiques 26 (1937), 27–40.

Craemer-Ruegenberg, I., Albertus Magnus, München 1980 (Beck'-sche Schwarze Reihe, 501).

Dähnert, U., Die Erkenntnislehre des Albertus Magnus gemessen an den Stufen der „abstractio". Mit einem ausführlichen systematischen Sachverzeichnis und einer monographischen Bibliographie Albertus Magnus, Leipzig 1934 (Studien und Bibliographien zur Gegenwartsphilosophie, 4).

Dales, R.C., The Problem of the Rational Soul in the Thirteenth Century, Leiden – New York – Köln 1995 (Brill's Studies in Intellectual History, 65).

Delorme, A., La morphogénèse d'Albert le Grand dans l'embryologie scolastique, in: Revue Thomiste 36 (1931), 352–360.

Demaitre, L./Travill, A.A., Human Embryology and Development in the Works of Albertus Magnus, in: J.A. Weisheipl (Hg.), Albertus Magnus and the Sciences. Commemorative Essays 1980, Toronto 1980 (Studies and Texts, 49), 405–440.

Dewan, L., St. Albert, the Sensibles, and Spiritual Being, in: J.A. Weisheipl (Hg.), Albertus Magnus and the Sciences. Commemorative Essays 1980, Toronto 1980, 291–320.

Dewender, Th., *Sensus communis*. II. Mittelalter, in: Historisches Wörterbuch der Philosophie, Bd.9, Basel 1995, 634–639.

Dreyer, M./Anzulewicz, H./Söder, J.R. u.a., Die kritische Ausgabe der Werke Alberts des Großen (Editio Coloniensis). Bericht über Geschichte, Stand und Pläne der Edition, in: Philosophisches Jahrbuch 106 (1999), 420–428 (hier: 426–428).

Ducharme, L., *Esse* chez saint Albert le Grand. Introduction à la métaphysique des ses premiers écrits, in: Revue de l'Université d'Ottawa 27 (1957), Section spéciale, 209*–252*.

–, The Individual Human Being in Saint Albert's Earlier Writings, in: F.J. Kovach/R.W. Shahan (Hg.), Albert the Great. Commemorative Essays, Norman, Oklahoma 1980, 131–160.

Ethier, A.-M., La double définition de l'âme humane chez saint Albert le Grand, in: Études et recherches publiées par le Collège Dominicain d'Ottawa 1 (Philosophie, 1) (1936), 79–110.

–, Les parties potentielles de l'intellect chez Albert le Grand, in: Études et recherches publiées par le Collège Dominicain d'Ottawa 3 (Philosophie, 2) (1938), 63–93.

Fauser, W., Die Werke des Albertus Magnus in ihrer handschriftlichen Überlieferung. I: Die echten Werke, Münster 1982 (Alberti Magni Opera Omnia, tomus subs. I).

Fries, A., Die Abhandlung *De anima* des Ulrich Engelberti O.P., in: Recherches de Théologie ancienne et médiévale 17 (1950), 328–331.

–, Werke Alberts des Großen als Quellen der Summa philosophiae unter dem Namen des Robert Grosseteste, in: Freiburger Zeitschrift für Philosophie und Theologie 10 (1963), 257–290.

Fries, A./Eckert, W.P. (Hg.), Albertus Magnus. Ausgewählte Texte, lateinisch–deutsch. Mit einer Kurzbiographie, Darmstadt ³1994 (Texte zur Forschung, 35).

Führer, M.L., The Contemplative Function of the Agent Intellect in the Psychology of Albert the Great, in: B. Mojsisch/O. Pluta (Hg.), Historia philosophiae medii aevii. Studien zur Geschichte der Philosophiae des Mittelalters, Bd.1, Amsterdam – Philadelphia 1991, 305–319.

–, Albertus Magnus' Theory of Divine Illumination, in: W. Senner u.a. (Hg.), Albertus Magnus. Zum Gedenken nach 800 Jahren, Berlin 2001, 141–155.

Gätje, H., Der Liber de sensu et sensato von al-Fârâbî bei Albertus Magnus, in: Oriens Christianus 48 (1964), 107–116.

Gaul, L. Alberts des Großen Verhältnis zu Plato. Eine literarische und philosophiegeschichtliche Untersuchung, Münster 1913 (Beiträge zur Geschichte der Philosophie des Mittelalters, 12/1).

Gauthier, R.A., Le cours sur l'*Ethica nova* d'un maître ès arts de Paris (1235–1240), in: Archives d'histoire doctrinale et littéraire du Moyen Âge 42 (1975), 71–141, bes. 89–92.

–, Le traité *De anima et de potenciis eius* d'un maître ès arts (vers 1225), in: Revue des Sciences philosophiques et théologiques 66 (1982), 3–55.

–, Notes sur Siger de Brabant. I. Siger en 1265, in: Revue des Sciences philosophiques et théologiques 67 (1983), 201–232.

–, Préface, in: Thomas de Aquino, Sentencia libri de anima, Roma – Paris 1984 (S. Thomae de Aquino Opera Omnia, Editio Leonina XLV/1), 1*–294*.

–, Préface, in: Thomas de Aquino, Sentencia libri de sensu et sensato, cuius secundus tractatus est De memoria et reminiscentia, Roma – Paris 1985 (S. Thomae de Aquino Opera Omnia, Editio Leonina XLV/2), 1*–128*.

–, Saint Thomas d'Aquin, Somme contre les gentils: introduction, Paris 1993.

Geiger, L.-B., La vie, acte essentiel de l'ame. L'*esse* acte de l'essence d'apres Albert-le-Grand, in: Ètudes d'histoire littéraire et doctrinale, Montréal – Paris 1962 (Université de Montréal, Publications de l'Institut d'Études Médiévales, 17), 49–116.

Gentili, S., Due definizioni di «cuore» nel *Convivio* di Dante: «secreto dentro», «parte dell'anima e del corpo» (II 6 2), in: Micrologus 11 (2003), 415–448.

Geyer, B., Ad Summam Alberti Magni De bono Prolegomena, in: Albertus Magnus, De bono, ed. H. Kühle, C. Feckes, B. Geyer, W. Kübel, Münster 1951 (Alberti Magni Opera Omnia, Ed. Colon. t.28), IX–XXII.

–, Zur neuen Gesamtausgabe der Werke des Albertus Magnus, in: Gregorianum 36 (1955), 272–283.

–, Der alte Katalog der Werke des hl. Albertus Magnus, in: Miscellanea Giovanni Mercati, Bd.2, Città del Vaticano 1946 (Studi e testi, 122), 398–413.

Gilson, É., L'âme raisonnable chez Albert le Grand, in: Archives d'histoire doctrinale et littéraire du Moyen Âge 14 (1943), 5–72.

–, La philosophie au moyen âge: des origines patristiques à la fine du XIVe siècle, Paris 1944, [2]1962.

–, History of Christian Philosophy in the Middle Age, New York 1955.

Göhring, B., Zur Überlieferung der Werke Alberts des Großen – von der Handschrift bis zur modernen Übersetzung, in: Wort und Antwort 41 (2000), 186–189.

Grabmann, M., Drei ungedruckte Teile der Summa de creaturis Alberts des Großen, Leipzig 1919 (Quellen und Forschungen zur Geschichte des Dominikanerordens in Deutschland, 13).

–, Der Einfluß Alberts des Großen auf das mittelalterliche Geistesleben, in: Zeitschrift für katholische Theologie 52 (1928), 153–
182.313–356 (Sonderabdruck: 1–74); wiederabgedruckt (mit
Änderungen, München 1936, 324–412.

–, Neu aufgefundene lateinische Werke deutscher Mystiker, München 1922 (Sitzungsberichte der Bayer. Akademie der Wissenschaften, Philos.-philol. und hist. Klasse, Jg. 1921, 3. Abh.); wiederabgedruckt in: ders., Gesammelte Akademieabhandlungen,
Paderborn – München – Wien – Zürich 1979 (Münchener
Universitäts-Schriften, Fachbereich Kath.-Theologie. Veröffentli-
chungen des Grabmann-Institutes, N.F., 25/I), 1–68.

–, Un inédit du XIIIe siècle: Le tractatus De anima du Cod. Vin-
dob. 597, in: Mélanges Joseph Maréchal, I, Bruxelles – Paris
1950 (Museum Lessianum – Section Philosophique, 31), 316–
344.

Gramaglia, P.A., Fisiologia del sangue in Alberto Magno, in: F.
Vattioni (Hg.), Sangue e antropologia nel Medioevo. Atti della
VIII settimana Roma, 25–30 novembre 1991, Bd.2, Roma 1993
(Collana „Sangue e antropologia", 8), 787–939.

Gregory, T., I sogni e gli astri, in: ders. (Hg.), I sogni nel Medioevo,
Roma 1985 (Lessico Intellettuale Europeo, 35), 111–149.

Guldentops, G., Albert the Great's Zoological Anthropocentrism,
in: Micrologus 8 (2000), 217–235.

Hamesse, J., *Imaginatio* et *phantasia* chez les auteurs philosophiques
du 12e et du 13e siècle, in: M. Fattori/M. Bianchi (Hg.), Phantasia
– Imaginatio. V° Colloquio Internazionale Roma 9–11 gennaio
1986, Roma 1988 (Lessico Intellettuale Europeo, 46), 153–184.

Hasse, D.N., Aristotle versus Progress: The Decline of Avicenna's
„De anima" as a Model for Philosophical Psychology in the Latin
West, in: J.A. Aertsen/A. Speer (Hg.), Was ist Philosophie im
Mittelalter, Berlin – New York 1998 (Miscellanea Mediaevalia,
26), 871–880.

–, Das Lehrstück von den vier Intellekten in der Scholastik: Von
den arabischen Quellen bis zu Albertus Magnus, in: Recherches
de Théologie et Philosophie médiévales 66 (1999), 21–77.

–, Avicenna's *De Anima* in the Latin West. The Formation of a

Peripatetic Philosophy of the Soul, London – Turin 2000 (Warburg Institute Studies and Texts, 1).

Heinzmann, R., Philosophie des Mittelalters, Stuttgart 1992, ²1998 (Grundkurs Philosophie, 7).

Hertling, G. Graf von, Albertus Magnus. Beiträge zu seiner Würdigung, Münster 1914 (Beiträge zur Geschichte der Philosophie und Theologie des Mittelalters, XIV/5–6).

Hoßfeld, P., Albertus Magnus über die Frau, Bad Honnef 1982, zugleich erschienen in: Trierer Theologische Zeitschrift 91 (1982), 221–240.

Hudeczek, M., De lumine et coloribus, in: Angelicum 21 (1944), 112–138.

Hufnagel, A., Zur Geistphilosophie Alberts des Großen, in: J. Ratzinger/H. Fries (Hg.), Einsicht und Glaube. Festschrift für G. Söhngen, Freiburg – Basel – Wien 1962, 209–223.

Imbach, R., Die *Arbor humanalis* und die anthropologische Relevanz der *artes mechanicae*, in: F. Domínguez Reboiras/P. Villaba Varneda/P. Walter (Hg.), Arbor scientiae des Wissens von Ramon Lull. Akten des Internationalen Kongresses aus Anlaß des 40-jährigen Jubiläums des Raimundus-Lullus-Instituts der Universität Freiburg i.Br., Turnhout 2002 (Instrumenta Patristica et Mediaevalia, 42/Subsidia Lulliana, 1), 135–157.

Jaramillo, M.A. García, La cogitativa en Tomás de Aquino y sus fuentes, Pamplona 1997.

Jahresbericht der Görres-Gesellschaft 1930/31, erstattet vom Generalsekretär A. Allgeier, Köln 1932, 69–70.

Jordan, M., The Disappearance of Galen in Thirteenth-Century Philosophy and Theology, in: A. Zimmermann/A. Speer (Hg.), Mensch und Natur im Mittelalter, Berlin – New York 1992 (Miscellanea Mediaevalia, 21/2), 703–717.

Jorissen, H./Anzulewicz, H., Lumen naturale, in: LThK ³VI (1997), 1120–1121.

Kennedy, L.A., The Nature of the Human Intellect according to St. Albert the Great, in: The Modern Schoolman 37 (1960), 121–137.

–, St. Albert the Great's Doctrine of Divine Illumination, in: The Modern Schoolman 40 (1962), 23–37.

–, The *De homine* of Ulrich of Strasbourg, in: Mediaeval Studies 27 (1965), 344–347.

Kible, B., Summa de creaturis, in: F. Volpi/J. Nida-Rümelin (Hg.), Lexikon der philosophischen Werke, Stuttgart 1988 (Kröners Taschenausgabe, 486), 668–669.

Killermann, S., Die somatische Anthropologie bei Albertus Magnus, in: Angelicum 21 (1944), 224–269.

Kitchell, K.F./Resnick, I.M., Albertus Magnus, „On Animals". A Medieval *Summa Zoologica*, Bd.1, Baltimore – London 1999.

Kłoskowski, K., Swiety Albert z Lauingen jako przyrodnik i mysliciel [Hl. Albert als Naturwissenschaftler und Denker], in: Universitas Gedanensis 9 (1993), 25–39.

Köhler, Th., Grundlagen des philosophisch-anthropologischen Diskurses im dreizehnten Jahrhundert. Die Erkenntnisbemühung um den Menschen im zeitgenössischen Verständnis, Leiden – Boston – Köln 2000 (Studien und Texte zur Geistesgeschichte des Mittelalters, 71).

–, Der Tiervergleich als philosophisch-anthropologisches Schlüsselparadigma – der Beitrag Alberts des Großen, in: W. Senner u.a. (Hg.), Albertus Magnus. Zum Gedenken nach 800 Jahren, Berlin 2001, 437–454.

Korolec, J.B., Free Will and Free Choice, in: N. Kretzmann/A. Kenny/J. Pinborg/E. Stump (Hg.), The Cambridge History of Later Medieval Philosophy from the Rediscovery of Aristotle to the Desintegration of Scholasticism 1100–1600, Cambridge 1982 (Reprint 1996), 629–641.

Kovach, F.J., The Enduring Question of Action at a Distance in Saint Albert the Great, in: F.J. Kovach/R.W. Shahan (Hg.), Albert the Great. Commemorative Essays, Norman, Oklahoma 1980, 161–235.

Kruger, S.F., Dreaming in the Middle Ages, Cambridge 1992 (Cambridge Studies in Medieval Literature, 14).

Kübel, W., Die Übersetzungen der Aristotelischen Metaphysik in den Frühwerken Alberts des Großen, in: Divus Thomas (Freiburg/Schweiz) 11 (1933), 241–268

–, Ad tres huius tomi tractatus Prolegomena, in: Albertus Magnus,

De sacramentis, ed. A. Ohlmeyer; De incarnatione, ed. I. Backes; De resurrectione, ed. W. Kübel, Münster 1958 (Alberti Magni Opera Omnia, Ed. Colon. t.26), V–XIX.

Künzle, P., Das Verhältnis der Seele zu ihrer Potenzen. Problemgeschichtliche Untersuchungen von Augustin bis und mit Thomas von Aquin, Freiburg/Schweiz 1956 (Studia Friburgensia, N.F., 12).

Kuksewicz, Z., Trois lignes d'interprétation de la théorie d'Aristote de l'ame: Albert le Grand, Siger de Brabant, Thomas d'Aquin, in: Proceedings of the World Congress on Aristotle (Thessaloniki, August 7–14 1978), Bd.2, Athens 1981, 125–129.

Kurdziałek, M., Prolegomena, in: Davidis de Dinanto Quaternulorum fragmenta, ed. M. Kurdziałek, Warszawa 1963 (Studia Mediewistyczne 3), VII–LX.

–, Wielkosc sw. Alberta z Lauingen zwanego takze Albertem Wielkim [Größe des hl. Albert aus Lauingen, genannt auch Albert der Große], in: Roczniki Filozoficzne 30/1 (Lublin 1983), 5–32 (wiederabgedruckt in: ders., Sredniowiecze w poszukiwaniu równowagi miedzy arystotelizmem a platonizmem. Studia i artykuły, Lublin 1996 [Towarzystwo Naukowe Katolickiego Uniwersytetu Lubelskiego. Prace Wydziału Filozoficznego, 67], 183–210).

–, Sw. Albert na tle epoki [Hl. Albert auf dem Hintergrund seiner Epoche], in: Universitas Gedanensis 9 (1993), 3–8.

–, Dawid z Dinant i jego próba uzgodnienia dwunastowiecznej filozofii przyrody z filozofia Arystotelesa [David de Dinant und sein Versuch einer Harmonisierung der Naturphilosophie des 12. Jh. mit der Philosophie des Aristoteles], in: ders., Sredniowiecze w poszukiwaniu równowagi miedzy arystotelizmem a platonizmem, 211–232.

Lawn, B., The Rise and Decline of the Scholastic ‚Quaestio disputata‘. With the Special Emphasis on its Use in the Teaching of Medicine and Science, Leiden – New York – Köln 1993 (Education and Society in the Middle Ages and Renaissance, 2).

Lerner, R.E., Himmelsvision oder Sinnendelirium? Franziskaner und Professoren als Traumdeuter im Paris des 13. Jahrhunderts, München 1995 (Schriften des Historischen Kollegs, 39).

Libera, A. de, Albert le Grand et la philosophie, Paris 1990.

Liertz, Rh., Der Gemeinsinn und das Gewissen bei Albert dem Grossen, in: Angelicum 21 (1944), 270–278; wiederabgedruckt in: Philosophisches Jahrbuch 57 (1947), 381–387.

Lieser, L., Vinzenz von Beauvais als Kompilator und Philosoph. Eine Untersuchung seiner Seelenlehre im Speculum maius, Leipzig 1928 (Forschungen zur Geschichte der Philosophie und der Pädagogik, III/1).

Lindberg, D.C., Theories of Vision from al-Kindi to Kepler, Chicago – London 1976; dt.: Auge und Licht im Mittelalter. Die Entwicklung der Optik von Alkindi bis Kepler, übersetzt von M. Althoff, Frankfurt am Main 1987.

Lipke, S., Die Bedeutung der Seele für die Einheit des Menschen nach *De homine*, in: W. Senner u.a. (Hg.), Albertus Magnus. Zum Gedenken nach 800 Jahren, Berlin 2001, 207–219.

Loe, P. de, De vita et scriptis B. Alberti Magni, pars tertia, in: Analecta Bollandiana 21/1 (1902), 361–371.

Lohrum, M., Albert der Große. Forscher – Lehrer – Anwalt des Friedens, Mainz 1991 (Topos Taschenbücher, 216).

Lottin, O., Notes sur les premiers ouvrages théologiques d'Albert le Grand, in: Recherches de Théologie ancienne et médiévale 4 (1932), 73–82.

–, Commentaire des Sentences et Somme théologique d'Albert le Grand, in: Recherches de Théologie ancienne et médiévale 8 (1936), 117–153.

–, Problèmes concernant la *Summa de creaturis* et le Commentaire des Sentences de saint Albert le Grand, in: Recherches de Théologie ancienne et médiévale 17 (1959), 319–328.

–, Psychologie et morale aux XIIe et XIIIe siècles, Gembloux, Bd.1: 1942, ^{2}1957, Bd.2: 1948, Bd.3: 1949, Bd.4: 1960.

Mahoney, E.P., Albert the Great and the *Studio Patavino* in the Late Fifteenth and Early Sixteenth Centuries, in: J.A. Weisheipl (Hg.), Albertus Magnus and the Sciences. Commemorative Essays 1980, Toronto 1980, 537–563.

–, Sens, Intellect, and Imagination in Albert, Thomas, and Siger, in: N. Kretzmann/A. Kenny/J. Pinborg/E. Stump (Hg.), The Cam-

bridge History of Later Medieval Philosophy, Cambridge/NY 1982 (Reprint 1996), 602–622.

–, Pseudo-Dionysius's Conception of Metaphysical Hierarchy and Its Influence on Medieval Philosophy, in: T. Boiadjiev, G. Kapriev und A. Speer (Hg.), Die Dionysius-Rezeption im Mittelalter, Turnhout 2000 (Recontres de Philosophie Médiévale, 9), 429–475.

Malik, J., Albert der Große und das Willensproblem. Zum 15. November 1280, in: Theologie und Glaube 70 (1980), 371–397.

Mattos, G. de, L'intellect agent personnel dans les premiers écrits d'Albert le Grand et de Thomas d'Aquin, in: Revue Néoscolastique de Philosophie 43 (1940), 145–161.

McCluskey, C., Human Action and Human Freedom: Four Theories of „Liberum Arbitrium“ in the Early Thirtenth Century, ungedr. Diss., The University of Iowa 1997 (Ann Arbor, UMI Microform 9805700).

–, Worthy Constraints in Albertus Magnus's Theory of Action, in: Journal of the History of Philosophy 39 (2001), 491–533.

–, Albertus Magnus and Thomas Aquinas on the Freedom of Human Action, in: W. Senner u.a. (Hg.), Albertus Magnus. Zum Gedenken nach 800 Jahren, Berlin 2001, 243–254.

Meersseman, G., Introductio in Opera Omnia B. Alberti Magni, Brugis 1931.

–, Laurentii Pignon catalogi et chronica, accedunt catalogi Stamsensis et Upsalensis scriptorum O.P., Roma 1936 (Monumenta Ordinis Fratrum Praedicatorum Historica, XVIII).

Michaud-Quantin, P., Le traité des passions chez saint Albert le Grand, in: Recherches de Théologie ancienne et médiévale 17 (1950), 90–120.

–, Albert le Grand et les puissances de l'âme, in: Revue du moyen âge latin 11 (1955), 59–86.

–, Les *Platonici* dans la psychologie de S. Albert le Grand, in: Recherches de Théologie ancienne et médiévale 23 (1956),194–207.

–, La psychologie de l'activité chez Albert le Grand, Paris 1966 (Bibliothèque Thomiste, 36).

Mojsisch, B., Die Theorie des Intellekts bei Dietrich von Frei-

berg, Hamburg 1977 (Beihefte zu Dietrich von Freiberg Opera Omnia, 1).

–, La psychologie philosophique d'Albert le Grand et la théorie de l'intellect de Dietrich de Freiberg. Essai de comparaison, in: Archives de Philosophie 43 (1980), 675–693.

–, Zum Disput über die Unsterblichkeit der Seele in Mittelalter und Renaissance, in: Freiburger Zeitschrift für Philosophie und Theologie 29 (1982), 341–359.

Müller, J., Natürliche Moral und philosophische Ethik bei Albertus Magnus, Münster 2001 (Beiträge zur Geschichte der Philosophie und Theologie des Mittelalters, N.F., 59).

Obiwulu, A., *Tractatus de legibus* in 13th Century Scholasticism. A Critical Study and Interpretation of Law in Summa Fratris Alexandri, Albertus Magnus and Thomas Aquinas, Münster 2003 (Schriftenreihe der Josef Pieper Stiftung, 4).

Ogarek, J.S., Die Sinneserkenntnis Albert d. Gr. verglichen mit derjenigen d. Thomas v. Aquin, Lwów 1931.

Oguejiofor, Obi J., The Arguments for the Immortality of the Soul in the First Half of the Thirteenth Century, Leuven 1995 (Recherches de Théologie ancienne et médiévale. Suppl., 5).

Owens, J., Faith, Ideas, Illumination, and Experience, in: N. Kretzmann/A. Kenny/J. Pinborg/E. Stump (Hg.), The Cambridge History of Later Medieval Philosophy, 440–459.

Pangallo, M., Legge di Dio, Sinderesi e Conscienza nelle *Quaestiones* di S. Alberto Magno, Città del Vaticano 1997 (Studi Tomistici, 63).

Park, K., Albert's Influence on Late Medieval Psychology, in: J.A. Weisheipl (Hg.), Albertus Magnus and the Sciences. Commemorative Essays 1980, Toronto 1980, 501–535.

Pattin, A., Le *Tractatus de homine* de Jean de Malines, in: Tijdschrift voor filosofie 39 (1977), 435–521 (Separatum: Leuven 1977, 1–89).

–, Pour l'histoire du sens agent. La controverse entre Barthélemy de Bruges et Jean de Jandun. Ses antécédents et son évolution. Études et textes inédits, Leuven 1988 (Ancient and Medieval Philosophy. Ser. 1/VI).

Pawlikowski, T., Zagadnienie pierwszych zasad dowodzenia w pismach Alberta Wielkiego [Die Frage der ersten Beweisprinzipien in den Schriften Alberts des Großen], Warszawa 2001.

Pegis, A., St. Thomas and the Problem of the Soul in the Thirteenth Century, Toronto 1934.

Pelster, F., Kritische Studien zum Leben und zu den Schriften Alberts des Großen, Freiburg im Breisgau 1920 (Ergänzungshefte zu den Stimmen der Zeit, II/4).

–, De traditione manuscripta quorundam operum sancti Alberti Magni, in: Alberto Magno. Atti della settimana Albertina celebrata in Roma nei giorni 9–14 Nov. 1931, Roma (o.J.), 81–105.

Pickavé, M., David von Dinant und die Verurteilung von 1210/15. Untersuchung zu den Fragmenten der *Quaternuli*, ungedr. Magisterarbeit, Philos. Fak. der Univ. Köln 1996.

Pierpauli, J.R., Elemente einer politischen Philosophie bei Albertus Magnus und ihre Bedeutung für die politische Philosophie des Thomas von Aquin, in: Archives d'histoire doctrinale et littéraire du Moyen Âge 68 (2001), 27–43.

–, *Ordo naturae et ordo politicus* unter ontotheologischer Perspektive bei Albert dem Großen, in: W. Senner u.a. (Hg.), Albertus Magnus. Zum Gedenken nach 800 Jahren, Berlin 2001, 327–341.

Pluta, O., Kritiker der Unsterblichkeitsdoktrin in Mittelalter und Renaissance, Amsterdam 1986 (Bochumer Studien zur Philosophie, 7).

Pontes, J.M. da Cruz, Le problème de l'origine de l'ame de la patristique à la solution thomiste, in: Recherches de Théologie ancienne et médiévale 31 (1964), 175–229.

Queneau, G., Origine de la sentence „Intellectus speculativus extensione fit practicus" et date du Commentaire du „De anima" de S. Albert le Grand, in: Recherches de Théologie ancienne et médiévale 21 (1954), 307–312.

Reilly, G.C., The Psychology of Saint Albert the Great compared with the of Saint Thomas, Washington D.C. 1934.

Resnick, I.M./Kitchell Jr., K.F., Albert the Great on the „Language" of Animals, in: American Catholic Philosophical Quarterly 70 (1996), 41–61.

Rigo, C., Yehudah ben Mosheh Romano traduttore degli scolastici latini, in: Henoch 17 (1995), 141–170.

–, Zur Rezeption des Moses Maimonides im Werk des Albertus Magnus, in: W. Senner u.a. (Hg.), Albertus Magnus. Zum Gedenken nach 800 Jahren, Berlin 2001, 29–66.

–, Zur Redaktionsfrage der Frühschriften des Albertus Magnus, in: L. Honnefelder u.a. (Hg.), Albertus Magnus, Richard Rufus, and Their Contemporaries: The Origins of Medieval Aristotle Reception in the Latin West, Münster (erscheint 2004).

Rodolfi, A., Il concetto di materia nelle opere teologiche di Alberto Magno, ungedr. Diss. Università degli Studi di Pisa. Facoltà di Lettere e Filosofia. Tesi di dottorato in filosofia, X Ciclo, Pisa 1999.

–, „Il velo di Atena". La critica di Alberto Magno a David di Dinant, in: I castelli di Yale. Quaderni di filosofia V/5 (2001/ 2002), 39–49.

Rohner, A., Das Schöpfungsproblem bei Moses Maimonides, Albertus Magnus und Thomas von Aquin. Ein Beitrag zur Geschichte des Schöpfungsproblems im Mittelalter, Münster 1913 (Beiträge zur Geschichte der Philosophie des Mittelalters, XI/5).

Rosier, I., La parole come acte. Sur la grammaire et la sémantique au XIIIe siècle, Paris 1994.

Saarinen, R., Die aristotelische Willensschwäche im Mittelalter: Der Beitrag von Albertus Magnus, in: W. Senner u.a. (Hg.), Albertus Magnus. Zum Gedenken nach 800 Jahren, Berlin 2001, 235– 242.

Scheeben, H.Chr., Albert der Große. Zur Chronologie seines Lebens, Leipzig 1931 (Quellen und Forschungen zur Geschichte des Dominikanerordens in Deutschland, 26).

–, Les écrits d'Albert le Grand d'après les Catalogues, in: Revue Thomiste 36 (1931), 260–292.

Schneider, A., Die Psychologie Alberts des Großen, Bd. 1–2, Münster 1903–1906 (Beiträge zur Geschichte der Philosophie des Mittelalters, IV/5–6).

Schönberger, R., Rationale Spontaneität. Zur Theorie des Willens bei Albertus Magnus, in: W. Senner u.a. (Hg.), Albertus Magnus. Zum Gedenken nach 800 Jahren, Berlin 2001, 221–234.

Schooyans, M., Recherches sur la distinction entre philosophie et théologie chez saint Albert le Grand, ungedr. Diss. Université Catholique de Louvain 1958.

Seidl, H., Zur Geistseele im menschlichen Embryo nach Aristoteles, Albert d. Gr. und Thomas v. Aq. Ein Diskussionsbeitrag, in: Salzburger Jahrbuch für Philosophie 31 (1986), 37–63 (wiederabgedruckt in: A. Lobato [Hg.], L'anima nell'antropologia di S. Tommaso d'Aquino, Massimo – Milano 1987 [Studia Universitatis S. Thomae in Urbe, 28], 123–157).

Simon, P., Albertus Magnus und die Dichter, in: Xenia Medii Aevi historiam illustrantia oblata Thomae Kaepelli O.P., Roma 1978 (Storia e letteratura, 141), 85–99.

Skwara, A., Alberta Wielkiego teoria intelektu, Problem ewolucji pogladów [Alberts des Großen Theorie des Intellekts. Das Problem der Entwicklung seiner Anschauungen], ungedr. Diss. KU Lublin 1983.

Söder, J.R., Der Mensch als Ganzheit. Alberts anthropologischer Entwurf, in: Wort und Antwort 41 (2000), 159–164.

–, Die Erprobung der Vernunft. Vom Umgang mit Traditionen in *De homine*, in: W. Senner u.a. (Hg.), Albertus Magnus. Zum Gedenken nach 800 Jahren, Berlin 2001, 1–13.

–, Albert der Große über Sinne und Träume. Beobachtungen am „Traumtraktat" von *De homine*, in: Micrologus 10 (2002), 239–250.

–, Summenliteratur, in: M. Eckert u.a. (Hg.), Lexikon der theologischen Werke, Stuttgart 2003, 686–688.

Solages, B. de, La cohérence de la métaphysique de l'âme d'Albert le Grand, in: Mélanges offerts au R.P. Ferdinand Cavallera, Toulouse 1949 (Bibliothèque de l'Institut Catholique), 367–400.

Spruit, L., *Species intelligibilis*. From Perception to Knowledge, Bd.2, Leiden – New York – Köln 1994 (Brill's Studies in Intellectual History, 48).

Stehkämper, H., Albertus Magnus. Ausstellung zum 700. Todestag. [Katalog]. Historisches Archiv der Stadt Köln, Severinstraße 222–228, 15.11.1980 bis 22.2.1981, Köln 1980, 122–124.

–, Über die geschichtliche Größe Alberts des Großen, in: Historisches Jahrbuch 102 (1982), 72–93.

Steneck, N.H., Albert on the Psychology of Sense Perception, in: J.A. Weisheipl (Hg.), Albertus Magnus and the Sciences. Commemorative Essays 1980, Toronto 1980, 263–290.

Strobel, A., Die Lehre des sel. Albertus Magnus über das Gewissen, in: Jahresbericht des Königlichen kath. Gymnasiums zu Sigmaringen für das Schuljahr 1900–1901, Sigmaringen 1901, 1–16.

Struve, T., Die Anthropologie des Alfredus Anglicus in ihrer Stellung zwischen Platonismus und Aristotelismus, in: Archiv für Kulturgeschichte 55 (1973), 366–390.

Sturlese, L., Die deutsche Philosophie im Mittelalter. Von Bonifatius bis zu Albert dem Großen (748–1280), München 1993.

Sweeney, L., The Meaning of *Esse* in Albert the Great's Texts on Creation in *Summa de creaturis* and *Scripta super Sententias*, in: F.J. Kovach/R.W. Shahan (Hg.), Albert the Great. Commemorative Essays, Norman, Oklahoma 1980, 65–95.

Synowiecki, A., Substancja i forma – u podstaw albertynskiej filozofii człowieka [Substanz und Form – Grundlagen albertinischer Anthropologie], in: Universitas Gedanensis 9 (1993), 9–24.

Tarabochia Canavero, A., Introduzione, in: Alberto Magno, Il Bene. Introduzione, traduzione e note, Milano 1987, 5–82.

Tavuzzi, M., Valentino da Camerino, O.P. (1438–1515): Teacher and Critic of Cajetan, in: Traditio 49 (1994), 287–316.

Tellkamp, J.A., Sinne, Gegenstände und Sensibilia. Zur Wahrnehmungslehre des Thomas von Aquin, Leiden – Boston – Köln 1999 (Studien und Texte zur Geistesgeschichte des Mittelalters, 66).

Theiss, P., Die Wahrnehmungspsychologie und Sinnesphysiologie des Albertus Magnus. Ein Modell der Sinnes- und Hirnfunktion aus der Zeit des Mittelalters, Frankfurt am Main – Berlin – Bern – New York – Paris – Wien 1997 (Europäische Hochschulschriften, III/735).

Théry, G., Autour du décret de 1210: I. – David de Dinant. Étude sur son panthéisme materialisté, Le Saulchoir – Kain 1925 (Bibliothèque Thomiste, 6).

Thirry, A., Recherches relatives aux commentaires médiévaux du «De anima» d'Aristote, in: Bulletin de Philosophie Médiévale 13 (1971), 109–128.

Thum, B., La dottrina di S. Alberto Magno su i sensi interni, in: Angelicum 21 (1944) 279–298.

Tracey, M., Albert the Great on the Possible Intellect as *locus intelligibilium*, in: J.A. Aertsen/A. Speer (Hg.), Raum und Raumvorstellungen im Mittelalter, Berlin – New York 1998 (Miscellanea Mediaevalia, 25), 287–303.

Trottmann, Ch., *Scintilla synderesis*. Pour une auto-critique médiévale de la raison la plus pure en son usage pratique, in: J.A. Aertsen/A. Speer (Hg.), Geistesleben im 13. Jahrhundert, Berlin – New York 2000 (Miscellanea Mediaevalia, 27), 116–130.

–, La syndérèse selon Albert le Grand, in: W. Senner u.a. (Hg.), Albertus Magnus. Zum Gedenken nach 800 Jahren, Berlin 2001, 255–273.

Twetten, D.B., Albert the Great's Early Conflations of Philosophy and Theology on the Issue of Universal Causality, in: R.E. Houser (Hg.), Medieval Masters: Essays in Memory of Msgr. E.A. Synan, Houston – South Bend 1999 (Thomistic Papers, VII), 25–62.

Van Steenberghen, F., La philosophie au XIIIe siècle. Deuxième édition, mise à jour, Louvain-la-Neuve – Leuven 1991 (Philosophes Médiévaux, 28).

Vaux, R. de, Le première entrée d'Averroës chez les latins, in: Revue des Sciences philosophiques et théologiques 22 (1933), 193–243.

–, Sur un texte retrouvé de David de Dinant, in: Revue des Sciences philosophiques et théologiques 22 (1933), 243–245.

–, Notes et textes sur l'avicennisme latin aux confins des XIIe–XIIIe siècles, Paris 1934 (Bibliothèque Thomiste, 20).

Vennebusch, J., Ein anonymer Aristoteleskommentar des XIII. Jahrhunderts: *Quaestiones in tres libros De anima*. Textedition und philosophisch-historische Einleitung, Paderborn 1963.

–, Die Einheit der Seele nach einem anonymen Aristoteleskommentar aus der Zeit des Thomas von Aquin und des Siger von Brabant (Vat. lat. 869, ff.200r–210v), in: Recherches de Théologie ancienne et médiévale 33 (1966), 39–80.

–, Die Interpretation von *De anima* III, 5 bei Albertus Magnus und anderen lateinischen Kommentatoren, in: Proceedings of the

World Congress on Aristotle (Thessaloniki, August 7–14, 1978), Bd.2, Athens 1981, 154–158.

–, Albertus Magnus: *Summa de creaturis*, in: Kindlers Neues Literatur Lexikon, Bd.1, München 1988, 247.

Verweyen, J., Das Problem der Willensfreiheit in der Scholastik, Heidelberg 1909.

Walsh, F.A., Phantasm and Phantasy. A Study in Terms, in: The New Scholasticism 9 (1935), 116–133.

Wéber, E.-H., La personne humaine au XIIIe siècle. L'avènement chez les maîtres parisiens de l'acception moderne de l'homme, Paris 1991 (Bibliothèque Thomiste, 46).

Weisheipl, J.A., The Life and Works of St. Albert the Great, in: ders. (Hg.), Albertus Magnus and the Sciences. Commemorative Essays 1980, Toronto 1980 (Studies and Texts, 49), 13–51.

Weiß, M., Primordia novae bibliographiae b. Alberti Magni Ratisbonensis episcopi, ordinis praedicatorum, Paris ²1905.

Werner, K., Der Entwickelungsgang der mittelalterlichen Psychologie von Alcuin bis Albertus Magnus, Wien 1876 (Nachdruck: Amsterdam 1966, 73–154).

Wieland, G., Zwischen Natur und Vernunft. Alberts des Großen Begriff vom Menschen, Münster 1999 (Lectio Albertina, 2).

Wolfson, H.A., The Internal Senses in Latin, Arabic, and Hebrew Philosophic Texts, in: Harvard Theological Review 28 (1935), 69–133.

Zito, P., La psicologia nelle opere teologiche di Alberto Magno, in: Discorsi 3,1 (1983), 23–49.

Zum Brunn, E., La doctrine albertinienne et eckhartienne de l'homme d'après quelques textes des «Sermons allemands», in: Freiburger Zeitschrift für Philosophie und Theologie 32 (1985), 137–143.

PERSONENVERZEICHNIS*

Adam 124, 126, 132, 134, 136,
    138, 142, 148, 150
Alanus ab Insulis *152*
Alexander de Aphrodisias 62
Alexander de Hales *78, 96, 140,
    152*
Alfredus de Sareshel *164*
Algazel *78*
Anonymus *60*
Anselmus 152, 160
Aristoteles (‚Philosophus‘) 2, 4,
    6, 8, 10, 12, 14, 18, 20, 22,
    24, 30, *34, 36*, 46, 48, 50, 54,
    56, 58, 60, 64, 66, 70, 72, 74,
    76, 84, 86, 88, 90, 92, 94, 96,
    98, 102, 106, 108, 110, 112,
    114, 120, 126, *130*, 156, 158,
    162
Augustinus 126, 128, 130, *134,*
    136, 138, 140, 142, 144, 146,
    148, 150, 152, 154, 160
Augustinus (ps.) 24, 88, 120
Averroes (‚Commentator‘) 48,
    56, *62*, 64, 74, 88, 140
Avicenna 34, 48, 50, 58, 64,
    72, *78*, 84, 86, 108, 110, 120,
    166

Bartholomaeus Anglicus *68*
Basilius 144
Bernardus *siehe* Guillelmus de
    S. Theodorico
Boethius 52, *56*, 60, 102, 112

Claudianus Mamertus *32*
Commentator *siehe* Averroes
Constabulus *siehe* Costa ben
    Luca
Constantinus Africanus *164*
Costa ben Luca (‚Constabulus‘)
    32

Dionysius Areopagita (ps.) 128,
    132, 148
Dominicus Gundissalinus
    (‚Toletanus‘) 34, *78*

Eva 134, 136, 140, 142, 146,
    148, 150

Gamaliel 134, 150
Gregorius Nixenus *siehe* Neme-
    sius Emesenus
Guillelmus de S. Theodorico
    24, 120, 144

* Die Angaben beziehen sich nur auf den lateinischen Text und die da-
zugehörigen Anmerkungen. Moderne Autoren und in der Einleitung ge-
nannte Namen werden nicht verzeichnet.

Hugo de S. Caro (ps.) *24*
Hugo de S. Victore *152*

Iohannes Chrysostomus 140
Iohannes Damascenus 22, 24, 154
Iohannes de Mechlinia *24*
Iohannes de Rupella *6, 24*
Isaac Israeli *164*
Isidorus Hispaliensis *154*

Lili (Lilit) 134, 150

Nemesius Emesenus (,Gregorius Nixenus') *6*, 52, 54, 56, 72, 74, 76

Ovidius *154*

Petrus Lombardus *140, 152*
Petrus Comestor *134*
Philippus Cancellarius *24, 66*, *96, 100, 102, 126, 146, 154*

philosophi 24, 32, 34, 62, 78, 88, 104
Platon 6, *36*, 78
Porphyrius *32*, 34, 68
Pythagorici 108
quidam (alii) 32, 36, 66, 68, 78, 96, 126, 164

Remigius 24
Robertus Grosseteste (ps.) *66, 100*

sancti 24, 104, 120, 134, 148, 152

Themistius 62
Toletanus *siehe* Dominicus Gundissalinus

Vincentius Bellovacensis *134*

VERZEICHNIS DER BIBELSTELLEN

Gen. 1,26 134
1,27 134, 142, 148
1,28 134, 146, 148
2,7 124
2,16 146
2,17 146
2,21-22 136
2,23 134

Exod. 34,16 *134*
Num. 36,1-13 *134, 148*
Deut. 7,3 *134*
Is. 64,8 (65) 132
Ier. 18,6 132
Luc. 10,30 126

WORT- UND SACHINDEX*

accidens 10, 12, 16, 32, 34, 38,
46, 52, 58, 68, 72, 156, 168
actus a. duobus modis dicitur
74; a. primus 46, 52, 70, 72,
98; a. secundus 98
affectio *siehe* anima
angelus 56, 132, 134, 142, 144,
148, 154; *siehe* intelligentia
angelica
anima affectiones a-ae 58;
cognitio a-ae 4, 6, 10, 16, 18;
creatio a-ae 78, 100, 108,
120, *siehe* creatio hominis;
dator extrinsecus animae
110; diffinitiones a-ae 22, 24,
46, 50, 52, 54, 56, 64, 72, 74,
76; divisio a-ae 2, 78ff., 164;
essentia a-ae 58, 164; immortalitas a-ae 24, 106, 166;
infusio a-ae corpori organizato 108; natura a-ae 2, 4,
6, 10, 12, 14, 16, 22, 24, *siehe*
substantia a-ae; operationes
a-ae 2, 78, 84, 86, 92, 94, 98,
100, 104, 106, 108, 114, 116,
164; partes a-ae 2, 4, 10, 12,
14, 16, 22, 24, 40, 48, 50, 62,
64, 66, 72, 78, 86, 106, 108,
110, 112, 114, 158; passiones
a-ae 2, 10, 12, 14, 38, 72, 78,
118; scientia a-ae 11; substantia a-ae 2, 4, 6, 8, 10, 12,
14, 16, 22, 24, 26, 28, 30, 32,
34, 36, 38, 40, 42, 46, 50, 52,
58, 76, 78, 80, 82, 84, 86, 88,
90, 92, 100, 102, 104, 106,
108, 112, 120, 156, 158, 160,
162, 166, *siehe* natura a-ae;
triplex modus unionis trium
virium a-ae 110; a. rationalis
exuta a corpore 100
ars 6, 142, 150
artifex 108
auditus 10, 70

bonum actuale 104

causa c. prima et c. secunda
(c-ae consequentes) 102, 110,
112; c-ae seminales 138, 150,
152
cerebrum 108, 124, 154
certitudo simpliciter et c. secundum quid 16, 18

---

* Es werden nur wichtige Termini aufgenommen; oft wiederkehrende Begriffe, wie actus, forma, materia potentia, ratio, res, species, substantia, werden nur dann aufgelistet, wenn sie spezifiziert sind.

cognitio intelligibilium (ex cognitione sensibilium) 4, 6, 16,
  58, 70
color 10
complexio 70, 124, 146, 154, 162
conceptum 90, 92
coniunctio animae et corporis 2,
  156ff.
corpus c. Adae 124ff.; c. huma-
  num/c. animatum 2, 4, 6, 8,
  10, 16, 18, 20, 22, 24, 30, 32,
  34, 36, 40, 42, 46, 48, 50, 52,
  56, 58, 60, 62, 64, 66, 68, 70,
  76, 78, 82, 84, 86, 88, 92, 94,
  98, 100, 104, 106, 108, 112,
  120, 124ff., 156ff.; c. inanimatum 20-22, 40; c. commixtum 60, 124, 162; c. complexionatum 60, 162;
  c. compositum 124, 162;
  c. organicum 46, 50, 56;
  c. organizatum 108, 126,
  162; c. physicum 46, 48, 50;
  c. plantarum 66; c. quintum
  164
creatio hominis (viri et mulieris)
  134, 140, 144, 148, 150,
  154

deus 78, 100, 128, 132, 134, 136,
  138, 142, 144, 146, 148, 150,
  152, 154
differentia constitutiva 8, 34, 38,
  40, 66, 110
diffinitio dialectica et vana 14, 46
dispositio 52, 60, 92, 96, 98, 120;

d. materialis 96, 98; d. ultimata 96
disputatio doctrinalis 8, 16

ecclesia 142
eligentia 18, *siehe* prohaeresis
embryo 30
entelechia 46, 48, 52, 56, 72
essentia 32, 58, 88, 90, 98, 100,
  114, 164
ethica 18
experimentum 6, 16

fabula Iudaeorum 150
femina 110, 134, 136, 142, 144,
  148, 154; *siehe* mulier
forma f. accidentalis 30, 42;
  f. artificialis 74; f. naturalis
  40, 118; f. substantialis 30,
  42, 96, 98, 168; f. totius et f.
  partis 40; f. ultima in natura
  (= actus) 74

gratia 144, 146

habitus h. scientiae 14, 52;
  h. virtutum 52
hepar 108, 124
hoc aliquid 52, 54, 74

illuminationes 148
imaginatio 12, 14, 18, 22
imago dei 100, 134
immortalitas i. corporis Adae
  124, 126, 128, 130, 132, 144;
  i. animae *siehe* anima

intellectus 8, 18, 20, 24, 50, 60,
64, 86, 90, 92, 94, 100, 102,
104, 108, 166; i. activus 18;
i. agens 38; i. humanus 98;
i. possibilis 72; i. practicus
68, 70, (sive actualis) 104;
i. theoricus 68, 70
intelligentia angelica 78, *siehe*
angelus, substantiae separatae

lex divinitatis 132
lignum vitae 130
limus terrae 124, 148
logicus 36
lucidum 120
lumen 120

mas (masculus) 100, 110, 134,
136, 142, 148, 154, *siehe* vir
mathematica 12, 18
matrimonium 154
mechanica 18, 104
medium duplex animae m.
generale (spiritus triplex) 164;
m. speciale 164, 166
membra genitalia 108
memoria 6
miraculum 136, 138
mobile 6, 16, 84, 132, 162, 168
motor 6, 16, 20, 58, 60, 62, 84,
140, 142, 162, 168
mulier 134, 136, 138, 140, 142,
148, 152, 154, *siehe* femina,
uxor

obiectum 6, 8, 16, 114

oculus 24, 70, 88, 106
orbis declivis 116

passio 2, 10, 12, 14, 38, 72, 78,
118, 144
particulare 12, 36
perfectio 48, 50, 54, 58, 60, 62,
64, 66, 68, 70, 82, 160, 164;
p. extrinseca 50, 62; p. humani corporis 100; p. intrinseca 50, 62; p. mundi 132;
p. naturalis corporis 26, 48,
50, 60, 66, 158; p. prima corporis physici 48; p. rei substantialis 68
phantasia 8, 12, 14, 18, 22, 166
phantasma 14, 98
philosophus p. (philosophia)
naturalis 36, 62, 104; p. primus 36
potentia p. activa 72, 146,
(p. operativa) 148; p. generativa 108; p. indeterminata
formalis 38; p. iudicativa
(=sensus) 4; p. materialis 98,
140, 142; p-ac organicae et
non organicae 166; p. passiva
72
praeceptum p. dei 128; p.
disciplinae 146; p. legis 134,
148; p. naturae 146
primordium mundi 138
principium p. animalium
(=anima) 10, 18; p. artis et
scientiae 6; p. cognitionis 10,
36; p. demonstrationis 12,

14; p. efficiens 136; p. materiale 20, 136; p. mechanicorum 18; p. moralium 18;
p-ia prima naturae 150; p. in
physicis 130; p. rationum 18;
p-ia substantiae 10; p. transmutationis 72; p. univer-
sorum 154; p. veritatis divinorum, mathematicorum,
naturalium 18; generatio
p-iorum 14, 16; operatio
p-iorum 92; processus ex
p-iis 14, 16
prohaeresis 18, *siehe* eligentia

qualitas elementalis 20
quantitas 28, 40, 114, 168

sensus 4, 6, 8, 14, 18, 22, 24,
42, 72, 86, 88, 106, 144, 166
sonus 10
spiritus animalis, naturalis, vitalis
164

stellae 78, 100, 120
subiectum 12, 14, 30, 32, 34, 38,
52, 72, 112, 118
substantiae separatae 6, 16, 22
siehe angelus, intelligentia
angelica

totum potestativum (potentiale)
114
tradux 100, 120

universale 36
usia et usiosis 60, 72, 76
uxor 134, *siehe* femina, mulier

vir 134, 136, 142, 148, 152,
siehe mas
virtus v. caelestis 110; v. divina
intellectus hominis 110
visus 10, 70
voluntas 18, 72, 104, 140, 144,
150, 152